목사가 왜 욕을 해?

목사가 왜 욕을 해?

발행 2021년 5월 15일

지은이 정성구
발행인 윤상문
디자인 박진경, 이보람
발행처 킹덤북스
등록 제2009-29호(2009년 10월 19일)
주소 경기도 용인시 기흥구 동백동 622-2
문의 전화 031-275-0196 팩스 031-275-0296

ISBN 979-11-5886-203-9 (03230)

Copyright ⓒ 2021 정성구
이 책은 저작권법에 따라 보호받는 저작물이므로 무단 전재와 복제를 금지하며,
이 책의 내용의 전부 또는 일부를 이용하려면 반드시 저작권자와 킹덤북스의
서면 동의를 받아야 합니다.

※ 잘못된 책은 구입하신 곳에서 교환하여 드립니다.
※ 책 가격은 표지 뒷면에 있습니다.

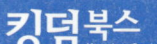
킹덤북스(Kingdom Books)는 문서사역을 통해 하나님의 나라를 확장하고,
한국 교회와 세계 교회를 섬기고자 설립된 출판사입니다.

목사가
왜 욕을 해?

정성구 지음

목 차

책 머리에   7
추천사   9

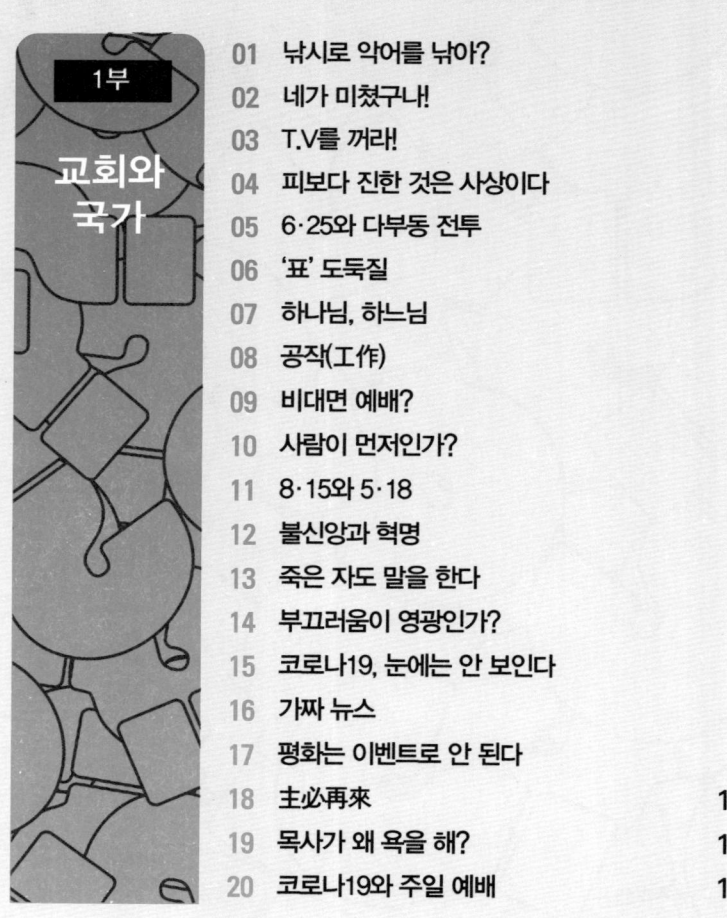

1부 교회와 국가

01	낚시로 악어를 낚아?	13
02	네가 미쳤구나!	18
03	T.V를 꺼라!	23
04	피보다 진한 것은 사상이다	28
05	6·25와 다부동 전투	33
06	'표' 도둑질	39
07	하나님, 하느님	44
08	공작(工作)	49
09	비대면 예배?	54
10	사람이 먼저인가?	59
11	8·15와 5·18	65
12	불신앙과 혁명	70
13	죽은 자도 말을 한다	75
14	부끄러움이 영광인가?	79
15	코로나19, 눈에는 안 보인다	84
16	가짜 뉴스	89
17	평화는 이벤트로 안 된다	95
18	主必再來	100
19	목사가 왜 욕을 해?	103
20	코로나19와 주일 예배	108

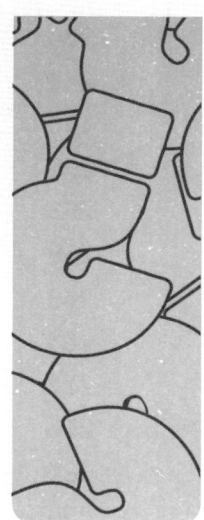

21	부정 선거와 역사의 심판	115
22	민심(民心)은 천심(天心)인가?	121
23	감히 예배를 감시해!	126
24	예배 방해죄와 500만원의 벌금!	131
25	코로나 정치와 교회	136
26	독도는 한국 땅(Korea Territory)이다	141
27	Syngman Rhee	145
28	미국 좌파, 한국 좌파	151
29	개국공신(開國功臣)	156
30	유토피아는 없다!	160
31	국제 사회와 인맥	165
32	도적 사람	170

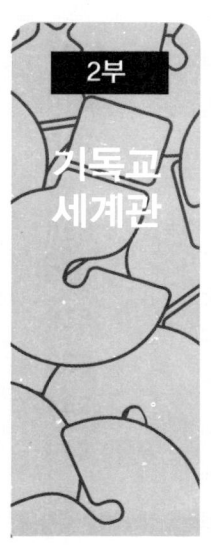

2부 기독교 세계관

01	거룩한 꿈을 꾸자	177
02	말씀을 먹으라	182
03	겨울이 오기 전에	187
04	환경 오염이냐? 인간의 오염이냐?	192
05	김화식(金化湜, 1894-1947) 목사	196
06	마디바(MADIBA)	201
07	세상만사 살피니…	205
08	주기철 목사님의 안경	210
09	기록한 그 이	216
10	200번의 감사	221
11	인본주의는 종교다	225
12	탄원서의 위력	230

13	복음 운동과 새마을 운동	234
14	이원설 박사	241
15	목사와 여성도	246
16	돼지머리 앞에 절할 수 없다	251
17	기독교 양반	255
18	유치원에도 유급이 있더라	259
19	일본 국회를 초토화시킨 박관준	263
20	바돌로매의 밤	268
21	일본의 항복 문서	272
22	그래도 오직 한국 교회가 희망이다	276
23	人海戰術	284
24	순교자(殉敎者, The Martyred)	290
25	바이올린 메이커(Violin Maker)	294
26	독도는 우리 땅인가?	299
27	세계관 전쟁	304
28	K 기독교	310
29	복음의 유탄(流彈)	316
30	선교사들에게 마스크를 보내자	321
31	고뇌하는 선지자	326
32	혹시 방이 있습니까?	330
33	Sad Christmas	335
34	80세에 음반을 내다	339
35	영역주권(領域主權)	344
36	권위와 권위주의	349
37	백 원짜리 동전	354

책 머리에

　금번에 '목사가 왜 욕을 해?'라는 제목의 칼럼집을 꾸몄습니다. 이 책은 지난 1년 동안 Bon Herald 인터넷판 신문에 매주 한 번씩 올렸던 글을 모았습니다. 어줍잖은 이 글은 온라인으로 전 세계를 돌아다녔고, 여러 주간 신문에 다시 실려 많은 분들이 읽어주었고, 공감해 주셨습니다.

　필자는 30여 년 전에 일간지 '경향신문'에 6개월간 '정동 칼럼'을 비롯해서 '동아일보'에 몇 차례 글을 올렸고 여러 교계 신문에 많은 글을 썼습니다. 오래전에 이런 글들이 모아져서 이미 두 권의 칼럼집이 만들어지기도 했습니다.

　이 글은 코로나19의 정국과 교회의 여러 이슈들을 그때그때마다 나름대로 분석하고, 고뇌하면서 썼던 시사적인 것들이 대부분입니다. 부족하지만 이렇게 혼탁한 시대에 목사님들과 평신도들을 개혁주의 신앙으로 일깨워서 올바르게 걸어갔으면 하는 마음이 늘 있었습니다.

이 글이 칠흑 같은 어두운 밤일지라도 작은 불빛 하나였으면 했고, 길이 보이지 않는 우리나라와 한국 교회에 나름대로 표지판이라도 될 듯 싶어서 원고를 다시 모았습니다. 그동안 부족한 글을 읽어 주시고, 많은 격려와 위로, 칭찬을 아끼지 않았던 여러분들이 참으로 고마웠습니다. 인터넷 문자나 유튜브로 만났던 여러분들이 다시 활자로 된 책으로 널리 읽혀져서 이 시대를 함께 고민하면서 주님의 거룩한 뜻을 따르는데 동참했으면 합니다. 특히 본서를 정밀하게 교정해주시고 역작으로 만들어주신 킹덤북스(Kingdom Books) 대표 윤상문 목사님께 감사합니다.

　저의 글은 대부분의 논조가 나라를 걱정하고 한국 교회를 세우려는데 있었고, 어떤 상황에서도 역사적 개혁주의 사상을 지켜내려는 충심이 있었다는 것을 이해했으면 합니다. 앞으로 온라인상에 제 칼럼은 계속되겠지만, 우선 지난 일 년 치를 모아서 책을 냅니다. 모든 독자들에게 성삼의 하나님의 은혜와 평강이 있으시기를 기원하나이다.

2021년 4월 3일
필자: 현암 정성구

추천사

정 박사님의 글은 항상 카이퍼의 칼빈주의 세계관으로, 세계와 국가와 역사와 교회를 보는 탁월한 눈을 가졌다. 그는 이 칼럼에서 우리시대의 갈 길을 제시하고 있다.

- 황우여 박사(전 부총리 겸 교육부장관)

정성구 박사님의 칼럼을 읽으면서 나는 그가 역사와 현실을 헤아리는 깊은 식견을 가졌음을 알게 되었다. 이 칼럼을 통해서 한국 교회와 사회, 그리고 정치 현실에 대한 그의 의로운 외침은 후일에 이정표가 될 것이다. 그의 정론은 이 시대를 향한 선지자적 선포이다.

- 이상규 박사(전 고신대학교 교수, 백석대학교 석좌 교수)

정성구 박사의 칼럼은 참 소리를 목말라하는 한국 크리스천을 향해 외치는 광야의 소리이다. 아무도 말하려 하지 않는 이 시절에 칼빈주의 신학자요, 교계의 어른으로서 용기 있는 그의 외침은 한국 교회를 깨우게 될 것이다.

- 문창극 박사(전 중앙일보 대기자)

정성구 박사의 메시지에는 그의 평생의 삶이 농축되어 있다. 이 칼럼은 오늘의 혼탁한 시대에 갈등과 아픔을 치유할 것으로 본다.

- 심창섭 박사(총신대학교 명예 교수)

불의한 시대를 응시하는 한 개혁주의 신학자의 고뇌와 절규는 잠든 영혼을 일깨우는 광야의 소리다.

- 박종구 박사(월간 牧會 대표)

총신대 총장을 지낸 저자는, 개혁 신학의 관점에서 법치주의를 이탈하고 전체주의로 나가려는 한국 사회와 이에 영합하는 한국 교회를 비판하고, 카이퍼의 영역주권 사상으로 칼빈주의적 세계관과 통합을 제시한다.

- 김영한 박사(숭실대 명예 교수, 기독교학술원 원장)

1부

교회와 국가

01

낚시로 악어를 낚아?

　낚시 좋아하는 사람을 강태공이라고 한다. 흔히들 시적 표현으로 이런 사람들을 세월을 낚는다고 한다. 세상에는 낚시에 미친 사람들이 많다. 내가 1962년에 구룡포 성산교회(지금은 제일교회)에 임시 전도사로 일할 때, 그 교회 여전도회 회장 남편은 아주 낚시에 미쳐 있었다. 그는 밤이고, 낮이고, 바다낚시에 올인했다. 그런데 그가 얼마나 낚시 광이었던지 낚시를 못 갈 때면 마당에 커다란 통에 물을 채우고 낚시를 연습할 정도였으니 아예 미쳐도 단단히 미친 것이었다. 그래서 그는 그 방면에는 일가견을 가지고 있었다.

　나는 낚시를 할 줄도 모르지만 꼭 한 번 미국 L.A에 갔을 때, 친구가 낚시를 가자고 해서 근교의 비취에 가서 낚시를 드리웠는데, 겨우 물고기 한 마리를 잡아 봤다. 그것이 내 생애 처음이요, 마지막 낚시였다. 낚시를 하려면 그것도 보통 열심으로는 안 된다. 낚시 도구를 챙기는 일이며, 낚시 바늘에 물고기가 좋아하는 밑밥을 다는 일이며, 물고기와 장시간 신경전을 버리면서 인내할 줄 알아야 한다.

그런데 구약 성경 욥기 41:1에 '낚시 바늘로 악어를 잡을 수 있느냐'라는 말이 있다. 낚시 바늘로 악어를 잡을 것처럼 덤비는 것은 망상이자 불가능한 일이다. 그런데 이 세상에는 낚시 바늘로 악어를 잡을 생각을 하는 참으로 순진하고 감성적인 로멘티스들이 많이 있다.

욥은 완전히 망했던 사람이요, 병들어서 희망이 없었고, 단짝 친구들까지 와서 속을 뒤집어 놓았다. 그래도 그는 끝까지 하나님을 배신하지 않고 참아 내었고, 드디어 하나님은 그에게 회복의 은혜를 주셨다. 그러면서 하나님은 욥에게 '낚시 바늘로 악어를 잡을 수 있나'라고 훈계를 시작했다.

우리가 사는 세상은 아름다운 장미 동산을 걷는 것이 아니다. 말 그대로 우는 사자가 삼킬 자를 두루 찾고 있는 세상에 우리는 살고 있다. 그러므로 우리가 예수 그리스도로 말미암아 구원의 은총을 받았다 해도 우리가 살고 있는 세상은 처절한 영적 전쟁터이다. 그러므로 흔히 한국 교회가 쏟아내는 목적이 이끄는 삶 같은 긍정적 사고방식이나, 자존심, 자긍심을 가지면 인생을 성공하고 승리할 것이라는 낙관주의는 참으로 위험하기 그지없다. 우리는 영적 전쟁터에 살고 있는데 비무장으로 살아가는 것은 사탄의 먹이가 될 수밖에 없다. 그래서 성경은 악어를 잡으려면 창과 작살을 준비해야 한다고 설명하고 있다. 마귀는 세상에서 택자라도 넘어뜨리려고 혈안이 되어 있다.

오늘날 한국 교회는 신앙생활하기가 참으로 어려워지고 있다. 코로나19 펜데믹 시대에 정상적인 대면 예배를 드리면 교회가 폐쇄당한다. 정부가 숫자를 정해주고, 그대로 하는지 안 하는지 관계 직원들이 일일이 점검을 하고 있고, 당국에 보고 하도록 되어 있다. 지금 한국 교회는 거대한 공룡과 악어들과 사투를 벌이고 있다. 그런데 한국의 목회자들은 낚시 바늘로 악어를 잡을 것처럼 생각하고 있다. 그저 사람이 듣기에 좋은 화해, 평화, 사랑, 인내의 아름다운 덕목을 노래하고 있다. 참으로 낙관적이고 낙천적인 사람들이다.

하지만 세계는 지금 거대한 영적 전쟁을 치루고 있다. 우리가 자유 민주주의를 벤치마킹하던 미국이 지금 중국 공산당의 계략으로 넘어졌다. 미국이 중국 공산주의에 놀아나고, 정치권과 법조와 언론은 거대한 자본과 권력을 가지려는 기득권 세력이 되었다. 워싱톤 D.C의 늪에는 거대한 악어들이 우글거리고 있고, 정치, 경제, 사회, 문화, 예술, 언론 등이 사회주의로 변했고, 언론을 통제하고, 온갖 음모와 공작이 난무하는 지금의 미국은 옛날의 미국이 아니다. 워싱톤의 더러운 늪에 물을 빼보니 수없이 많은 파충류들이 우글거리고 있었다. 기업가와 정치가들, 그리고 언론들과 법관들이 서로 짜고서 기득권을 가지고 세상을 좌지우지하는 공룡들이 되었다. 이 거대한 공룡들이 기득권을 지키려고, 중국의 사회주의 공산주의를 슬그머니 받아드렸던 것이다.

FBI, CIA, 경찰, 연방 판검사 등 모두가 돈 놓고, 돈 먹기로 타락했고, 이 세상 어디에도 정의가 없다. 그동안 미국의 우파나 한국의 우파 등은 마치 '낚시 바늘로 악어를 잡을 수 있을 것'처럼 생각해 왔고 설교했다. 한국은 미국의 판박이다. 그동안 북한 공산당과 중국 공산당들이 이 땅에 들어와서 불법으로 선거를 치루고, 거짓 선동·선전으로 그 추종자들이 권력을 잡았다. 한국의 여의도와 광화문 늪에도 악어들이 우글거리고 있다. 그동안 보수 우파나 기독교 지도자들은 바보였다. 낚시 바늘로 악어를 잡을 것처럼 생각했던 것이다. 너무나 안일한 낙관주의자요, 로멘티스트들이었다. 세상이 죽이 되든, 밥이 되든 나만 별일 없으면 된다는 이기주의자들이었다.

세상과 교회를 회복하려면 낚시 바늘로 악어를 잡을 수 있을 것처럼 하면 안 된다. 과거 개혁자들인 루터와 칼빈은 당시 거대한 가톨릭 조직과 대결하려고, 철저히 성경으로 무장한 것은 물론이고, 인문학과 수사학, 법학의 최고봉이었다.

힘을 길러야 한다. 성경을 옳게 믿고, 역사적 개혁주의 신앙을 따르고, 자유주의 신앙을 반대하는 교회와 목회자들이 서로 연합해야 한다. 교회 안에도 종북 세력이 있고, 목회자들 중에서도 사회주의자들이 있다. 그러니 같은 신앙을 가진 자들이 힘을 합해야 한다. 힘은 조직에서 나온다고 했으니, 조직을 세계관 교육으로 무장하지 않으면 희망이 없다. 성경의 말씀은 항상 옳다. 악어를 잡으려면 낚시 바늘로는 안 되고, 창과 작살이 있어야 악어를 죽일 수 있다.

02

네가 미쳤구나!

지금으로부터 2000년 전, 로마의 총독 베스도가 사도 바울에게 "네가 미쳤구나!"라고 직격탄을 날렸다. 베스도는 전임자 벨릭스 총독보다 민중들에게 인기를 더 끌기 위해서 바울을 무너뜨리려고 했다. 그래서 그는 바울을 미쳤다고 여론 몰이를 했다.

사도 바울은 아그립바 왕과 총독 앞에서, 당당하게 자신이 어떻게 그리스도인들을 박해했었는지에 대한 과거를 말하고, 그는 예수 그리스도의 은총의 포로가 되어서, 예수 그리스도의 고난과 죽음, 그리고 부활을 힘 있게 증거 했다.

당시 로마 제국의 입장에서는 기독교가 유일한 반대 세력이므로, 로마 제국은 초기에 기독교 세력을 꺾어야 했었다. 정치란 종교를 이용하기도 했지만, 로마 정부는 반대 세력에 있는 기독교의 중심 지도자를 초장에 박살을 내야 한다는 초조함도 있었다. 그래서 바울을 재판하는 아그립바 왕 앞에 끼어든 베스도 총독은 바울을 향해 '네가 미쳤다!'라고 막말을 했다. 이 말에는 여러 가지 계산이 깔려 있는데, '이런 기독교 집단의 우두머리를 그냥 두었다가는 제국 건설에 커다란 걸림돌이 되겠구나!'라는 생각을 했던 것이다. 사실 사도 바울은 유대 지도자들인 제사장, 서기관, 바리세인들로부터 고소 고발을 당했고, 오늘의 국회에 해당하는 산헤드린 공회의 고발과 여론 몰이를 통해 2년간 이미 옥고를 치렀다.

그러나 바울은 또다시 재수감 압력을 받고 있었다. 바울은 예수 그리스도의 생명의 복음을 증거 하는 것 말고는, 법적으로 하등의 문제 될 것이 없음으로, 자신은 로마에 가서 직접 재판을 받겠다고 했다. 왜냐하면 바울은 유대인임과 동시에 로마 시민권을 가지고 있었기 때문이다. 그래서 바울은 아그립바 왕과 베스도 총독 앞에서 당당하게 복음을 전했다. 그러나 베스도는 바울을 향해 '바울아! 네가 미쳤구나! 네 학문이 너를 미치게 했구나!'라고 멸시했다. 그러나 바울은 베스도 총독에게 대답하기를 "내가 미친 것이 아니라, 바른 말을 하고 있다."라고 반론했다. 사실 바울은 당대의 최고의 논리가요, 지성인이자 법학자이기도 했다.

의학적으로 정신 분열증도 미쳤다고 할 수 있지만, 이른바 귀신 들린 자도 미쳤다고 한다. 제정신이 아니란 말이다. 그러나 사실상 세상 모든 사람들은 어딘가에 미쳐 있다. 하기야 '미쳐야 미친다'라는 말도 있듯이, 자기 분야에 생명 걸고 올인하는 자도 미쳤다고 말한다. 또 무엇엔가 미쳐 있어야, 인생의 방향을 설정하기도 하고 성공하기도 한다. '미쳤다'는 말에는 부정적인 뜻도 있지만, 긍정적인 뜻도 있다. '미쳤다'라는 말은 마음속에 심각한 병이 들었다는 말이며, 자기 스스로 자기 마음을 통제하는 것을 잃어버린 상태이기도 하다.

이 세상에는 노름에, 낚시에, 트롯트에, 영화나 연극에 미친 사람도 있다. 또 어떤 사람은 야구, 축구 등 스포츠에 미친 사람들도 있다. 또 이 세상에는 명예욕과 권력욕에 미친 사람들이 많아서 돼먹지 못한 욕심에 사로잡혀, 부정과 불의와 불법으로 나라를 뒤집고, 높은 자리에 올라 가려는 자들이 많이 있다. 그래서 우리 나라는 권력에 아부하고, 양심을 속이고, 자기 영달을 최고의 가치로 여기는 미친자들이 우글거린다. 성경에 있는 대로 "욕심이 잉태한즉 죄를 낳고 죄가 장성한즉 사망을 낳느니라"는 말씀이 그대로 이루어지고 있다. 권세와 명예에 미친 자들의 결국은 천길 낭떨어지에 떨어지거나, 죽음을 맞이하는 것을 우리는 수도 없이 보아왔다.

지금 우리나라에는 아파트에 미친 자들도 많이 있다. 오죽하면 정부 관리들이 보직을 그만 두고라도 아파트를 지키려고 했었는지 알만하다. 아파트 투기를 잠재운다는 것이 오히려 값을 올려 버리고, 서민층과 젊은이들을 울게 만들고 있다. 모두가 부동산에 미쳤기 때문이다. 어디 그뿐인가? 지금 우리 사회는 거짓된 이데올로기에 미친 자들이 여기저기 날뛰고 있다. 시청 앞에는 모택동의 홍위병처럼 붉은 깃발을 휘날리고 날뛰는 붉은 데모대들의 모습은, T.V 영상에서 보는 평양의 모습보다 오히려 더욱 빨갛다. 그들의 눈빛과 섬뜩한 구호는 차마 눈뜨고 볼 수 없는 열열 공산당 패거리의 모습과 흡사하다. 신기한 것은 이런 공산당의 꽃놀이 패거리들이 자유 대한민국의 심장부인 서울 시청 앞에서 날뛰고 있는데도, 언론도 말이 없고, 경찰, 검찰들도 이런 불순 공산주의자들을 체포하지 않고, 방치하여 아무 말도 못하고 있다. 그곳은 그들에게 해방구인 것이다.

우리나라가 언제부터 이렇게 급속히 빨갱이 나라가 되었을까? 미쳐도 아주 단단히 미쳤다. 얼마 전 모든 언론은, 성도들이 '정부 지도자를 비판했다'는 이유로, '그들은 광신도 즉 미친 성도'라고 크게 신문에 보도했다. 하기는 예수님도 당시 서기관, 바리새인들로부터 미쳤다고 공격을 받았다. 특히 이모 민주당 국회 의원은 서울 시내에서 10월 3일 차량을 통해 나라 살리는 시위를 하려는 애국 시민들을 향하여 말하기를 '전광훈 광기'라고 했다. 즉 미쳤다고 한 것이다. 그러나 사실은 그 자들이 미쳐 있다.

공산주의 사상에 물든 사람들은 이미 온전히 미쳐 버렸다. 독재자는 미치지 않고는 그런 일을 할 수가 없다. 김일성, 김정일, 김정은 왕조와 히틀러는 미치광이었다. 그래서 본회퍼 목사는 그 어렵고 절박한 시기에, '미친 자에게 운전대를 맡길 수 없다'고 외친 후 순교했다.

2000년 전 베스도 각하는 '바울아! 네가 미쳤다!'라고 멸시했다. 그러나 2000년이 지난 후, 우리는 역사를 통해 바울이 미친 것이 아니라, 베스도가 미친 것임을 확연히 알 수 있다.

온 나라가 미쳐 돌아가고 있다. 정권 유지에 미친 국회 의원과 행정 관리자들이 종북 정부를 비판하는 사람들을 향해 '네가 미쳤다'라고 내몰고 겁박하고 있다.

03

T.V를 꺼라!

내가 'T.V를 끄자!'라는 캠페인을 시작한지 어느덧 30년이 흘렀다. 내가 여기에 관심을 갖게 된 것은 방송국에 대한 좋지 않은 생각을 가진 것도 아니고, 방송국의 민노총의 파업과도 아무런 관련이 없었다. 다만 미국의 YFC의 지도자 제임스 갈빈(James C. Galvin) 박사의 'T.V 금식을 시도해 보라'는 글을 읽고부터였다.

나는 30년 전에 'T.V를 끄자!'라는 캠페인을 시작할 때, '전철과 버스 안에서 읽는 좁쌀 책'이라는 소책자를 만들어 사람들을 깨우는 일을 해 보았다. 그리고 필자가 대신대학교 총장 시절에는 『영성 회복을 위한 T.V 시청 절제 캠페인 본부』라는 소책자를 만들었다.

사실 우리들은 T.V를 보면서 보다 풍성한 삶을 산다고 생각하는 모양이다. 현대인들은 하루도 T.V 앞을 떠나지 않는다. 현대인의 삶은 아침에 눈을 뜨면 첫 인사가 T.V를 켜는 것으로 시작해서 하루의 마감도 T.V를 끄면서 잠자리에 든다. 그러니 어른, 아이 할 것 없이, 모두가 T.V 중독에 걸려 있다고 봐야 할 것이다. 그 중독의 증세는 상당히 심각해서 아예 T.V의 포로가 되어가고 있다. 물론 요즘은 컴퓨타나 스마트폰 중독도 심각한 수준이다.

오늘날 사회에서 T.V만큼 강한 위력을 가지고 있는 것은 없을 것이다. 그것은 절대 권력을 가진 독재자처럼 자기가 하고 싶은 데로 한다. 그것이 울면 시청자도 울고, 그것이 웃으면 시청자도 웃어야 한다. T.V에 출연하는 사람들이 젊은이들의 우상으로 군림하는 것을 보면, 그 위력을 짐작하고도 남는다. T.V에 출연하는 자들의 말과 몸 놀림, 춤, 그리고 옷차림은 단숨에 전국적으로 유행을 만들어 낸다. 이처럼 T.V는 뉴스, 각종 정보, 교양, 오락, 연예, 스포츠 등 다양한 프로그램을 뱉어낸다. 이런 스피드 한 현대 생활에서 T.V는 가장 좋은 친구이며, 길잡이고, 무료한 시간을 보내는데 안성맞춤이라는 생각을 갖게 한다.

하지만 T.V의 부정적 측면은 이만저만 아니다. T.V의 내용들은 하나같이 인본주의적이며, 진화론적이며, 유물론적이며, 무신론적이다. 공중의 권세 잡은 자들은 이 위대하고 능력 있는 전파 미디어를 완전히 독점하고 있다. 그러나 기독 교회는 여기에 아무런 대책도 없고, 완전히 노출된 채로 공중의 권세 잡은 자들로부터 무차별 공격을 당하고 있다.

    T.V에 중독되면, 사람들은 생각할 줄 모른다. T.V의 뉴스나 각종 정보를 여과 없이 받아서 무엇을 좀 아는 듯하지만, 그 지식이란 것도 한심해서 수박 겉핥기식이고, 깊이 있는 것이 못된다. 생각할 줄 모르는 사람은 결국 말초적이고, 감정에 끌려 충동적인 삶을 살게 마련이다. 생각이 없는 민족으로는 선진국을 만들 수 없다. 상상력이 없으면 심오한 철학도, 학문도 나올 수 없다. 생각이 없으면 정치고, 경제이고 간에 즉흥적이고, 이기적인 행동으로 승부를 보려고 한다. 인간의 마음속에는 잔인성이 있다. 그런데 T.V는 그 인간의 욕구를 충족시켜 주기 위해서 더욱 폭력적이고, 쾌락적이며, 퇴폐적으로 변하고 있다.

    이렇게 인간의 욕구 충족으로 인간의 병적인 치료를 할 수 있다고 표방한 것은 프로이드적 발상이다. 그리고 유명한 에릭 프롬(Erich From) 같은 이도 프로이드의 영향을 받아서, 사회의 병리를 치료하기 위해서 사회의 욕구를 충족시키면 된다는 이론을 개발했다.

    요즘의 모든 인문, 사회, 과학 분야의 이론들이 다 이와 엇비슷하다. 현대 문명은 하나같이 프로이드적이며, 진화론적이다. 그러나 이보다 더욱 더 한심한 것은 신학이나, 목회의 현장까지 인간의 욕구 충족을 통해서 성공하려는 발상이 대유행이다.

T.V는 현대 문명을 이끌어가는 챔피언이자, 여론을 만들어 사람들을 세뇌시키고 있다. 언론은 마음만 먹으면 폭동을 일으키기도 하고, 폭력적 거짓 집회를 아주 아름다운 민주주의 꽃으로 위장하기도 한다. 또한 T.V는 멀쩡한 사람을 등신으로 만들어 감옥에 집어넣기도 하고, 온갖 불법과 부정한 파렴치범을 유능한 정치적 지도자로 만들기도 한다. 어찌 이러한 일이 T.V만 그러겠는가! 한국의 라디오와 모든 일간지도 그들의 목적을 위한 여론 몰이에 챔피언이다.

요즘은 Youtube란 것이 있어서 뜻 있는 사람들이 T.V를 멀리하는 것도 사실이지만, 지금 이 나라는 '언론의 제국'이 나라를 이끌어가고 있다. 물론 이 세상의 언론은 중립이란 없다는 말이 맞다. 하지만 언론이 정부의 입맛을 맞추는 것뿐만 아니라, 아예 선전, 선동을 해서 국민들을 갈라놓고, 국민들을 혼미케 만드는 주범이 되고 있다. 하기야 미국 같은 나라에서도 중국 공산당을 끌어 드리는 종북주의 언론이 많다. 그들은 사실을 왜곡하는 정도를 넘어서, 아예 정의를 말살하는데 앞장서고 있다. 하지만 그 중에서도 이를 비판하고 정론을 펴는 매체들도 많다.

그러나 우리 정부는 지금 우리나라가 사회주의로 기울어져 가고 있는 절박한 시간임에도, 오히려 언론이 앞장서서 나팔수가 되어 있으니 참으로 앞이 캄캄하다.

요즘 누가 T.V를 보느냐는 사람도 있지만, 코로나19 정국에 T.V

는 무서운 절대 권력을 가지고 있다. 그들은 Youtube를 향해서 가짜 뉴스라고 거침없이 공격하고 있다. 그러나 누가 가짜 뉴스인지는 알 만한 사람은 다 알고 있다.

지금 한국의 민주주의는 죽었다. 왜냐하면 언론이 죽었기 때문이다.

'T.V를 꺼라!', '신문을 보지 마라.' 그렇게도 심심하면 드라마나, 음악프로나 보던가….

04

피보다 진한 것은 사상이다

　한 사람이 일생을 살아가는 중에 누구를 만났는가는 참으로 중요하다. 그리고 그의 멘토가 누구인가에 따라 그의 인생의 방향이 결정되기도 한다. 뿐만 아니라 무슨 책을 읽었느냐도 그의 사상과 사고와 행동에 결정적 영향을 끼치게 마련이다. 좋은 책도 읽지 않고, 멘토도 없다면, 그냥 인생을 헛되이 살다가 아까운 세월을 낭비하는 경우가 대부분이다.

　그런데 문제는 사람도 제대로 만나야지 잘못된 사람을 만나면, 일생 동안 헛된 삶을 살고 불행한 삶을 살다가 인생을 마치는 경우가 대부분이다. 그리고 그 만난 사람은 인생의 멘토가 되어 버린다. 건달과 만나면 건달이 되고, 사기꾼이나 도적놈을 만나면 자기도 모르게 그렇게 된다. 인본주의자와 만나 교제하면 인본주의자가 되어 버리고, 공산주의 사상을 가진 사람과 만나서 사귀고 그의 가르침을 받으면 자연스럽게 공산주의자가 된다. 사회주의자들의 모임에 참여하여 그들과 사귀고, 그들의 책을 학습하면 자기도 모르게 사회주의 종북주의자가 되어 버린다. 이와 반면에 하나님의 말씀인 성경을 통해서 예수 그리스도를 만난다면 그는 이 땅에서 위대한 삶을 살 수 있다.

이처럼 사람은 어떤 스승을 만나느냐에 따라서 인생관, 세계관, 역사관, 자연관이 모두 달라진다. 그래서 사람을 바꾸는데 사상가들은 '교육'을 가장 중요시한다. 요즘 한국에는 몰래몰래 불온사상 교육하는 곳이 많아졌다고 들었다.

한국에서는 그동안 사회주의적 교육 철학을 가진 단체인 전교조를 통해서 학생들에게 교육을 해왔는데, 상당한 효과가 나타나서 요즘 아이들은 6·25 전쟁을 북침이라고 말할 정도이다. 그동안 앞선 정부들이 6·25노래를 10년간 금지곡으로 지정했는가 하면, 아예 가사를 바꾸어서 6·25는 북한의 남침이 아니라, 북침이라 하고 제국주의자들 때문에 전쟁이 일어났다고 가르치고 있었다. 참으로 그동안 한국에 의식화된 지도자들의 노력이 얼마나 집요했는가를 알 수 있다.

그런데 문제는 의식화된 지도자들이 수많은 팔로워를 거느리고 군림하고 영웅으로 대접을 받는다는 것이다. 뿐만 아니라 중요 언론들이 가짜 뉴스를 퍼뜨려 의식화된 영웅을 만들기도 하고, 그들은 나라의 양심 세력을 죽이기도 한다. 그래서 그들은 세상을 바꾸고, 의식을 바꾸고, 시스템을 바꾸기도 한다. 오늘 한국에는 진정한 스승도 없고 멘토도 없다. 오히려 모두가 자기중심적이어서 눈치 빠르고 수단 좋게 성공한 사람을 영웅시 하는 시대이다.

이 세상에는 독불장군도 없고, 자기가 위로부터 직통 계시를 받는 사람도 없다. 모두 누구엔가 영향을 받거나 자극을 받고 깨닫게 되는 것이고, 그가 읽고 터득한 지식이 그의 삶의 목표가 되고 원칙도 된다. 그러므로 사람은 누구를 개인적으로 만났는가 하는 것은 매우 중요하고, 그가 읽은 책이 평생 그의 사상을 지배하기 마련이기에 아주 조심해야 한다.

아브라함 링컨은 초등학교도 마치지 못했지만, 그는 계모에게 받은 성경을 읽고 또 읽고, 그리고 귀한 책들을 모두 독파한 독서광이었다. 그래서 링컨은 말하기를 '책 두 권 읽은 사람이 한 권 읽은 사람을 지배한다'라고 했다. 오늘날은 취직을 하거나 사회 진출을 하려면 스펙이 중요하다. 그래서 지도층들이 불법으로, 끼리끼리 스펙을 쌓으려고 수단 방법을 가리지 않고, 부정도 마다하지 않는다. 그러나 스펙보다 더 중요한 것은 나의 멘토가 누구인가가 더 중요하다. 그런데 이 땅에는 자유 대한민국의 정체성을 부정하고, 사회주의적 이상을 영웅적으로 실행하려는 지도자를 멘토로 알고 따르려는 사람들이 점점 눈덩이처럼 불어나는 것이 큰 걱정이다.

오늘날 한국의 중·대형 교회 지도자들은 교회 성장의 신학으로 교회를 크게 키웠다. 그러나 교회는 기울어져가는 한국을 바로 잡고, 교회가 세상을 향한 책임을 지려는 선지자적 메시지가 들리지 않는다. 결국은 '물보다 진한 것은 피요, 피보다 진한 것은 사상이다'란 말이 다시 떠오른다. 6·25 70주년을 맞이해서 아직도 북한 공산주의자들은 호시탐탐 대한민국을 적화하기 위해서 핵을 다 만들어 놓았고, 굶주린 북한 주민들은 거짓된 김일성 주체사상으로 뭉쳐 있다. 6·25는 아직 끝난 것이 아니다. 그런데 대한민국에 의식화된 지도자들은 참으로 순진하고 착한 로멘티스들이다. 그들은 이 나라에 멘토들로서 젊은이들에게 사회주의의 파라다이스를 가르치고, 평등과 평화를 부르짖으면 이 땅에 평화가 자동으로 올 것처럼 의식화되어 가고 있다.

깨어 있어야 한다. 지금은 자다가 깰때이다. 이것이 성경의 가르침이다. 성경적인 세계관 곧 칼빈주의적 세계관을 가진 멘토들이 여기저기 일어나 나라를 살리고 세계 속에 대한민국과 한국 교회의 소명을 감당해야 한다. 일찍이 프란시스 쉐퍼(Francis Schaeffer) 박사의 말대로, "철학은 철학으로, 논리는 논리로, 사상은 사상으로 맞서야 한다."고 했다. 요즘 사회주의나 공산주의자들은 아주 논리적이어서 이른바 젠다 이데올로기를 주장하고, 문화와 예술을 통해서 성평등이란 말에 사탕을 입혀서 '차별금지법'을 국회에 통과시키려고 이미 시스템을 다 짜놓고 있다. 수십 년 동안 그릇되고 퇴폐적인 인본주의적이요 사회주의적 사상을 가진 멘토들이 이른바 문화 맑스주의를 교묘히 설계해서 정치, 경제, 사회, 문화, 예술, 역사, 교육에 침투시켜 왔다. 이들의 칼춤이 끝나면 한국 교회는 어디로 가고, 자유대한 민국은 어디로 가나!

문제는 보수주의니, 복음주의니 하는 지도자들의 사고가 큰 일이다. 목회자들은 가르치기를 예수 믿고, 복 받고, 이 땅에서 행복하게 살면 된다는 안이한 생각으로 세상이야 죽이 되든 밥이 되든 모르겠고, 나라가 좌로 가든, 우로 가든 상관이 없다는 생각하고 있는 듯 하다. 이른바 중도란 이름으로, 또는 정교분리라는 도그마를 노래 하면서 말이다.

설교자들은 자신이 하고 싶은 축복 논리와 목적을 위해서 아브라함을 이용하고, 이삭을 말하고, 야곱을 이야기하고 있다.

한국 교회의 목회자들이 다시 깨어난다면 대한민국은 그래도 희망이 있다. 지금 우리는 거대한 사상전을 치르고 있음을 왜 모르는가!

"피보다 진한 것이 사상이다."

05

6·25와 다부동 전투

6·25전쟁 중 Simon 군목이 차던 십자가

6.25전쟁 중 다부동 전투의 승리를 감사해서 미군, 유엔군, 한국군을 위한 기념 손수건

북한 공산당의 불법 남침으로 야기된 6·25전쟁이 일어난 지 꼭 70주년이 되었다. 그런데 어찌 된 영문인지 요즘 학생들의 대부분은 한국이 북침을 했다고 믿고 있다. 전교조의 활동으로 교과서도 그리 만들고, 교실에서도 그렇게 가르친다고 들었다. 북의 선전 선동을 자유 대한민국에서 그대로 받아쓰고, 공산당의 선전을 마치 교리처럼 생각하고, 젊은이들에게 주입하려고 안달하고 있다. 그래서 요즘에 반공을 말하면 영락없이 수구 꼴통보수로 몰리고 꼰대로 취급 받기 일수다.

반면에 평화를 말하고 이념과 사상을 초월해서 우리 민족끼리를 부르짖는 사람들을 통큰 지도자로, 열린 지도자로, 열린 지성인으로 대우 받는다. 그들은 6·25때 공산당이 대구를 거쳐 부산까지 점령하지 못해서 공산 통일을 이루지 못한 것에 대하여 못내 아쉽게 생각하고 있다. 하기는 북쪽은 6·25전쟁 후에 끊임없이 붉은 사상교육을 다그쳐 왔지만, 한국은 자유방임에 빠져서, 지금 서울에 인공기가 걸려도 잡아가는 기관이 없다. 이는 결국 세작들의 집요한 공작이 정치, 경제, 사회, 문화, 교육, 언론, 예술까지 모두 장악했기 때문이다.

6·25는 김일성이 대한민국을 적화하기 위해서, 주일 새벽, 휴일에 모두가 깊은 잠에 빠져 있고, 군인들은 모두가 주말 휴가를 얻어 간 사이를 이용해서, 소련제 탱크를 앞세워 3·8선을 넘어 쳐들어 왔다. 자유 대한민국을 세운지 꼭 2년 만이었다. 국방도 허술했

고, 나라도 정돈되지 않은 틈을 타서 한국을 공산화하기 위해서 벌인 천인공노할 북한 공산당의 작품이었다. 우리나라는 자다가 쇠망치로 얻어맞은 꼴이었다. 북한 공산당은 잘 훈련된 인민군과 탱크, 비행기를 앞세워 파죽지세로 낙동강 전선까지 밀고 왔고, 수많은 피난민 행렬은 남으로 남으로 인산인해를 이루었다.

그때 나도 그 피난민 중의 하나였다. 내가 초등학교 학생이었으니 꼭 10살이었다. 부모와 형제들을 따라 내게 맞는 짐을 지고, 포항의 송도로 피난 가서 가족들과 합심해서 방공호를 팠다. 밤이 되자 피아간 총알의 불꽃이 장관이었고, 폭격기가 쉼 없이 퍼부었다. 한 밤인데도 비행기의 폭격으로 인해 대낮처럼 밝았다. 머리 위로 박격포가 터졌고, 그 파편들로 인해 금방 사람들이 쓰러지고, 피를 흘리며 넘어지는 것을 눈으로 늘 보았다. 전쟁은 참으로 비극이고 비참했다. 먹을 것도 입을 것도 없었고, 영산강으로 피난민들이 한꺼번에 보트를 타고 가다 전복되어 죽은 사람들이 지금도 눈앞에 선하다. 내가 다니던 포항남부초등학교는 불탔고, 우리 집도 잿더미가 되었다. 인민군들이 포항을 점령하자 우리는 그렇게 정처 없이 남으로 남으로 피난 대열에 끼여 남의 집 헛간에 자기도 하고, 간간이 군인들이 먹는 주먹밥을 얻어먹기도 했다.

나는 본래 병약해서 피난 중에 전염병인 이질과 호열자(콜레라) 등을 앓았지만, 기적적으로 살아남았고, 울산 방어진까지 가는 동안 우리 가족은 미군 부대에서 나온 성냥을 칼로 두 쪽으로 나누어

팔면서 겨우 연명을 해왔다. 3개월 후에 울산 방어진에서 포항으로 다시 돌아오니 포항제일교회만 온전히 보전되어 있고, 나머지는 말 그대로 도시는 초토화, 쑥대밭이 되어 있었고, 폭격으로 인해 거대한 웅덩이가 여기저기에 있었다. 집은 폭격으로 없어지고, 거리에는 시체들이 치워지지 않고 널려 있었다.

6·25전쟁에서 공산군을 막아낸 것은 바로 그 유명한 '다부동 전투'에서였다. 공산군 곧 인민군은 숫자나 화력 면에서 우세했기에, 아군이 다부동 전투에서 밀려나면 대구가 무너지고, 대구가 무너지면 김해 평야를 거쳐 임시 수도 부산이 점령될 위기였다. 하나님의 도움이 없었다면 우리나라는 김일성의 꿈이 이루어져 공산주의 나라가 될 뻔 했다. 그때 우리군과 유엔군은 결사 항전으로 피의 계곡을 이루면서까지 다부동 전투에서 승리하였다. 다부동 전투는 피아간에 시체의 산을 이루었고, 피의 강이 흐르고 있었다.

무엇보다 1950년 8월 13일-30일간의 다부동 전투를 승리로 이끈 부대는 사단장 백선엽 장군이 이끄는 1사단이었다. 세계 전사에 보기 드문 전쟁으로, 10여 차례 고지를 뺏고, 뺏기는 전투였다. 그 후 유엔군이 합세했고, 이승만 대통령의 지시로 백선엽 장군은 일본에 있던 맥아더 장군의 지원을 받아 적군 지역에 융단 폭격을 해서 인민군을 무력화시켰고, 대구를 지키고, 그 후 맥아더 장군의 '인천 상륙 작전'으로 전세를 바꾸어, 인민군을 3·8선 이북으로 몰아냈다. 그리고 서울을 수복하고, 평양을 탈환했고, 계속 북진하여 압록강까지 가서 통일을 바로 눈앞에 두고 있었다. 그러나 아쉽게도 우리 국군은 중국 공산당의 인해 전술로 꿈에 그리던 남북통일을 놓쳤다. 중국 공산당은 지난 70년간 우리에게 단 한 번도 전혀 도움이 되지 않는 우리의 주적이다. 그자들은 지금도 한국에 또 다른 인해 전술로 모여 들어, 정치와 경제와 언론에 간여하고, 여론몰이를 하고 선거에 개입하는 등 문제를 일으키고 있다.

다부동 전투의 영웅은 백선엽 장군이다. 그는 오늘의 대한민국을 건져낸 군인 중에 군인이다. 이러한 그가 100수를 하고 죽자 현충원에 그를 안장하려는데, 백수건달로 있다가 자기 아버지의 덕으로 국회 의원이 된 김 아무개 의원은 그를 친일파로 몰아, 현충원에 묻히는 것은 불가하다고 입에 거품을 물었다. 그자들은 김일성이 적화 통일을 못한 것이 그리도 아쉬었던 모양이다. 고(故) 백선엽 장군이 친일파라면 대한민국 모든 국민은 친일파이다.

당시에 한국의 모든 사람들은 나라를 잃고, 일본의 황국 신민이 되어 모두가 신사 참배를 했고, 모두가 애국 헌금으로 일본에 비행기를 헌납했다. 국민 모두가 놋그릇을 바치고 일본을 위해 부역을 했다. 신사 참배를 반대하다가 순교한 주기철, 손양원 목사, 박관준 장로, 산 순교자인 한상동, 손명복, 이인재 목사 등 50여 명과 신사 참배를 피해 해외로 망명간 박형룡, 박윤선 박사 등을 제외하면 사실 모든 사람들, 모든 교회 지도자들은 친일파였다.

지금 와서 친북파는 괜찮고 친일파는 처단한다는 이중적 잣대로 몰고 가는 것이 오늘의 상황이다. 6·25, 70주년을 맞이하면서 말끝마다 이승만을 물고 늘어지고, 미국과 유엔군을 문제 삼는 사람들이 지금도 정권의 실세이자 평화 통일의 견인차라고 한다.

나는 지금, 70년 전에 6·25전쟁 당시, 이 땅에 유엔군으로 와서 참전했던 미국 군목 사이몬(Simon)이 차고 있던 그 십자가를 양복 왼쪽에 패용하고 있다. 그리고 다부동 전투를 승리로 이끌어 대구를 지켜낸, 미군과 유엔군과 한국군이 너무너무 고마워서 대구 시민이 직접 만든 조그마한 기념품 손수건을 이번 달부터 가지고 다닌다. 결코 6·25을 잊지 말자는 뜻이다.

그 기념품 손수건에는, "Thank you UN Army, 1951 Taegu Korea"라는 글과 성조기와 유엔기와 태극기가 함께 그려져 있다. 아직 전쟁은 끝나지 않았다. 한국 정부는 북쪽의 눈치를 보며, 김정은을 달래기에 온 힘을 쏟았으나 6월 16일, 북은 공동 남북연락 사무소를 다이너마이트로 폭파하고 입에 담을 수 없는 욕설과 독기를 품고 있다. 6·25가 일어난 지 70년이 지났지만 달라진 것은 아무것도 없다.

아 아 잊으랴, 어찌 우리 이 날을…
조국의 원수들이 짓밟아 오던 날을…
하나님이 보우하사 우리 나라 만세!

06

'표' 도둑질

선거에서 한 '표'는 역사를 바꿀 수도 있고, 시스템을 바꿀 수도 있다. 민주주의 역사는 표의 역사라고 할 수 있다. 미국이 건국될 때 의회가 조직되고 무슨 언어를 국어로 사용할 것인지가 초미의 관심이 되었다. 영어를 쓸 것인가? 화란어를 쓸 것인가? 표 대결이 이루어졌다.

1620년에 메이플라워호를 타고 온 영국 청교도들의 숫자가 많았지만, 8년 후인 1628년에 미국으로 건너 온 화란 개혁주의자들의 수도 엇비슷했다. 청교도들은 메사추세스주에 터를 잡았지만, 화란 사람들은 오늘의 뉴욕에 터를 잡고 그곳을 뉴 암스텔담(New Amsterdam)이라고 명명했다. 이민 초기에는 각자 자기 언어와 문화를 쓰고 있었다. 그런데 의회에서 영어를 국어로 쓸 것인가? 화란어를 국어로 쓸 것인가?의 표 대결에서, 한 '표'차로 영국과 스코틀랜드 계가 이겼다. 그래서 미국은 국어를 영어로 쓰기로 결정했다. 동시에 뉴 암스텔담이란 도시는 간판을 내리고, 뉴욕(New York) 즉 영국의 중세 도시 York를 새로 건설한다는 명분으로 뉴욕이 되었다. 그래서 뉴욕의 거리 이름은 아직도 거의 화란식으로 남아 있는 곳이 많다. 한 표 차이가 세상을 바꾸어 버렸다.

실은 17세기의 영국과 화란은 해양 제국을 다투어 건설하는 과정에서 서로가 앙숙이었다. 심지어 영어의 모든 나쁜 말에는 앞에 꼭 더치(Dutch)자를 붙였다. 마치 일제 강점기에 일본이 한국을 멸시하는 말에는 '조센징'을 부쳤듯이 말이다.

민주주의는 표를 먹고 살고, 표를 못 얻으면 개인도 정당도 망가지는 것이 역사이다. 아무리 훌륭한 정치가라도, 아무리 좋은 정책을 가진 정당이라 할지라도 표를 얻지 못하면 역사의 뒤안길로 사라지게 된다. 그래서 정치가들은 평소에도 '표갈이'에 정성을 다하고, 기회 있을 때마다 인기 전술을 쓰고, 위장 전술을 사용하는가 하면, 거짓 공작을 하기도 한다. 표가 되면 국민에게 기만 전술도 쓰고, 표가 된다면 멀쩡한 상대를 파렴치범으로 만들기도 하고, 표가 된다면 형편 없는 놈팽이, 백수, 건달도 언론이 멋진 지도자로 만들기도 한다.

그리하려면 역시 '돈'이 필요했다. 3·15부정선거 당시에는 고무신, 비누, 막걸리를 사용해서 가난한 국민들의 표를 샀는가 하면,

개표조작도 이루어졌다. 피아노 표, 올빼미 표 같은 아주 고전적 수법이 동원되었다. 그로 말미암아 4·19의거가 일어났고, 이승만 대통령은 자진 하야 했으며, 선거 부정을 총괄하던 내무장관 최인규는 사형되었다. 그 후에도 정치에 '표 도둑질'은 끝나지 않았고, 다만 고도로 진화되었을 뿐이다. 그래서 선거에는 돈이 있으면 이기고, 돈이 없으면 지는 것이 공식이 되었다.

들리는 말로는 지난 4·15선거에도 '부정이 있었다'는 말이 끊임없이 나돌고 있다. 하지만 한국의 중요 T.V 방송과 신문이 아무런 보도를 하지 않으니, 부정 선거가 사실인지는 알 길이 없다. 하지만 국민들로서는 고도화된 IT 기술을 모르기 때문에, '설마 이렇게 밝은 세상에 부정 선거가 있겠는가!'라고 반신반의 한다. 하지만 코로나19를 수습한다고 선거 며칠 전부터 아동 복지를 위한답시고 엄청난 돈을 뿌린 것 같은데, 이런 것도 모두 합리적 부정 선거로 표를 매표 한 것이 아닐까 생각해 본다.

교회사의 위대한 '성 어거스틴'의 말이 생각난다. 그는 '부정한 법은 법이 아니다', '정의가 없다면 권력이란 강도에 불과하지 않겠는가?'라고 했다. 4세기 때나 지금의 21세기 때나 다르지 않다.

그런데 부정 선거는 정치권에만 있는 것이 아닌 듯싶다. 기업과 모든 이권 단체에서도 투표를 통해 결정하는 것이 대부분이다. 거기서도 고도의 정치적 술수와 돈이 움직이고 있다. 말하자면 오늘의 세상은 양심이나 진실보다, 권모술수의 달인이 출세하고, 권세를 잡고, 부를 누리고 있다. 말하자면 돈 놓고 돈 먹기 같은 야바위가 오늘의 세상이다. 물론 이런 모양새가 한국에만 있는 것은 아니고, 남미나 아프리카에도 많다. 민주주의가 모든 제도 가운데 가장 좋은 제도인 것은 맞지만, 민주주의도 인간의 죄악 때문에 생겨난 것이어서 완벽한 것은 아니다. 주권재민(主權在民)은 맞지만 민중의 표만 얻으면 모두가 정의가 되는 것은 아니다. 민중의 소리(Vox Populi)보다 하나님의 음성(Vox Dei)을 먼저 들어야 한다.

그런데 아쉽게도 하나님의 음성을 최고 가치로 생각한다는 교회들도, 총회장 선거나 감독 선거와 연합회장 선거에도 돈이 우선시 되고 있다. 오죽 했으면 어느 교단은 투표 대신에 제비뽑기란 제도를 만들어서 금권 선거를 막아보려고 했을까 싶다. 사실 제비뽑기는 장로교회의 정치 원리에 위배된 것이지만, 그렇게 해서라도 금권 선거를 막아 보자는 뜻일 것이다. 하지만 표를 얻기 위한 기술, 금권 선거를 위한 방법은 끊임없이 진화되어 왔다. 말하자면 정부가 하는 짓거리처럼 합리적 논리적으로 돈을 뿌리고, 민심을 사는 방법이다. 예컨대 마음에 드는 어느 단체, 어느 기관에 후원 명목으로 돈을 뿌리는 방법이다. 이는 불법은 아니지만 돈이 곧 진리가 되고, 돈이 곧 정의가 되고, 돈을 뿌려 당선되어도 하나님의 뜻이라고 우겨도 할 말이 없다.

정치하는 사람들은 눈을 떠도, 눈을 감아도 늘 표가 떠오른다.

자신을 위장하고 불법으로 돈줄을 만들어 이 세상에서 명예를 얻고, 영광, 존귀, 찬양을 다 받으려는 것이 일반 정치나 교회나 크게 다르지 않다. 창세기 11장에 바벨탑을 쌓는 자들의 구호는 '우리 이름을 내자'였다. 우리 이름, 자신의 이름을 들어내기 위해서, 지혜와 지식과 돈을 쏟아서 오늘의 바벨탑을 쌓고 있는 자들이 많이 있다.

모두가 대통령 되려 하고, 모두가 교황이 되려는 성직자들로 가득 차 있다. 합법적으로, 합리적으로 '표'를 도둑질해서 출세하고, 역사를 바꾸려는 사람들, 자기 이름을 내고자 하는 인생들은 아마도 주님 다시 오시는 날까지 이 땅에서 계속 있을 것이다.

07

하나님, 하느님

    1980년대에 '하나님'을 책 제목으로 출간된 책이 3권 있었다. 그 첫째는 연세대학교 부총장을 지낸 김동길 박사님의 『하느님, 나의 하느님』이고, 또 다른 하나는 서울대학교 사회학과의 한완상 교수의 『하느님은 누구 편인가』이다. 그리고 필자의 책 『하나님께 더 가까이』였다. 이 책들은 모두 칼럼과 에세이를 모아 만든 책이었다. 그리고 3권 모두 그 분야의 독자들에게 널리 알려졌다.

    나는 여기서 '하나님'이 맞느냐 아니면 '하느님'이 맞느냐 하는 해묵은 논쟁을 다시 꺼내지 않으련다. 하느님이라고 하는 사람들은 '하늘의 님'이라고 생각했고, 나는 성경대로 하나의 '님'은 곧 창조주이시고, 구속주이신 유일신 여호와 하나님으로 쓰고 있다. 하나님을 어떻게 쓰는가도 역시 신앙의 문제이자 사상의 문제이기도 하다. 그런데 이 책들의 제목 자체가 1980년대 이후에 한국인들의 마음속에 각각 다른 시각을 보여주는 듯이 보인다. 즉 다 같이 하나님을 말해도 서로가 자기 분야의 독특한 입장과 문체로 쓸 수밖에 없다. 한국의 1980년대는 민주화의 열기로 뜨거웠고, 좌절과 희망이 교체되면서 사상의 혼돈의 시대였다.

김동길 교수는 역사학자이자 정치가로서 수많은 신문의 칼럼을 썼고, 거침없는 입담으로 시사 평론과 사상을 쏟아낸 우리 시대의 지성인으로서 모든 이들의 존경을 받아왔다. 지금도 그는 92세의 고령임에도 대한민국의 자유 민주주의와 평화를 외치는 어른이다. 이러 저러한 정치 편력으로 그에 대한 비판자들도 많지만, 그는 이른바 우파 논객으로 우리 민족의 갈 길을 제시하고 있다.

그는 어린 시절부터 신앙의 가문에 나서 기독교적 세계관과 가치관으로 일관해 왔다. 그의 책 『하느님, 나의 하느님』 서문을 보면 "이천 년 전에 참으로 억울한 재판을 받고 참으로 억울하게 십자가를 져야만 했던 한 청년이 있었습니다…낮 열두 시에는 해도 빛을 잃고 온 땅에 어둠이 덮여 오후 세 시까지 견디기 어려웠을 것입니다. 세 시쯤 되어 이 청년은 '엘리 엘리 라마 사박다니' 하고 부르짖어 더랍니다. '나의 하느님, 나의 하느님, 어찌하여 나를 버리셨나이까'라는 뜻이랍니다. 그 처절한 부르짖음은 오늘을 사는 한국인에게 적지 않은 공감을 불러 일으키는 듯합니다. '하느님, 나의 하느님'이라고 외치고 싶은 사람은 어찌 이 강산에 나 혼자뿐이겠습니까?… 이천 년 전에도, 절대의 절망에서 절대의 희망이 움트고 있었습니다."라고 했다.

김동길 박사는 그 시대를 칠흑 같은 어두움으로 썼고, 그래도 부활의 희망을 말했다. 즉 아무리 나라가 망가져도 정의는 승리할 것이라는 낙관주의를 말했다. 그리고 한완상 교수는 『하느님은 누구의 편인가』란 책을 썼다.

한완상 박사는 사회과학자이자 행동하는 지성인으로 알려졌다. 서울대 교수와 교육부 장관, 통일부 장관 겸 부총리, 적십자사 총재, 여러 대학의 총장을 역임했다. 그는 하나님 나라의 복음을 말했던 기독교인으로 20여 차례 북한을 다녀왔다고 한다. 그는 한때 해직 교수였다가 복직되기도 했다. 그의 책을 소개하는 동광출판사의 책 선전문에는 '우울한 시대에 밝음을, 메마른 사회에 정의를, 사랑이 없는 곳에 사랑을, 위선이 있는 곳에 정직한 모험을, 뜨거운 가슴으로 이 책을 읽지 않으시렵니까?'라고 했다. 당시 한국 사회의 어두운 민낯을 비판하는 것은 맞지만, 그의 책 제목 『하느님은 누구의 편인가』는 좀 깊이 생각을 해야 할 듯하다. 70년대에서 80년대에는 이른바 '해방 신학'과 '신 맑스주의(Neo-Marxism)' 사상이 세상에 창궐하던 시대였다.

신 맑스주의는 젊은 날의 칼 맑스가 가졌던 이상을 지지하는 것이라고 볼 수 있는데, 결국 맑스주의나 신 맑스주의는 다르지 않다. 당시 이런 사상들은 남미와 아프리카 등지에서 특히 유행했다. 그들의 주장은 하나님은 가난하고 억울하고 눌린 자의 편이라는 것이다. 그래서 해방 신학에서는 예수도 검은 예수라 했고, 예수는 가난한 아프리카 편이라고 주장했다. 당시 연세대학교 어느 신학자는 "한국의 신학은 '한의 신학', '황색 신학'이라고 써야 한다."는 토착 신학 이론을 발표했다. 성경에 보면 하나님은 과부와 고아와 가난한 자에 관심이 많은 것은 맞다. 그렇다고 '가난'이 곧 구원의 조건이 될 수는 없다.

하나님은 누구의 편도 아니고 누구든지 주의 이름을 부르는 자의 편이다. 그럼에도 불구하고 하나님의 편 가르기는 사회과학자인 한완상 교수의 눈에는 그것이 진리이고 정의로 보여질 수 있다. 그런 논리로 그는 하나님이 노동자, 농민 같은 자의 편이라는 것이다. 그래서인가 지금 한국은 온통 노조가 모든 분야에 주인 노릇을 하고 있다. 최근 조우석 칼럼을 보니, 한완상 교수는 백낙청과 함께 좌파의 멘토이고 사회주의 운동에 견인차라고 했다. 그는 대통령의 멘토 즉 오늘 우리 사회에 범람하는 모든 좌파 종북세력의 멘토로 자임하는 듯하다. 사람은 그의 멘토와 읽은 책이 무엇인가에 따라서 평생의 사상과 행보가 달라진다.

필자가 쓴 1980년대의 책 이름은 『하나님께 더 가까이』였다. 이 책은 1977년부터 합동 측 전국목사장로기도회 설교문과 몇몇 강연을 묶어 책을 만들었고, 목사님과 신학생들이 읽어 주었다. 필자가 이 책 제목을 그렇게 붙인 것은 다음과 같다. 필자는 1972년 화란 암스텔담 자유대학교에 유학을 갔었다. 그러나 말도 글도 모르고, 두고 온 가족 걱정에 공부도 안 되고 깊은 절망에 빠져 있을 때, 도서관 열람실에서 아브라함 카이퍼(A. Kuyper) 박사의 명상록 『하나님께 가까이』(Nabij God te Zijn)란 책을 뽑아 봤다. 이 제목은 바로 시편 73편 28절 '하나님께 가까이 함이 내게 복이라'란 말씀이었다. 나는 이 책과 이 말씀에 큰 충격을 받고 하나님께 무릎을 꿇었다. 앞으로 내가 한국에 돌아가면 '하나님 중심', '하나님의 주권과 영광'을 최우선으로 하는 칼빈주의 신학과 삶을 살기로 결심했다. 그리고 1977년 5월 부산 초량교회의 전국목사장로기도회 주강사가 되어 이 메시지를 던졌다. 그래서 나는 책 제목을 '하나님께 더 가까이'로 썼다.

1980년대 김동길 박사는 '하느님, 나의 하느님', 한완상 박사는 '하느님은 누구의 편인가'라고 했지만, 나는 그때나 지금이나 우리가 '하나님께 가까이'가는 것만이 사는 길이고, 하나님께 가까이 함이 복이고, 하나님께 가까이 하는 것이 우리의 소망이라고 확신한다.

08

공작(工作)

나는 56년 전 총신대학교 신학대학원 시절, 박형룡 박사로부터 교의신학 중에 '성령론' 강의를 들었다. 그 시간에 '성령의 공작(工作), Maneuver of Holy Spirit'이라는 부분이 있었다. 박형룡 박사님의 요지는 '구원론에서 성령의 특별 은혜의 공작이 있어야 한다'는 것이다. 즉 성령의 특별 은혜의 공작은, 창조, 구원, 보존, 섭리, 성화 등 그리스도인들의 삶의 모든 영역에 역사하신다는 것이다. 나는 그때 성령의 공작이란 말을 그냥 '성령의 사역(Work)' 정도로 이해하고 있었다.

사전적으로 공작이란, "어떤 목적을 위해 미리 일을 꾸미는 것"을 말한다. 성령의 공작이라고 할 때, 성령께서 택자를 구원하시기 위해 전 방위적으로 세심하게 보존, 간섭하시며 성화를 이루어 가는 것이다. 그런데 이 말은 일반적으로 좋은 뜻으로 잘 쓰이지 않고, 도리여 부정적인 의미로 쓰여지고 있었다. 예컨대 '정치 공작', '공작 정치', '간첩의 공작' 등이다. 공작 정치 또는 정치 공작은 상대방이나 상대당을 무너뜨리고, 유해(有害)를 가하기 위해서 주도면밀하게 계획을 하고, 할 수 있는 모든 수단 방법을 가리지 않고 일하는 것을 말한다. 그러기 위해서 공작은 거짓 선전과 선동은 말할 것도 없고, 상대에게 올무를 놓아 스스로 자멸하도록 만들기도 한다. 이런 공작은 간첩들만 하는 것이 아니고, 기업과 기업끼리, 때로는 나라와 나라끼리도 정치 공작을 하기도 한다. 그 옛날에 임금도 장군도 그 옆에는 반드시 책사(策士)가 있었다. 그 책사를 요즘으로 말하면 승리를 위해서 기획, 조정, 설계하는 역할을 하는 브레인이라 할 것이다.

공작을 좋게 말하면 "기획", "설계", "계획"이라고 볼 수도 있으나, 공작은 목적을 위해서 수단과 방법을 가리지 않는 음모로 이루어진다. 구체적으로 말하면, 정치 공작은 목적을 위해서 법을 만들기도 하고, 폐하기도 한다. 특히 법을 다루는 사람들은 어떤 목적을 위해서 사람을 의도적으로 법망에 걸리게 하고, 조직적으로 법을 무효화하기도 한다. 또 법은 있으나 없으나 지도자의 뜻이 법이 된다. 여기저기서 '공권력이 살아 있다는 것을 보여주라'고 외치면, 그것을 위해서 정부의 모든 부서들은 동시 다발적으로 여론 몰이를 해서 상대방을 꺾어 버리기도 한다. 여기에 언론이 공작의 나팔수가 되기도 한다.

현대 사회는 모든 분야가 공작(工作)으로 이루어진다. 즉 어느 쪽 공작이 우수한가에 따라서 세상이 바뀌어지기도 하고, 역사가 뒤집히기도 한다. 그런데 이런 공작 사회에서는 윤리니 도덕이니 하는 것은 처음부터 아무런 관계가 없고, 인간의 악마적 심성을 최대한 계발(啓發)해서 목적을 이루어 가고자 한다. 이런 공작은 영화나 드라마에서 아주 멋지고 아름답게 포장되어 사람들의 흥미를 돋구고 정당화한다. 인간은 본래가 타락했기 때문에 인간의 도모와 공작 자체가 항상 거짓과 위선으로 덮여 있고, 인간의 죄는 항상 하나님으로부터 멀어져 갔다. 악령의 지시대로 따르는 것이 인간이다. 말하자면 인간은 사탄의 공작을 따른다.

그런데 필자가 처음에 말한 대로, 우리 인간은 허물과 죄로 죽었고 아무런 희망이 없었지만, 하나님의 거져 주시는 은총을 통해서 창조주 하나님, 구속주 하나님을 깨닫게 되고, 믿음으로 구원에 이르게 되었다. 이 과정에서 위대한 삼위 하나님이신 성령의 공작이 이루어진다. 성령의 은혜의 공작은 인간의 창조, 구원, 섭리, 인도, 거듭남, 성화 등 모든 과정에서 구체적이고, 정밀하게 간섭해서 우리의 구원을 완성시켜 주신다. 성령 하나님은 오늘도 우리의 연약과 죄악을 아시고, 우리가 힘이 없어 쓰러질 때 다시 일으키게 하시고, 능력을 얻어서 죄와 악한 세상을 짓밟고, 이기도록, 그리고 하나님께 더 가까이 가도록 구체적으로 역사하신다. 성령의 은혜의 공작이 없으면 우리 인간 스스로는 아무것도 할 수 없다. 역사적으로 성령의 신학을 학문적으로 정리한 분은, 존 칼빈과 존 오웬과 아브라함 카이퍼였다. 카이퍼는 그의 명저 『칼빈주의 강의』의 마지막 장, 마지막 페이지에 '성령의 역사가 없으면, 칼빈주의도 무력하다'고 했다. 이 세상에는 사람을 구원하고, 우리를 그리스도께로 인도하여 이 땅에 하나님의 나라를 이룩하며 거룩한 삶을 살도록 설계하는 성령의 은혜의 공작이 있다. 이것이 기독교 신앙의 핵심이다.

그러나 다른 한편, 불법으로 정권을 찬탈하기 위해서 정의를 무너뜨리고, 상대를 죽이기 위한 정치 공작도 있다. 정의의 함성을 잠재우기 위한 공작, 자기의 뜻을 관철하기 위한 공작도 있다. 뿐만 아니라 남·북이 대치되고 있는 우리나라는 세작들의 공작이 우리의 삶의 모든 분야에 자행되고 있다. 세작들의 공작은 수많은 친북 관변 단체들을 요상한 이론으로 세뇌시키고, 조직하도록 만드는데 전문가들이다. 이런 조직들이 저들의 반대편에 선 그리스도의 몸된 교회를 공격하도록 공작할 뿐 아니라, 세상을 바꾸고 국민의 세계관도 바꾸는 공작을 해 왔다.

지금의 우리 시대는 '공작 시대'이다. 교회는 성령의 은혜의 공작을 믿는 공동체이다. 그러기에 지금 우리는 성령의 공작과 국가의 정치 공작이 '대격돌'하는 경험을 하고 있다. 그러나 궁극적으로 '성령의 공작이 정치 공작을 이길 것이다.'

"지금은, 우리 주 예수 그리스도의 은혜와

하나님의 말로 다할 수 없는 사랑과

성령의 위로, 교통, 충만하심이

고난 받는 한국 교회와 성도들에게 함께 하실지어다." 아멘.

09

비대면 예배?

내가 처음 스위스를 가본 때가 1972년이었다. 마침 주일이 되어 취리히(Zürich)에 '물 교회' 즉 쯔빙글리(Zwingli)가 목회하던 교회에 가서 예배를 드렸다. 그 교회를 물 교회라고 한 것은 교회의 기둥 절반이 쥐리히 호숫가에 박혀 있기 때문이다. 그날따라 성찬식이 있어서 나는 스위스 개혁교회의 예배를 처음 드리게 되었다.

쯔빙글리는 칼빈(J. Calvin)과 더불어 스위스가 낳은 위대한 종교개혁자였다. 나는 그 교회에서 예배드린 것이 그렇게도 자랑스럽고 감사했다. 그런데 그로부터 꼭 14년 후에, 마침 헝가리 데브레첸에서 열린 세계 칼빈학회 참석차 취리히에 머물면서, 다시 그 교회를 찾아가서 주일 예배를 드리려고 했다. 그런데 그 교회 앞마당에서 아무리 기다려도 교회 문이 열리지 않고, 시간이 되어도 아무도 오는 사람이 없었다. 그래서 하도 답답해서 교회당 문을 두드리니 관리인이 대문에 달린 조그마한 창을 통해서 말하기를 "이 교회는 문이 닫혔습니다. 숫자가 줄어들어서 이웃 교회와 합해 버리고 교회는 없어지고 지금 박물관이 되었습니다."라고 했다. 순간 가슴이 미어지는 것 같았다. 어찌하여 종교 개혁의 본산지, 그것도 쯔빙글리가 목회하던 교회가 문을 닫고 박물관이 되었다니…하면서 울분이 쳐 올랐다.

그래도 나는 주일이므로 교회 마당 의자에 앉아서, 혼자 예배를 드렸다. 찬송 몇 장을 부르고 오랫동안 기도하고 성경을 암송하고 축도로 예배를 마쳤다. 말하자면 나에게는 일인 예배였다. 이것이 내가 경험한, 서구 교회의 문 닫은 교회 앞에서 혼자 예배를 드린 나의 씁쓸한 경험이 오래오래 가슴에 남는다.

"뭐! 비대면 예배라고?"
비대면 예배란 없다. 그거 누가 만들어 낸 말인지 모르지만, 그건 예배가 아니다. 예배란, 하나님과 그의 백성들 사이에 만남(Ontmoeting met God en Zijn Volk)이다. 그 만남은 찬송으로 하나님께 영광 돌리고, 신앙 고백으로 우리의 죄악을 용서받고, 기도로 우리의 연약을 아뢰고, 주의 종의 복음적 말씀을 통해서 오늘을 살아가는 우리에게 새 생명의 메시지를 듣고, 하나님이 주시는 축복을 가지고, 세상으로 나가 빛과 소금의 역할을 하게 하고, 각자의 일터에서 소명(召命, Calling)을 가지고 하나님 나라의 건설을 하는 것이다.

예배가 없으면 교회가 존재할 이유가 없다. 그러므로 '예배가 없으면 이미 교회는 죽은 것이다.' 지금 한국 교회는 죽어 있다. 칼빈의 『기독교강요』(Institute, IV, XVII, 44, 14)에는 '교회의 어떤 집회도 말씀과 기도, 성만찬의 집행, 헌금을 드리는 일이 없이는 열릴 수 없다'고 했다. 여기서 예배란, 그리스도의 몸된 지체들이 함께 모여 예배하는 집단 예배(Corperate Worship) 즉 공중 예배를 의미한다.

그러면 '개혁교회의 예배의 본질'에 대해서 몇 가지 알아보자.

첫째, 예배의 본질은 '하나님과 더불어(With God)의 예배여야 한다.' 즉 예배는 하나님과 함께 할 때만이 예배라는 것이다. 그러므로 예배의 모든 순서를 통해서, 하나님의 백성은 하나님의 말씀을 듣기도 하며, 응답하기도 한다. 궁극적으로 하나님께 나아갈 수 있는 길은, 우리의 힘이 아닌 중보자 예수 그리스도를 통해서이다.

둘째, 개혁파 교회 예배의 본질은 '하나님으로부터(of God)의 예배이다.' 살아계신 하나님께서 먼저 인간을 찾지 않으셨다면, 인간 스스로는 하나님을 만날 수 없었다. 인간은 하나님의 자기 계시를 통해서만 하나님을 알 수 있다. 인간 자신의 방법으로 예배하는 것은 오히려 하나님께 욕을 돌리고, 하나님의 영광을 가리우는 것이다.

셋째, 개혁파 교회의 예배는 '하나님께 대한(Unto God)이다.' 오늘날 많은 한국 교회 예배들이 매우 잘못된 목적을 가지고 수행되는 경우가 많다. 어떤 효과를 얻기 위해서, 인위적으로 숫자를 늘리기 위해서, 헌금이 많이 나오도록 의도적인 목적을 가지고 예배하고 있다면 잘못된 예배인 것이다. 예배의 목적이 자신의 위안과 만족을 위한 것이라면, 화려한 쑈나 재미있는 개그 프로그램 같은 것으로 청중을 울고, 웃기는 일에 만족을 주고 있다면, 그것은 진정한 예배라 할 수 없을 것이다. 그런데 최근 우리나라 정부에서는 아예 교회가 '비대면 예배만 하라'는 행정 명령을 강행하고 있다. 이 말은 "예배를 드리지 말라"는 것과 같다. 그러니 지금 정부는 하나님께 드려지는 거룩한 예배를 정치적으로 통제하고 있는 것이다.

지금까지 한국 교회는 교회 성장을 최고의 목적으로 세운 나머지, 이른바 온라인 예배가 익숙해 있었다. 그러니 비대면 예배는 곧 온라인으로 전환하라는 뜻이다. 그러나 온라인 예배는 처음부터 예배가 아니었고, 그냥 예배 장면을 눈으로 보는 것이었다. 예배는 보는 것도 아니요, 구경하는 것도 아니다.

예배란, '하나님께 몸과 마음과 뜻을 다해 자신의 전부를 드리는 것이다.' 예배는 온전한 헌신으로 영과 진리로 드리는 것이 옳다. 그럼에도 한국 교회는 당국에서 '비대면 예배'를 강요했을 때, 아무 말도 못하고, 고운 새색시처럼 순종만 하고 있다. "순종이 제사보다 낫다."는 성경의 말씀을 오해했는지, '불법에 순종하는 것이 예배보다 나은 것인지!' 지금 한국 교회는 스스로 함정에 빠진 꼴이 되었다. 그렇게도 말 잘하는 목사들이 어째서 꿀 먹은 벙어리가 되었는가? 신학을 잘못 배웠거나 양심불량이 아닐까?

나는 자꾸 35년 전에 종교개혁자 쯔빙글리가 섬기던 교회가 문을 닫아서, 혼자 교회 앞마당에서 예배드리던 생각이 자꾸 난다.

10

사람이 먼저인가?

나는 여러 해 전에 탈북자, 전 김일성 종합대학교 총장인 황장엽 선생을 만날 뻔했다. 황장엽 선생은 이른바 김일성 주체사상을 창안한 설계자였다.

황장엽 선생은 자유를 위해, 전쟁을 막기 위해서 탈북한 것은 맞지만, 그가 만든 김일성 주체사상을 포기했거나 전향했다는 말은 들어본 적이 없다. 그는 T.V에 나와 주체사상을 결국 '인본주의'라고 했다. 그는 이론가요, 사상가요, 철학자였다.

내가 아끼는 이귀범 목사가 한 때 황장엽 선생을 돕고 있었는데, 아주 묘한 아이디어를 냈었다. 전 김일성 종합대학교 총장과 전 총신대학교 총장과 만나서 사상적 토론과 논쟁을 벌이는 것은 참으로 흥미있는 일이라고 아이디어를 냈다. 나는 평생을 '하나님 중심

사상, 성경적 사상 체계를 가진 칼빈주의 사상'을 전파한 자요, 그 쪽 황장엽 선생은 '인본주의적 사상 체계를 가지고 북쪽에서 유토피아를 건설하겠다'는 논리를 펼친 자이다.

사실 황장엽 선생이 주체사상이란 바로 인본주의라고 했으니, 실제 '인본주의는 결국 종교'이다. 대부분의 사람들은 인간은 자기 힘으로 복을 얻고, 인간은 완전하기에 자기 결정 여하에 따라서 행복 또는 불행이 되어진다는 것이다. 인본주의가 종교로 대접 받기는 케네디 대통령 때이고, 미연방 대법원엔 인본주의가 종교로 인정되어 있다. 그러기에 인본주의는 세계 최대의 종교가 된 셈이다. 인본주의는 세상 모든 인간이 좋아하는 사상 체계이다. 따지고 보면 주체사상과 인본주의는 서로 연결되어 있다. 존 듀이가 설계한 인본주의는 15개의 신조 곧 교리를 가지고 있는데, 요약하면 우주와 인간은 하나님의 창조로 된 것이 아니고, 자연적으로 되었으며 점점 진화했다는 진화론을 채용한다. 세상의 주인은 하나님이 아니고, 인간 자신이라는 것이다. 그리고 인간은 완전해서 자아 결정권을 가진다는 것이다. 인간은 인간 스스로를 믿을 만하다는 것이다. 인본주의는 근본적으로 유물사관과 무신론적 사상에 근거한다. 이런 인본주의 세계관은 삶의 모든 영역에서 형용사로 쓰여지고 있다. 인본주의적 정치, 경제, 문화, 종교까지 포함한다. 인간은 마음먹기에 따라서 행복해 진다는 목사의 설교도 결국은 인본주의적 설교이다. 이것은 복음이 아니다.

황장엽 선생이 만든 '주체교'는 신도가 2,300만 명으로, 세계 종교 10대에 들어있는 거대 종교이다. 김일성 주체사상은 오직 수령이 곧 하나님이고, 절대자라는 것이다. 말하자면 인간이 곧 하나님이 되는 것이다. 자신이 하나님이 되고자 하는 것이 인간이다. 이를 부추기는 것이 인본주의이다. 이런 '인본주의 주체교' 시스템으로 백성을 노예화하고 통제한다. 그래서 북한은 온 인민이 수령에게 지사 충성하여 강성대국을 만들어, 인민이 골고루 잘 사는 사회주의 건설을 하자는 것이다.

그런데 어쩐 일인지, 대한민국의 많은 사람들이 자유 민주주의 국가와 시장 경제에 실증이 났는지? 지금 한국에는 주체사상을 동경하고 사랑하는 사람들이 많아져도 너무 많아졌다. 즉 '주체교'란 이단 종파에 깊이 빠진 것이다. 대한민국에 사는 '주체교' 신도들이 이렇게 많아졌다. 이단 종파의 특성상 한 번 빠지면 물불을 가리지 않고 그 교리와 사상에 깊이 빠져 버린다.

대통령의 취임 일성이 '사람이 먼저다'라고 했다. 그 말에 국민들은 환호했고, 이 땅에 희망을 바랬던 모양이다. 그러나 '사람이 먼저'라는 것은, '인본주의 종교'나 '주체교'를 가진 자들에게 금과옥조 같은 귀한 진리이다. 사람을 푹 빠지게 하는 멋진 프로파간다이다.

최근에 대통령이 기독교계 지도자들을 청와대에 초청하여 이른바 '대화의 모임'을 가졌다. 대통령의 좋은 말도 있었으나, '결국 종교란 인간의 평안을 얻기 위한 것이 아니겠느냐'라고 그 나름의 종교관을 말했다. '예배보다 중요한 것은 사람의 생명이다'라고 훈시까지 했었다. 이에 대해 기독교계 대표 목사님은 '예배는 생명보다 더 소중하다'라고 했다.

다 좋은 말이다. 그러나 내 생각은 지금 코로나19보다 더 중요한 것은 '사람이 먼저'라는 인본주의와 '하나님이 먼저'라는 사상과의 충돌이다. 사람들은 요즘 코로나19가 중심인 줄 알고 있지만, 결국은 김일성의 '주체교'와 성경적 '기독교'와의 충돌이요, '인본주의 세계관'과 '하나님 중심의 세계관'의 충돌이다. 달리 말하면 세계관의 충돌인 것이다. 그러므로 이 두 사이에는 도저히 건널 수 없는 강이 있는 것이다. 왜냐하면 둘 다 모두가 종교적 신념이요, 사상이기 때문이다. '주체교' 또는 '인본주의'도 종교이다. 그러므로 거기에 빠진 사람들은 그것을 생명처럼 여기는 것이다.

'하나님께 예배드리는 것은 신앙의 본질'이기에 믿는 사람으로서의 타협은 있을 수 없다. 그러면 코로나19가 종식되거나, 백신이 발명되어 새로운 일상이 온다 해도, '신본주의'와 '인본주의' 즉 '주체교'와 '기독교'의 대결은 계속 될 것이다. '가인의 종교'와 '아벨의 종교'는 주님 다시 오실 때까지 계속 될 것이다.

우리 지도자들 중에는 반목과 질시와 대결을 종식하고, 화해, 평화, 포용을 앞세워 우리 민족끼리 하나 되자고 말한다. 구호는 참으로 좋고, 하나님은 사랑이라고까지 말하면서, 서로서로 양보하고 어느 체제가 되든 고집할 필요가 없다는 분들이 점점 많아지고 있다.

그러나 코로나19 확산이나, 축소가 문제가 아니라, 환란 때 진리와 신앙을 어떻게 지킬 것인가가 더 큰 문제이다. 아쉬운 것은 주체교를 만든 전 김일성 종합대학교 황장엽 선생과 하나님 중심 사상 즉 칼빈주의 사상을 평생 주창해온 필자와의 만남이 성사 되었으면 좋았을 뻔 했으나, 당시 정치권의 방해로 만남이 성사되지 못한 것을 못내 아쉽게 생각한다. 그쪽 비서관과 우리 쪽 비서관, 그리고 필자가 함께 식사를 나누면서 일정과 의제를 조율했으나 기관의 방해로 그 일은 아쉽게도 성사되지 못했다.

'사람이 먼저다'란 말에 환호하는 사람도 있지만, '하나님이 먼저'란 사람도 더 많다는 것을 잊지 않았으면 한다. 일찍이 존 칼빈은 '하나님을 알기 전에 자기 자신을 알 수 없다!'라고 했고, 시편에는 '주의 빛 가운데 빛을 보는 것이다'라고 했다.

"만물이 주에게서 나오고 주로 말미암고 주에게로 돌아감이라 그에게 영광이 세세에 있을지어다 아멘"(롬 11:36).

'사람이 먼저가 아니고, 하나님이 먼저이다.'

이것이 우리 그리스도인들의 신앙이요, 생명이요, 확신이다.

11

8·15와 5·18

역사적 사건은 흔히 숫자로 표현한다. 즉 9·11, 6·8, 4·19, 5·16, 3·1, 2·28…등이 그 예이다. 숫자만 대면 역사적 의미와 과정을 연상하게 한다. 오늘은 8·15와 5·18에 대해서 생각해 보고자 한다. 재미있는 것은 8·15를 거꾸로 하면 5·18이다.

광복절 75주년, 정부 수립 72주년을 맞는다. 8·15 광복은 상해 임시 정부의 역할이나 독립 운동가들의 수고 때문에 된 것이 아니고, 2차 대전 말기, 미군이 일본 히로시마와 나가사키에 원폭을 투하해서 미국의 승리로 값없이 받은 하나님의 은혜의 선물이다. 나는 광복절 아침에 나온 미국의 일간지들을 가지고 있는데, 그 신문을 보면 한국의 광복을 다룬 것은 한 줄도 없고, 미국의 승리를 자축한 기사들과 기업들의 전승 축하 기사와 광고로 가득 차 있었다.

우리는 예기치 못하게 나라를 다시 찾게 되었다. 그런데 결국 일본은 한국에 항복한 것은 아니었고, 미국과 연합국에 항복한 것이었다. 물론 그동안 3·1운동이나 국내외 독립 운동가들의 노력은 컸었지만, 그러나 일제 말기에 거의 모든 한국 사람들은 황국 신민이 되었고, 교회들도 일본의 신사 참배를 수행하고 말았다. 주기철 목사를 비롯한 신사 불참배 운동의 지도자들 50여 명만이 옥중 순교하거나 출옥 성도가 되었다. 물론 하나님께서는 35년 동안 일본의 식민지에서 해방을 간곡히 원하는 성도들의 기도를 들었을 것으로 본다. 그래서인지 우리나라의 해방과 자유는 어느 날 예기치 못한 날 갑자기 온 것이다. 아무리 생각해도 하나님의 크신 은혜였다.

일본의 항복 문서를 보면 연합군 사령관과 2차 대전에 참전한 국가의 대표들의 서명이 있다. 하지만 당시 한국은 일본의 식민지였기에 아무 발언도 없고, 항복 문서에는 우리나라에 대한 언급은 전혀 없었다. 그럼에도 불구하고 2차 대전에 미국이 승리함으로 우리는 꿈에 그리던 광복과 해방을 맞은 것을 그저 감사할 뿐이다.

군정 3년 후 1948년 8·15일에 대한민국이 수립되었다. 그날 미국 뉴욕 타임즈(New York Times) 일면의 톱 뉴스는 '대한민국(Tai Han Min Kuk, Republic of Korea)이 시작되었고, 이는 이승만 박사가 초대 대통령(President Dr. Syngman Rhee)이 되어 나라가 세워졌다'라고 대서특필했다. 특히 대한민국은 자유, 민주주의 국가임을 강조했다. 우리나라 이름은 '대한민국'이다. 그러니 오늘날 '남한', '남쪽', '한국'은 대한민국의 국호가 아니다.

대한민국의 헌법이 발표되던 날, 이승만 의장은 당시 이윤영 의원을 앞으로 나오게 하고 대표기도를 하게 했다. 이처럼 대한민국은 기도로 시작한 나라이다. 세계 어떤 나라도 기도로 시작한 나라는 없다. 이승만은 미국 유학할 때 워싱턴에 있는 '워싱턴 언약도 교회(정통 장로교회)'에서 신앙생활을 했고, 그때 튜니스 헴린(Tuenis. S. Hamlin) 목사님으로부터 세례를 받았다. 그는 당시 조지 워싱턴 대학교 이사이자, 하버드 대학교의 이사장으로 이승만의 학문과 신앙을 지도했다. 그래서 이승만은 후일 프린스턴 대학교로 온다. 그는 정치외교학을 공부하기 전 일 년간 신학을 공부했다. 그 당시 프린스턴 신학교의 분위기는 철저한 칼빈주의 신학과 신앙이 지배적이었다. 특히 프린스턴 신학교 교장 워필드(B. B. Warfield)는 1898년 화란의 위대한 칼빈주의 신학자요 정치가인 아브라함 카이퍼(A. Kuyper)를 초청했고, 스톤 렉쳐(Stone Lecture)에서 '칼빈주의 강의'를 하게 했다. 흔히 워필드 박사는 미국의 아브라함 카이퍼로 불리곤 한다. 이승만은 당시 프린스톤 신학교에서 카이퍼와 워필드 박사의 칼빈주의 사상의 분위기를 충분히 익혔을 것이고, 그의 꿈은 조국이 광복되어 나라를 세우게 되면 '기독교 입국'을 생각했을 것이다. 그래서 이승만이 1948년 8월 15일 나라를 세우면서 기도로 시작하게 되었다. 이것이 대한민국이다.

그런데 광복 75주년, 정부 수립 72년이 되었지만 어떤 자들은 '대한민국은 태어나지 말아야 할 나라'라고 가르치고 있으니 한심한 일이 아닐 수 없다. 어느 그룹에서는 대한민국을 없애버리고자 하고 있으며 한반도 깃발을 높이 들고 남북한 연방 정부를 꿈꾸고 있다. 그러니 우리는 결정적인 이 시기에 자유 대한민국을 확고히 지켜내야 한다.

8·15의 거꾸로인 5·18도 어언 40년이 되었다. 아직도 어떤 이는 '광주 민주화 운동'이라고 하고, 어떤 이는 '광주사태'로 부르고 있다. 나는 그 당시 대학 총장이었다. 신군부가 학원가를 감시, 감독했지만 민주화 열기가 여기저기에서 산발적으로 일어났다. 그런 와중에 5·18광주 민주 항쟁이 일어났고, 그 과정에 광주 시민의 사상자가 속출되었다. 그 당시 나의 조교는 광주 학생이었기에 후일 광주로 보내어 상황을 알아보도록 했다. 나도 몇 년 후에 5·18 묘역을 방문했다. 그리고 기념관에서 5·18 당시의 기록 영화를 보고 눈시울을 붉혔다. 그런데 세월이 40년이 흘렀는데도 이 문제에 대해서 아직도 논란이 계속되고 있다. 특히 5·18에 대해서 문제 제기를 하면 처벌 받는 법을 만들어서 입도 벙긋 못하게 만들었다.

5·18 자체는 민주화의 획을 그으면서도 우리 민족사에 일어난 불행한 일이었다. 그런데 내가 5·18 묘역을 방문해 보니 특이하게도 이름 없는 묘들이 여럿 있었다. 광주 시민이 봉기한 것인데 40년이 되도록 모를 리가 없을 터인데 어째서 무명묘가 있었을까 의

문을 제기하지 않을 수 없다. 또 하나의 자료를 보니 지금 어느 도의 지사님은, 그 당시 13세의 경남에 사는 어린이였는데, 5·18 유공자로 지원을 받았다는 것은 나 같은 사람은 도저히 이해가 안 된다. 5·18 유공자 중에는 세상 뜬 전 서울시장을 비롯해서, 지금 한국에 큰 일을 많이 하시는 분들 중에는 경남 또는 경북 사람들도 있었다. 당시 이들은 모두 10대 또는 20대였고, 광주에 한 번도 가본 일도 없는 경상도 사람들이 5·18 당시에 무슨 공로가 있었기에 유공자가 되었는지 정말 모를 일이다.

8·15는 광복절이자 대한민국 수립일이다. 대한민국은 민주 공화국이요, 말 그대로 지금 위대한 나라, 잘 사는 나라가 되었다. 그럼에도 5·18의 수수께끼는 지금도 계속되고 있다.

12

불신앙과 혁명

화란의 수상을 지냈던 흐룬 봔 프린스터(Groen Van Princetere)는 1847년에 유명한 책 한 권을 냈다. 그 책 이름은 『불신앙과 혁명』 (Ongeloof en Revolutie)이었다. 이 책은 1848년 칼 맑스와 엥겔스가 만든 『공산당 선언(Communisto Menifesto)』이 나오기 1년 전에 출판되어, 흐룬의 책은 결국 공산당 선언의 예언서가 된 셈이다. 그러므로 이 책은 유럽에 합리주의와 계몽주의와 자유주의가 한창일 때 화란의 사회에 엄청난 파장을 일으켰다.

이 책의 핵심은 1789년의 프랑스 혁명은 하나님 없는 불신앙 사상에서 출발했다고 비판했다. 당시 프랑스와 유럽 천지가 혁명으로 뒤집어 질 때, 유럽이 프랑스 혁명을 예찬하고, 이를 러시아가 공산주의로 받고, 공산 혁명을 통해 이 땅에 노동자, 농민들의 유토피아를 건설한다고 충동질을 했다. 프랑스 혁명 사상은 칼 맑스의 공산주의 사상으로 발전되어 동구와 중국, 북한의 김일성의 주체 사상으로 크게 발전되었다. 이런 공산주의 사상은 후일 하나님을 대적하는 6·8문화 혁명 사상으로 확장되고, 각 나라의 정치, 경제, 사회, 문화 속으로 침투되었다. 프랑스 혁명에 영향을 받은 나라들은 공산주의 혁명을 예찬하고 있다. 흐룬 봔 프린스터는 세계 기독교 사상에 위대한 거물이지만 한국에서는 별로 알려진 일이 없다. 필자가 1978년에 쓴 『칼빈주의 사상과 삶』이란 책에서 몇 페이지에 흐룬 봔 프린스터에 대해서 소개한 것이 처음이라고 본다.

흐룬은 22세에 법학 박사와 문학 박사 학위를 받은 화란의 위대한 역사학자이자 정치가였다. 당시 화란을 비롯해서 유럽은 격동의 시기였고, 논리적 합리주의 계몽주의 사상이 득세했고 나라마다 곳곳에 혁명이 그치지 않았다. 그런데 흐룬 봔 프린스터는 당시의 상황을 꿰뚫어 보면서, 우선 19세기의 사상적 광풍을 잠재울 수 있는 유일한 길은 성경으로 돌아가는 것이라고 했다. 당시는 불신앙적 자유주의 사상이 창궐해서 모든 신학자, 철학자들이 성경의 초자연적인 것을 부인하고, 프랑스 혁명, 공산주의 혁명을 예찬하고, 정통 기독교회를 뒤엎어 버리려고 했다. 그때 흐룬 봔 프린스터는 프랑스 혁명이 하나님 없는 불신앙 운동에서 출발했음으로 적극 반대하고, 16세기 교회개혁자 요한 칼빈 사상으로 돌아가야 하고, 하나님의 말씀으로 돌아가야 화란 교회와 유럽 교회가 살 수 있다고 외쳤다. 그는 우선 1789년의 프랑스 혁명은 하나님을 배척하고, 인본주의 사상인 인간 자신을 우상화하여 폭력으로 모든 권위를 뒤엎고, 혁명을 통해서 민중이 주인이 되는 세상을 만들고자 한 것을 비판했다. 그럼에도 프랑스 혁명 사상은 유럽 전체에 퍼져갔고, 드디어 1848년에 맑스와 엥겔스의 공산당 선언이 나왔다. 그 당시 19세기 유럽의 구호는 '하나님을 없애고(No God), 주인을 없애라(No Master)'라고 외치며 미쳐 날뛰었다.

흐룬 봔 프린스터는 유럽이 혁명을 예찬하던 시대에 『불신앙과 혁명』이란 책을 써서 의회민주주의 길을 제시하고, 폭력으로 정권을 탈취하는 '인본주의 세계관'에 반대해서 '하나님 중심의 세계관'으로 돌아갈 것을 외쳤다. 흐룬 봔 프린스터가 화란 수상에 등극하자 그의 국정의 목표는 '역사와 인생의 어두운 곳에 하나님의 말씀을 비추이게 하자'라고 하였다. 그래서 흐룬 봔 프린스터가 만든 정당은 '반혁명당(Anti-Revolutionaire Partij)'이라고 하였다. 이 반혁명당은 기독교적 또는 성경적 세계관을 가진 정당임에도 반혁명당이라고 한 이유가 있다. 한국인들에게는 매우 생소한 어감이기는 하나, 프랑스 혁명이 각 나라의 혁명에 불씨로 지펴지고, 특히 공산주의 혁명의 모델이 되었기에, 프랑스 혁명 방식으로 하나님을 역사에 밀어내고, 인간 자신의 힘으로 체제 전복을 통해서 타락한 인간이 원하는 유토피아를 만드는 것에 반대한 것이다.

후일 아브라함 카이퍼(Abraham Kuyper) 박사가 흐룬의 뒤를 이어 당 총재가 되고 1901-1905년에 수상의 자리에 올라 하나님 중심, 성경 중심의 세계관으로 삶의 모든 영역에 그리스도의 왕권

(Kingship of Christ)을 세우고, 모든 인생들이 하나님 주권과 그의 영광을 위해서 사는 나라로 만들었다. 흐룬은 위대한 역사가이자 정치가였지만, 당시 '반혁명당'은 미약했다. 그러나 그의 후계자인 카이퍼부터는 크게 확장되었다. 민주주의 국가는 프랑스식 혁명이나 공산주의 혁명으로는 안 된다는 것이다.

그런데 지금 우리나라는 1789년 프랑스 혁명 정신, 6·8문화 혁명, 체제 전복의 공산당 혁명의 망령이 배회하고 있다. 이런 사상에 물든 자들은 입만 열면 촛불혁명을 외치고 모든 정상적인 것을 비정상으로 만들어 버리고, 흰 것을 검은 것으로, 검은 것을 흰 것으로 뒤집고 있다. 현재 혁명이란 이름으로 디지털 촛불혁명과 같은 혁명 이론을 숭상하는 자들이 부지기수다. 지금 우리 주변에는 '민주'라는 말을 이용해서 문화 맑스주의와 공산 혁명의 이론을 실천하려는 자들의 망령이 우굴 거리고 있다. 민주화의 물결 속에 공산 혁명 이론에 물든 사람들이 한국을 이끌고 있다. 이미 전 세계 모든 나라에 공산주의가 완전히 실패한 것으로 판명되었는데, 한국은 지금 와서 공산주의 이데올로기인 주체사상을 다시 주어 담으려는 것은 참으로 안타까운 일이다.

국고를 털어먹고 도적질을 해도 민주라는 말만 쓰면 모든 것이 면제되는 나라가 지금의 대한민국이다. 나라가 총체적으로 공산주의 혁명 사상이 파도치고 있어도 앞세우는 말은 항상 민주이다. 자살한 박 시장의 행보는 오늘 한국의 좌파 운동의 전형적 모델이요 민낯이다. 그는 기업가들을 겁박해서 돈을 뺏어 동조자들에게 나누어 주고, 자기의 지지 세력을 확장하고 정치화 했다. 이런 사회주의 검은 그림자의 역할은 어찌 박 시장만 그랬을까?

대한민국은 민주 공화국이다. 그러나 지금 이 땅에는 민주도 없고 공화도 없다. 지금은 완전히 실패하고 낡아빠진 프랑스 혁명을 본받은 맑스의 공산 혁명의 망령이 전국을 뒤덮고 있다. 이런 시기에 위대한 칼빈주의 정치가요 아브라함 카이퍼의 멘토인 흐룬 뽄 프린스터가 생각이 난다. 그의 '반혁명당(Anti-Revolutionaire Partij)' 이론과, 그의 국정 철학은 '역사와 인생의 어두운 곳에 하나님의 말씀을 비추이게 하자!'였다. 즉 성경의 복음만이 나라다운 나라를 만들고, 인간다운 인간을 만든다는 것이다.

13

죽은 자도 말을 한다

한국 사회는 자살자들이 참 많다. 한국은 10대 경제 대국인데다, 살기 좋은 나라가 되었는데도 어째서 자살 공화국이 되었을까? OECD국가 중에 우리나라의 자살자가 가장 많다.

사람이 자살을 하면 법원에서는 모든 범죄를 묻지 않고 '공소권 없음'이라 하고, '죽은 자는 말이 없다'고 신문과 방송에 크게 난다. 그리고 며칠이 지나고 나면 뉴스에서 사라지고, 사람들의 머리에서도 잊혀 진다. 그런데 정치가가 자살한 경우는 다르다고 본다. 자살로서 자기의 부끄러움과 비리와 부정을 덮어버린다고 생각하는 모양이다. 도리어 그를 추종하는 사람들은 그 사람의 사회적, 정치적 무게에 따라 미화하고 영웅으로 만든다. 사람은 살아서 말을 하지만, 죽어서도 말을 한다. 위대한 분들도 말을 하고 범죄한 자들도 말을 한다.

우선 그의 삶 자체가 말이 된다. 예컨대 예수 그리스도는 33세에 당시의 기득권 종교 지도자들의 고발로 로마의 군병들의 의해 십자가에서 못 박혀 죽었다. 그러나 예수 그리스도는 그의 예언대로 다시 부활하시고 승천했다. 2,000년 전이다. 그런데 예수 그리스도는 지금도 우리에게 말씀하고 있다. 예수를 판 제자 가롯 유다도 자살했다. 가롯 유다는 '공소권 없음'으로 끝난 것이 아니고, 오고 오는 모든 사람들의 입에 오르내리고 그를 단죄하고 있다. 본디오 빌라도도 예수를 재판하는데 '중립'을 지키는 것처럼 하면서 '중도'를 표방했다. 그러나 실상은 예수가 무죄인 것을 알면서도 어정쩡하게 형 집행을 허락한 이중인격자였다. 그래서 그의 이름과 그의 행적은 2,000년 동안 매주일 전 세계 기독교인들로부터 정죄되고 탄핵되고 있다. '공손권 없다'고, '죽은 자는 말이 없다'고 인간은 그것으로 마무리가 되는 것은 아니다.

모든 인간은 크든 작든, 역사의 심판대 앞에 서고 결국은 하나님의 심판대 앞에 서게 되어 있다. 자살자에 대해서 어물쩍 넘어가서 사람의 기억 속에 사라지면 끝이니 수단 방법을 가리지 않고 부정, 불법으로 돈을 긁어모으고, 명예를 탈취하면 된다는 것이 보편화된다면, 이 땅에 어찌 정의가 살아 있겠는가?

지금은 사람이 죽어도 살아 있을 때 내 뱉은 말과 글과 동영상이 수도 없이 많다. 그것이 더구나 정치인이나, 유명 인사의 경우는 거의 일거수일투족이 다 기록되어 있다. 특히 요즘은 IT시대요, 스마트폰 시대이기에 모든 것이 기록으로 남는다. 목사님들의 설교도 모두 동영상으로 그대로 남는다. 특히 컴퓨터나 유튜브(YouTube)로 기록된 영상과 말은 그것이 전 세계를 돌아다닌다. 그렇다면 '공소권 없음' 곧 상대가 죽었으니 죄를 물을 수 없다고 해서 덮어 버린다면, 죄 짓고 부끄러운 사람은 모두 자살을 해버리지 않겠는가? 공중에 전파되는 전파도 없어지지 않고, 말은 없어지지 않는다. 사람이 죽었다고 면죄부를 줄 수는 없다.

나는 역사적 연구를 위해서 유명한 기독교 지도자들의 메시지를 많이 가지고 있다. 지금으로부터 120년 전의 아브라함 카이퍼 박사의 연설과 설교도 있고, 50년 전의 한국과 세계의 위대한 인물인 프란시스 쉐퍼와 리델보스의 강의와 설교도 듣고 있다. 그리고 한국의 위대한 칼빈주의 신학자인 박형룡 박사와 박윤선 박사의 강의와 설교도 있다. 인생은 갔지만 그가 남긴 족적과 그의 글과 말은 기록되어 남게 된다. 어쩌면 인생의 족적은 없어지지 아니한다. 그래서 '죽은 자는 말이 없다'고 한 것은, 정말 옳은 말인지 다시 점검해 봐야겠다.

사실 인간은 죽어서도 말을 한다. 죽어서도 말을 할 수 있는 사람은 그래도 제대로 산 사람이다. 그러나 죽어서도 말이 없다면 살아서도 헛된 일생일 것이다. 죽어서도 모든 이들에게 말을 할 수 있는 자면 복된 삶, 아름다운 삶을 살았다 할 것이다.

자살은 죄악 중에 가장 큰 죄악이다. 자살은 하나님의 형상(Imago Dei)을 스스로 파괴하는 무서운 죄악이다. 자살 즉 자기를 죽이는 살해 행위는 다른 사람을 살해하는 것과 마찬가지이다. 그런데 어쩌자고 우리 사회는 자살자를 미화하고, 영웅화하는지 모르겠다. 그렇게 자살자를 미화하고 아름답게 하는 것 자체가 우리 사회의 부끄러운 민낯이다. 아마도 그 일을 통해서 저들 나름대로의 프레임을 만들어 무슨 정치적인 이익과 기획을 위한 것임을 서민들 모두가 아는 것인데도 말이다. 정말 속이 훤히 보인다.

죽은 자는 말이 없는 것이 아니다. 죽은 자도 말을 한다. 죽은 자도 글도 남기고 말도 남기는데 그것을 보면 그가 살았을 때 얼마나 거짓되었으며, 얼마나 위선적이었으며, 얼마나 이중적이었는지를 알 수 있다. 죽은 자도 두고두고 역사에 회자 되고 말을 하고 있지 않은가? 누가 죽은 자는 말이 없다고 했는가? 죽은 자는 지금도 계속 말하고 있다.

14

부끄러움이 영광인가?

창세기에 보면 인간이 죄를 짓고 난 다음에, 처음 부끄러움을 깨달았다. 인간은 하나님의 형상대로 지음 받았기에 양심에 거리끼게 되면, 얼굴이 붉어지고 가슴이 쿵쾅거리면서 부끄러움을 느낀다. 사실 부끄러워할 줄 아는 것은 인간뿐이다. 부끄러움을 아는 것은 하나님께서 인간에게 양심을 주셨기 때문이다. 그런데 문제는 인간이 범죄한 후에는 그 양심마저도 화인 맞아서 망가지고 말았다는 것이다.

민족 시인 윤동주는 "하늘을 향해 한 점 부끄러움 없이 살리라"고 했다. 그의 고결하고 아름다움은 오늘 우리 사회 어디에도 찾아볼 수 없다. 요즘 모든 예술, 영화는 앞 다투어 남녀가 하체를 들어내고도 부끄러운 줄 모르는 세상이다. 성경대로 배를 하나님으로, 부끄러움을 영광으로 생각하는 세상이다.

사실 부끄러워할 줄 아는 인생이면 그래도 희망이 있다. 옛날 선비들은 부끄럽지 않은 신하, 부끄럽지 않은 스승, 부끄럽지 않은 아비가 되기 위해서 얼마나 자기 자신을 갈고 다듬었던가를 생각해본다. 차라리 생명을 버릴지언정 하늘과 사람에게 부끄럽지 않게 살려고 노력했었다. 종교가 있건 없건 한 인간으로 부끄럽지 않고, 떳떳하게 살아가려는 것이 옛 선비들의 사고방식이었다. 그런데 오늘날 우리는 이른바 '도덕 불감증'과 '물질 만능주의' 시대를 살다보니 부끄러움을 모르는 한국 사회가 되었다. 부끄럽고, 낯 뜨겁고, 민망스러운 것은 모든 분야가 똑같다. 특히 권력에 중독된 자들은 부끄러움을 모른다. 흰 것을 검다고 하고, 검은 것을 희다고 속여도 눈도 깜짝 안한다.

일찍이 미국의 신학자 라이홀드 니버(R. Niebuhr)는 그의 유명한 『도덕적 인간과 부도덕한 사회』(Moral man and Inmoral Socity, 1932)란 책을 썼다. 그의 책 제목을 보면 사회가 썩고 부패했기에 세상이 망가졌지만, 그래도 인간은 도덕적이라고 하는 듯이 보인다. 하지만 니버의 책은 차라리 『부도덕한 인간과 부도덕한 사회』라고 해야 옳았을 것 같다. 결국 먼저 인간의 전적 부패와 죄악의 문제를 해결해야 이 세상에 정의가 이루어질 것이다.

오늘날 정부나, 입법부, 사법부의 대부분의 사람들은 말할 것도 없고, 진보주의적 사상을 가진 자들은 사회주의 국가를 만들면 유토피아 세상이 된다고 생각한다. 아직 여러 의혹이 많지만 철저한 종북세력의 지도자였던 전 서울시장 박원순이 여비서를 추행한 사건으로 자살했다. 천만 명의 서울시장이 비겁하게 죽으면서 피해자와 국민들에게 사과 한 마디 없이 죽은 것은 참으로 부끄러운 일이다. 그는 더구나 성소수자를 위한답시고 퀴어축제를 열어주고, 기독교회를 직접, 간접적으로 박해하던 자요, 이중인격자였다. 그의 가리워졌던 비리와 위선이 들어난 것은 참으로 부끄러운 일이었다. 그는 잘나가는 기업을 겁박해서 돈을 긁어모아 자신의 사회주의 꿈을 이루어 갔던 것은 부끄러운 일이었다.

스포츠 경기에도 반칙을 하면, 이겨도 부끄러운 승리이다. 양심에 어긋나게 불법으로 이긴 것은 이긴 것이 아니다. 정치도 부끄러운 정치가 있다. 정치가가 불법으로 부당하게 국민의 눈을 속이고, 귀를 속이고, 공작과 권모술수로 정권을 잡았다면, 참으로 부끄러운 정부라 할 것이다. 자기들의 적폐는 괜찮다고 하면서, 다른 사람들의 적폐를 다스리는 것은 참으로 부끄러운 일이다. 옳지 않은 것을 가지고 옳은 것인 냥 선전하는 것도 참으로 부끄러운 일이 아닐 수 없다.

정의 사회의 최후의 보류는 법조계이다. 우리는 그들로부터 말끝마다 "법과 원칙'에 따라서 하겠다."라는 말을 귀가 따갑도록 들었다. 그런데 그 법과 원칙도 화인 맞은 양심의 잣대로 고무줄처럼 적용된다면 그런 법 집행자도 참으로 부끄럽기 짝이 없다. 최근 대법원이 거짓말한 자를 무죄로 판정한 것은 부끄러운 일이다.

흔히 우리는 '역사에 한 점 부끄럼이 없어야 한다'는 말을 자주 쓴다. 역사에 부끄럼이 없으려면 법과 양심을 따라서 살아야 한다. '이현령비현령, 녹비에 가로 왈 자'란 말이 있다. 귀에 걸면 귀걸이, 코에 걸면 코걸이, 노루 가죽을 당기면 날 일자가 되고, 밀면 가로 왈 자가 되는 제멋대로의 법 적용은 참으로 부끄럽다. 결국 인간은 전적 부패(Total Depravity)했으므로, 인간이 새롭게 변화되기 전에는 세상은 새롭게 될 수 없다. 인간을 새롭게 하는 것은 오직 예수 그리스도의 복음뿐이다.

요즘 한국 사회가 돌아가는 것을 보면 기가 막힌다. 지금 한국은 일당 독재 시대이다. 대통령이 하고 싶은 것은 무엇이든지 할 수 있고, 그를 돕는 사람들은 불법, 불의, 기획, 공작으로 되는 것은 안되게 하고, 안 되는 것은 되게 하고 있다. 참으로 부끄러운 일이 아닐 수 없다. 범죄자는 5일장을 치루고, 민족을 위기의 순간에 살려낸 전쟁 영웅 백선엽 장군을 친일파로 몰아 푸대접하는 지도자들의 만행은 부끄러운 일이다. 사실 가짜 인권, 가짜 평화를 부르짖는 지도자들이 많은데 이는 부끄러운 일이고, 제헌절에 헌법을 파괴하는 것도 참으로 부끄러운 일이다.

소득이 없어도 양심을 따라 살면 부끄러움이 없을 터이고, 출세를 못하고, 돈을 크게 벌지 못해도 양심에 부끄럼 없이 살았다면 그것이 성공이라고 본다. 비록 대형 교회는 못 되었지만 진실하게 예수 그리스도의 생명의 복음을 가감 없이 설교하는 중소 교회 목사님이 있다면, 그 또한 하나님과 사람 앞에 부끄러움이 없을 것이다.

대한민국은 세계에서 열 손가락 안에 꼽히는 잘사는 나라이다. 한국 교회는 세계에 내어놓을 만한 큰 교회들이 많다. 우리의 소박한 꿈이 있다면, 부끄럽지 않은 대한민국, 부끄럽지 않은 정부, 국회, 법조계, 부끄럽지 않은 교회가 되어서, 말 그대로 세계에 모범이 되면 참 좋겠다.

부끄러움이 결코 영광이 될 수는 없다.

15

코로나19, 눈에는 안 보인다

지금 총신대학교 이재서 총장은 내가 무척 사랑하고 아끼는 훌륭한 제자이다. 그는 총신대학교 입학 때부터 나와는 특별히 가까이 했다. 학생 때 가끔 우리 집을 방문하기도 했고, 나는 그가 주도하는 '밀알선교회' 창립 예배 때도 함께 하여 설교를 했고, 또한 맹인교회에 초대 받아 설교를 하기도 했다. 앞을 보지 못하지만 꿈이 크고 눈을 뜨고 있는 사람보다 훨씬 역사 자료에 대한 관심이 남달랐다. 일반 사람들보다 더 섬세하게 사물을 볼 줄 아는 탁월한 인물이다. 그는 미국 뉴저지에 있는 명문 러커스 대학교(Rutgers University)에서 사회복지정책학으로 박사 학위를 받은 후 교수로서 뿐 아니라, 지금도 세계 밀알선교회를 진두지휘하고 있다.

이 세상에는 우리의 두 눈으로 볼 수 없는 것이 참 많다. 우리가 두 눈으로 보는 것만이 전부는 아니라는 것이다. 오늘날 한국을 비롯한 전 세계에 퍼져있는 바이러스 신종 코로나19도 눈에 보이지 않는다. 모든 바이러스가 그러하듯 모든 병균들은 지금 우리의 육안으로는 볼 수 없고, 오직 현미경으로 봐야 왕관처럼 생긴 보기 흉한 병균을 볼 수 있다고 한다. 사람들은 지금까지 눈에 보이는 것만이 전부인 줄 알고, 무역 전쟁, 경제 전쟁을 하며, 이 땅에서의 지상 낙원을 꿈꾸고 있다. 오늘의 사람들은 눈에 보이는 것만 중요하게 생각한 나머지 모두가 겉 모양 가꾸기에만 주력하고 있다. 여러 해 전 모 신문 칼럼에 한국에 와서 일하는 외국 교수 한 분은 말하기를 "한국에는 신흥 종교가 하나 있는데 그것은 곧 외모지상주의(Lookism) 종교"라고 했다. 그래서 한국은 성형 수술의 최첨단 국가가 되었고, 동남아시아 사람들이 성형을 위해서 한국으로 몰려오고 있다.

또한 우리 눈이 아무리 좋아도 멀리 있는 것은 볼 수 없다. 그러면 망원경을 통해서 몇 킬로미터 떨어진 먼 산을 가깝게 볼 수 있다. 망원경 중에는 고성능 천체 전자 망원경이 있어서 달의 표면까지도 볼 수 있다고 한다. 뿐만 아니라 물리학의 원자의 세계에서도 눈으로 볼 수는 없지만 특수 현미경으로 관찰할 수 있다고 한다. 그러므로 우리는 눈으로 볼 수 있는 것만이 전부라고 생각하는 것은 인간의 어리석음이고 교만이다.

그러나 성경이 가르치는 데로 믿음의 눈으로 보는 세계도 있다. 성경에는 "믿음은 바라는 것들의 실상이요 보이지 않는 것들의 증거니 선진들이 이로써 증거를 얻었느니라, 믿음으로 모든 세계가 하나님의 말씀으로 지어진 줄을 우리가 아나니 보이는 것은 나타난 것으로 말미암아 된 것이 아니니라"(히 11:1-3)고 했다.

하나님은 우리의 육안으로는 볼 수 없다. 그러나 하나님은 만세 전에 자존하신 인격적 하나님이시고, 천지와 그 가운데 있는 만물을 창조하셨고, 우주와 해와 달과 별들을 만드시고 사계절을 만드시고, 인간을 하나님의 형상(Imago Dei)대로 지으셨다. 인간이 하나님의 형상대로 지음 받았다는 것은 '이 땅에서 사는 동안 하나님의 영광을 위해 살아야 한다'는 것을 의미한다. 하지만 인간은 하나님을 배신했고 인간 자신이 하나님이 되려고 했다. 그것이 곧 하나님께 대한 인간의 타락이고 배신이었다. 하나님의 은혜를 배신했기에 우리 인간은 영원히 죽어 마땅하지만 그럼에도 불구하고, 하나님은 사랑이시기에 인간을 구원하시기 위한 위대한 구속 운동의 계획 곧 '구원의 프로젝트'를 만드셨다. 즉 하나님은 인간은 자기 자신의 노력으로 구속함을 받을 수 없음을 아시고, 메시야를 보내시기로 작정하셨고, 지구상에 가장 연약한 유목민인 이스라엘 백성을 하나님의 계시의 수용자로 선택하셨다.

그래서 하나님은 한 사람 아브라함을 선택하시고, 그와 언약을 맺으시고, 모든 이스라엘 역사를 통해서 메시야 곧 예수 그리스도를 보내시기로 작정하시고 준비하셨다. 하나님은 선지자를 통해서 장차오실 메시야를 기다리도록 하셨고, 때가 차매 메시야이신 예수 그리스도는 성육신(Incarnation)해서 인간들의 죄를 위해 십자가에 죽으시고, 부활하심으로 누구든지 저를 믿는 자는 영원한 생명과 구원을 얻도록 했다. 이것이 성경이 가르치는 하나님의 구속사이다. 그렇게 하나님의 계획에 따라 예수 그리스도가 세상에 오심으로 하나님의 나라 곧 하나님의 왕국은 시작되었다. 그러므로 구속함을 받은 우리는 하나님의 나라 곧 하나님의 왕권과 주권이 통치하는 나라를 세우는 것이 우리의 꿈이 되어야 한다. 바로 이 내용이 하나님의 계시요, 하나님의 말씀인 성경에 명쾌하게 기록되어 있다.

그러니 성경을 믿는 것은 곧 하나님을 믿는 것이고, 하나님을 믿는 것은 곧 성경을 믿는다는 뜻이다. 그러기에 믿음의 눈이 없으면 하나님을 알 수 없고, 하나님을 모르니 인간은 자기 자신도 볼 수 없다. 하나님께 나아가는 것은 중보자 예수 그리스도를 통해서만 갈 수 있다. 하나님은 우리에게 믿음으로 우주의 진리를 알고, 영생을 알도록 하셨다. 즉 우리가 이 세상에서 믿음의 눈을 통해서만 영원하신 하나님, 영원하신 그리스도를 만나도록 하신 것이다.

온 세상 사람들은 지금도 눈에 보이는 것만이 전부라고 생각한다. 18세기 합리주의 사상대로, 사람들은 증명되는 것은 믿고, 증명되지 않는 것은 믿을 수 없다고 한다. 오늘날 인본주의, 유물주의, 합리주의 세계관을 가진 사람들은 눈에 보이는 것만이 진리이고 가치 있는 것이라고 생각한다. 그런데 이번에 눈에 보이지 않는 코로나19가 한국을 강타하여 한국 교회와 한국 사회를 뒤죽박죽으로 만들어놓았다. 온 세계는 지금 눈에 보이지 않은 바이러스로 말미암아 죽음의 공포와 충격에 빠졌다. 이런 시기에 우리는 출애굽 전에 하나님이 이스라엘에게 내리셨던 10가지 재앙을 생각해본다. 오늘의 세계는 하나님 없는 무신론자들이 삶의 모든 영역을 모두 틀어쥐고 있다. 그들은 현대 과학 문명을 통해 바벨탑을 쌓고 있다.

하나님은 죽은 하나님이 아니다. 지금도 온 우주와 세계를 통치하시는 전능하신 하나님이다. 그리고 역사의 흥망성쇠(興亡盛衰)를 지휘하시는 분은 하나님이시다. 보이는 것은 나타난 것으로 말미암아 된 것이 아니다. 이렇게 코로나19로 말미암아 충격에 빠진 시대에 '믿음의 주요 또 온전하게 하시는 예수를 바라보는' 사람들이 되었으면 좋겠다. 이런 때에 우리는 참으로 하나님께 더욱 겸손히 엎디어 낮아져야 된다. 그리고 눈에 보이는 것만 중요한 것이 아니라, 믿음으로 보는 눈도 열렸으면 한다.

16

가짜 뉴스

요즈음 가짜 뉴스가 판을 치고 있다. 최근 김정은이 20일 동안 잠적해 있는 동안 유튜브에서 "김정은이가 죽었네, 살았네, 중병에 걸렸네"라는 뉴스를 쏟아냈다. 그러나 김정은이가 멀쩡하게 나타나자 그동안의 뉴스가 모두 가짜라는 것이 들어났다. 그러자 어떤 이는 '가짜 뉴스는 공영 방송도 마찬가지다'라고 한다. 최근에 '누가 신문을 보고, 누가 T.V를 보느냐?'란 자괴 섞인 말이 회자되고 있는 시대다. 그러니 세상에는 어떤 언론 매체도 중립적인 것이 없고, 모두가 사주(社主)나 기자의 이데올로기와 입장에 따라서 뉴스를 가공하고 이용한다. 어떤 사건이 일어나면 그 사건을 가공하고, 자기에게 유리하도록, 정권에 유리하도록 조작하는 것이 오늘의 상황이다. 가짜 뉴스는 또 다시 발이 달리고 손이 달려 거대한 음모가 되기도 한다. 그렇게 되면 그 가짜 뉴스가 나중에 사건의 진실이 되고, 진리가 되고 역사가 되어 버리는 악순환이 계속된다.

인류의 역사는 그런 가짜 뉴스가 재생산 되어 역사를 왜곡하고 사람을 영웅으로 만들기도 하고, 형편없는 몹쓸 사람으로 저 평가 시키기도 한다. 역사에 큰 인물일수록 공격이 많고 비난도 많다. 그래서 가짜 뉴스를 만들어 내는데, 그 가짜 뉴스가 정설이 되도록 만들기도 한다. 문제는 그것이 진정으로 역사적 기록에 맞는 진실한 사실(fact)인가 하는 것이다.

가짜 뉴스는 의도적인 것도 있지만, 어떤 때는 무지해서 가짜 뉴스가 되는 경우도 많다. 박정희 대통령 영부인 육영수 여사가 8.15 경축일에 문세광이의 총에 맞아 세상을 떠났다. 이 사건은 대한민국의 모든 사람들에게 크나큰 충격이었고 슬픔이었다. 전 세계 모든 언론들은 공산당의 사주를 받은 문세광이가 박정희 대통령을 저격하려다가 그만 육영수 여사가 유탄에 맞은 것을 대서특필했다. 국민들은 평소 육영수 여사의 고매한 인품과 어려운 이웃을 위해 묵묵히 일한 것이 한편에는 더욱 큰 슬픔이었다. 국상이었다.

그때 나는 암스텔담에 살았다. 이런 세계적 뉴스가 화란 신문에 특종으로 안날리 없었다. 화란에서 최고 부수를 자랑하는 'Trauw' 지에 육영수 여사의 장례식 사진이 크게 났고, 하얀 국화꽃으로 뒤덮인 영구차를 떠나보내면서 박정희 대통령의 애절한 모습이 클로즈업 되었다. 그런데 기사의 해설은 이랬다. "박정희 대통령 부인 '박순천' 여사의 상여가 떠나가자 박 대통령의 침통한 모습"이라 썼다. 이 신문의 헤드라인을 보고 나는 기겁을 했다. 최고의 공신력을 자랑하는 트라우지가 얼마나 한국을 몰랐으면 당시 야당 총재였고, 고 박정희 대통령의 반대 입장에 섰던 야당 당수인 박순천 여사를 대통령 영부인으로 바꾸어 치기 했을까? 나는 급히 대사관으로 연락을 했으나, 대사관, 영사관 할 것 없이 한국 외교관도 함께 일하는 직원도 그 사실을 전혀 모르고 있었다. 그로부터 나는 한국 언론이나 외국 언론이나 잘 믿지 않는다. 사실 역사에도 가짜 뉴스가 많고, 그 가짜 뉴스가 하나의 프레임이 되어 사실로 둔갑하는 경우는 참으로 많았다.

내가 운영하는 칼빈박물관에는 국내외적으로 다양한 사람이 방문한다. 하루는 내가 잘 아는 재미 교포 목사님이 칼빈박물관을 관람하는 중에 내게 말하기를 "칼빈이 사람 죽였다면서…"라고 했다. 또 어떤 날 어느 여 집사님이 헐레벌떡 와서 "칼빈이 사람을 죽인 살인자라고 하던데 맞습니까?"라고 했다. 내가 묻기를 "누가 그런 말을 합디까?" 했더니 그 집사님은 "어느 잘 알려진 한국의 부흥사가 그런 말을 하기에 확인 차 왔습니다."고 했다. 대게 사람들은 칼빈의 책 한 권도 읽지도 않고 '누가 카더라' 하는 말을 그대로 전달하는 경우가 많다.

아마도 쎄르베투스를 칼빈이 죽였다는 말을 퍼뜨린 모양이다. 쎄르베투스는 스페인의 의사로서 신학을 연구한 평신도였다. 그런데 그의 교리가 당시의 신앙과 신학 체계에 맞지 않아서 스페인에서 사형 선도를 받고 제네바로 도망해왔다. 그는 익명으로 칼빈과 서신을 주고받는 사이였다. 그 옛날에는 교리적으로 잘못되면 종교 재판을 통해서 사형 또는 감옥 형을 받던 중세기였다. 쎄르베투스는 결국 제네바에서 체포되었다. 그리고 다시 사형 언도를 받았다. 그런데 칼빈은 그를 찾아가서 그의 이단설을 취소하라고 진심으로 권면했다. 사실 칼빈은 제네바 셍삐에르교회 목사였고 제네바의 목회자들을 가르치는 지도자였다. 그럼에도 칼빈은 시의회에서 아무런 법적 권한도 행사할 수 없는 고문의 신분이었을 뿐이었다. 더구나 칼빈은 제네바에서는 굴러온 돌이었다. 그는 프랑스 사람으로 그의 생애 마지막에 가서야 겨우 제네바 시민권을 얻을 수 있는 외국인 신분으로 살았다. 그러므로 칼빈은 제네바시 의회의 어떤 종류의 결정을 할 사람이 아니었다. 그러니 칼빈은 제네바 시의회로부터 사사건건 충돌이 있었고, 제네바 셍삐에르교회를 부임한지 얼마 못되어 그는 제네바시 의회로부터 축출되었다.

그런데 한때 칼빈을 따르던 제롬 볼섹(Zerom Bolsec)이란 사람이 칼빈과 예정론에 대한 차이 때문에 다시 로마 가톨릭교회로 돌아갔다. 그 후 볼섹은 칼빈에 대한 온갖 입에 담을 수 없는 나쁜 글을 남겼다. 오늘날 마치 야당에 있던 국회 의원이 여당으로 당적을 옮기니, 자기의 처신을 합법화하고 인기도 얻으려고 자기가 몸 담았던 야당을 깎아 내리고 비방한 것과 꼭 같다. 현대인들은 전혀 사실이 아닌 볼섹의 글들만 읽고 칼빈이 사람을 죽였다느니 등 온갖 부정적 말을 한다.

오늘의 역사가들은 500년 전의 가짜 뉴스를 재생산하고 있다. 나는 50년간 칼빈의 신학과 신앙을 연구하고 자료를 정리했다. 칼빈은 불후의 명작 『기독교강요』를 27세에 썼고, 신구약 66권을 90% 이상 썼으며 수많은 논문을 남겼다. 그는 27년간 솅삐에르교회의 목사였고, 교회개혁자였고, 사례금을 쪼개어 가난하고 어려운 이웃을 도왔고, 친히 성도들의 가정을 심방하는 진실한 목회자였다. 그러니 제네바시에서는 당대에 칼빈과 견줄만한 인물이 없었다. 그는 성경의 박사이자, 고전 어학의 천재였고, 교부들의 원전을 완전히 통달했고, 레토릭(Rhetoric)의 천재였다. 하지만 두통, 위장병, 신경통, 기관지 천식, 폐병 등으로 걸어 다니는 종합병원이라 할 만큼 병약한 사람이었다. 당시 제네바에서 가톨릭이나 이단들이나, 자유주의자들은 성경적으로 신학적으로 논리적으로 도저히 칼빈을 당할 도리가 없었다. 그래서 그들은 모두 합심해서 칼빈의 개혁 운동을 깎아내리고 흠집을 내려고 쎄르베투스를 죽였다느니 등등 말도 안되는 가짜 뉴스를 만들었다.

칼빈은 의회주의자였고 민주 공화제를 존경하는 자였다. 그는 쎄르베투스의 석방을 위해 최선을 다했으나, 제네바 시의회의 결정을 뒤집을 수 없어 결국 쎄르베투스의 사형을 최종 동의한 것은 맞다. 하지만 이 모든 것을 가톨릭과 이단들과 자유주의자들이 힘을 합하여, 모든 책임을 칼빈에게 덮어씌운 당시의 가짜 뉴스는 확실하다. 그 결과 500년 후인 오늘도 가짜 뉴스가 대중을 움직이고 있다.

한국과 한국 교회는 지금도 여러 가짜 뉴스에 시달리고 있다. 지금은 가짜 뉴스를 컴퓨터 앞에 앉아서 조직적으로, 직업적으로 만들어서 교회를 공격하고, 사회주의 사상을 퍼뜨려 요상한 프레임을 만들어 내고 있다. 그 가짜 뉴스가 나라도 망치고, 사회도, 문화도, 교회도 망치고 있다.

17

평화는 이벤트로 안 된다

아주 오래 전인 1972년에, 나는 암스텔담 자유 대학교에서 본 수업을 받기 전에 언어 훈련(Taal Practicuum)을 받고 있었다. 우리 클래스에는 세계 각국에서 공부하려는 학생들이 화란 말을 배우는 코스였다. 나를 포함해서 중국 학생, 아랍계 학생, 이스라엘 학생이 함께 수업을 들었다. 하지만 아랍계 모든 학생들은 똘똘 뭉쳐서 이스라엘 학생을 왕따시키고, 사사건건 은근히 압박을 가했다. 우리는 같은 클래스에서 공부하지만 서로가 긴장감이 팽팽했다. 나 같은 한국 사람은 그래도 이스라엘 학생과 사귀는 것이 정서적으로 맞았다. 이스라엘 학생은 예루살렘 히브리 대학교에서 의학 공부를 하고 박사 과정에 공부하러 온 참 준수한 청년이었다.

나는 그에게 '샬롬'이라고 인사를 건넸다. 그는 내 인사가 그리도 좋았던지 나와 아주 가깝게 지냈다. 그는 이스라엘 사람들이 문설주에 붙이는 양가죽에 쓴 '쉐마'를 선물로 주었고, 함께 식사도 나누는 좋은 친구가 되었다. 이런 저런 이야기를 나누는 중에 우리나라에도 인사는 '안녕'이라고 하는데, 그 뜻은 '샬롬'과 같은 뜻으로 평화 또는 평안이라고 말해 주었다. 그리고 내가 하는 말이 "너희 나라 이스라엘이나 한국은 늘 '샬롬'과 '안녕'을 날마다 말하지만, 지구상에서 가장 평화가 없고 안녕치 못한 나라들이다."라고 대화를 나누었다.

사실이 그랬다. 이스라엘은 예루살렘 멸망 후에 2,000년 만에 나라를 다시 세우고, 아주 호전적인 아랍권 나라에 둘려 싸여 한 순간도 긴장을 풀지 못하고 사는 전쟁 중의 나라이지만, 그들은 언제나 샬롬을 노래하고, 샬롬을 축복하고 샬롬을 사랑한다.

우리도 늘 평안과 안녕으로 인사하고 노래하지만 이 땅에 수많은 민족 중에 우리처럼 환란 풍파, 고난이 많았던 나라도 드물다. 그동안 수많은 오랑캐들의 침략에 시달렸고, 일제 강점기 35년 동안 말도, 글도 빼앗기고 신사 참배를 했던 우리들이었다. 이스라엘과 한국은 같은 해에 나라를 다시 세웠지만 아직도 전쟁은 끝나지 않았다. 그러면 언제 우리에게 평화가 올 것인가?

우리는 남북이 갈라진 지 73년이 되었고, 6·25 동족상잔이 벌어진지도 어언간 70년이 되었다. 이스라엘이나 우리나 그냥 '평화'와 '안녕'을 인사하고 노래할 뿐이다. 6·25전쟁을 온 몸으로 체험해 본

필자로는 전쟁의 비참함과 공포를 그 누구보다 잘 알고 있다.

그동안 한국의 지도자들은 갈라진 한반도의 통일을 노래하면서 기상천외한 방법으로 북한과 협상도 하고, 몰래몰래 달러와 쌀과 기름을 주면서, '햇볕 정책'이란 아주 그럴듯한 구호로 퍼주기 운동도 해봤다. 그리고 '우리의 소원은 통일'이라는 노래를 같이 부르면서 눈시울을 적셔도 보았다. 현 정부는 아주 적극적으로 '평화 이벤트'를 만들고, 대통령은 김정은과 손을 맞잡고 포옹하면서 이 땅에 평화가 시작된 듯이 선포하고, 백두산에서 환한 웃음으로 전 세계 앞에 이른바 '평화 쇼'를 했었다. 우린 잠깐 동안 환상에 빠졌다. 탱크 저지선을 폭파시키고, 전방의 진지도 허물어 버리고, 금방 남북통일이 되어 평화가 오는 줄 알았다.

그러나 지금 생각해 보니, 평화 곧 샬롬은 이벤트로 되는 것도 아니고, 기획이나, 공작으로 되는 것도 아니었다. 더구나 우리나라에는 우리가 북한 쪽의 이데올로기를 이해하고 받아들이면 평화가 올 것이란 참으로 순진한 로멘티스들이 우굴거리고 있다. 세계 최강대국 미국의 트럼프 대통령도 김정은을 상대해서 한반도 평화 정책을 의논해봤지만, 김정은은 핵을 포기한 일도 없고 아직도 아무런 성과가 없었다.

난다 긴다 하는 전 세계 지도자들이 입만 열면 평화를 외친다. 하지만 평화는 구호를 외친다고 해서 되는 것이 아니다. 인류가 평화를 사랑하고, 평화를 이루어 내야 하는 것은 맞지만, 외부적인 요인으로 평화가 오는 것은 아니다. 6·25기념식 날에 70년 만에 환국한 147명의 순국장병들의 유골을 영접한 행사에서 대통령의 연설은 그런대로 좋았다. 하지만 그 엄숙한 자리에서 공산당이 부르는 북한 애국가를 섞어서 연주하다니 참으로 기가 막혔다. 김정은을 달래서 평화를 이루어 보겠다는 정부가 제정신인가!

참된 평화를 이루려면 인간은 먼저 창조주 하나님과의 평화가 이루어져야 한다. 하나님과 우리 사이에 화해(Reconciliation)를 이루려면, 먼저 우리 마음속에 있는 죄를 제거해야 한다. 하나님과 우리 사이에 죄가 우리를 가로막고 있다. 그래서 하나님은 그 문제를 해결하기 위해 중보자 예수 그리스도를 보내셨다. 그는 십자가에 죽으셨고, 다시 부활했다. 그 중보자 그리스도를 믿음으로 하나님과 화해가 이루어진 후에야 비로소 화평이 이루어지는 것이 성경의 핵심이다. 즉 예수 그리스도가 우리의 평화이다.

개인과 개인, 국가와 국가와의 평화도 인간의 힘으로는 절대로 안 된다. 또한 북쪽에서 '우리는 하나'라고 외치고, 우리가 그들에게 한반도기로 화답한다고 해서 하나가 되는 것은 결코 아니다. 지금 북쪽은 거짓된 신흥 이단 종파, 주체 종교에 매몰되어 있다. 교주인 김일성 종교 곧 주체 종교는 세계 10대 종교이다. 그것이 73년 동안 우리를 갈라놓고 있다.

한때 한국의 예루살렘이었던 평양이 공산주의자들로 말미암아 모두 무너지고, 신흥 이단 종파인 주체 종교가 북한 주민들을 장악하고 있다. 언젠가는 그 주체 종교가 무너지고 '평양 장대현교회', '평양 산정현교회', '평양 서문밖교회', '평양 창동교회', '평양 신학교'가 다시 재건되는 날, 그때야 비로소 한반도에 참 평화가 올 것이다.

아! 평화는 인간의 힘이나, 정치의 힘으로는 안되고, 미사일로도 안 되고, 사드로도 안 되고, 평화 쇼로도 안 된다. 오직 하나님의 능력의 손길로 '복음통일'이 되어야 비로소 이 땅에 참 평화가 올 줄 믿는다.

샬롬! 샬롬!

18

主必再來

지금 중국 시진핑이 기독교를 대대적으로 박해하고 있다. 중국 공산당은 한국 선교사들을 모두 축출시키고, 중국 교회당 십자가를 포크레인으로 끌어 내리기도 하고 불사르고 있다. 실로 천인공노할 일이 중국 땅에서 벌어지고 있다. 30년 전에 나는 중국 선교의 프런티어 허드슨 테일러의 손자인 허드슨 테일러 3세(James Hudson Taylor Ⅲ)와 함께 오찬을 나눈 적이 있다. 그때 그는 내게 말하기를 "할아버지가 뿌린 복음의 씨앗이 완전히 없어진 줄 알았으나, 중국 공산화 후에 가보니 복음은 여전히 죽지 않고 살아있더라"고 고백했다. 그 이유는 '복음은 바로 생명'이기 때문이라고 했다. 중국 공산당이 시장 경제를 받아들이면서 기독교를 용인하는 정책을 폈으나, 국가에서 인정하는 3자 교회만 활동하고, 공산당의 정책에 반대하는 지하교회 또는 자유 교회는 감시 체제하에서 어려움을 겪고 있었다.

1989년 천안문 사건 이후에 중국 공산당은 무자비하게 기독교 신앙을 금지하고 박해하는데 정점을 이루었다. 그 후 나는 총신대학교 교수의 일원으로 북경을 방문했다. 북경에는 유리창이라는 곳이 있는데 엄청난 골동품 가게들이 있다. 서울의 인사동이나 청계천과는 비교할 수 없는 수많은 골동품 가게가 있다. 관광버스는 그 앞에 머물렀고, 한 시간 동안 그곳을 돌아보고 살만한 것이 있으면 사라는 것이었다. 나는 일평생 기독교 자료에 대한 관심이 많았던 터라, 부지런히 살펴보았으나 거기에 기독교 자료나 교회 자료가 있을 리 만무했다. 헛탕을 치고 관광버스로 걸어가고 있는데, 한 조선족 청년이 나에게 접근했다. 겁이 났다. 하지만 그 청년이 말을 걸기를 자기는 예수 믿는 청년이며, 혹시 필요한 것이 있으면 자기가 구해볼 수 있다고 했다. 그때 나는 그에게 말하기를 중국 기독교에 대한 것은 중국 공산당 혁명 전에도 좋고 최근 것도 좋으니, 당신이 구입한 것에서 두 배의 가격을 쳐서 줄 테니 내가 묵고 있는 호텔로 밤 12시까지만 오라고 했다.

호텔에 돌아와서 나는 이름도 주소도 모르는 그 청년을 눈이 빠지도록 기다렸다. 모든 교수들은 장기, 바둑에 빠져 밤이 늦도록 즐기고 있었다. 자정이 가까워 올 무렵 드디어 그 청년이 나타났다. 두 가지 물건을 가지고 왔다. 하나는 1903년에 중국어로 출판된 사도행전 쪽복음으로서 미농지에 인쇄한 것이고, 다른 하나는 대문짝만한 족자였다. 그것은 예수님의 재림 장면을 묵화로 그린 것이다. 그 옆에는 主必再來(주님 반드시 재림하신다)라고 썼고,

1990년 高白龍(고백룡)이라고 썼다. 그 그림을 보는 순간 심장이 쿵쿵하고 뛰었고 호흡이 가빠졌다. 아하, 중국 공산당이 아무리 교회를 무너뜨리고, 기독교를 박해한다고 해도, 화가 고백룡은 다시 오실 주님을 바라고 고난을 참아야 한다는 메시지를 그리고 있음을 깨달았다. 고백룡 화백은 우리로 치면 중국 국전에 대상을 받은 것으로 알려진 화가였다.

나는 이 그림을 구입해서 한국으로 가져와서, 내가 운영하고 있는 '칼빈박물관' 특별 장소에 걸어놓고, 선교사들이 오면 꼭 이 그림을 보여주곤 한다. 그때마다 사람들은 환난과 핍박 중에도 성도는 신앙을 지킨다는 찬송을 부르고 감격한다. 지금도 중국 지하교회 성도들뿐 아니라 북한 지하교회 성도들도 '主必再來' 즉 주님 다시 오실 날을 바라보고 주를 의지할 것이다.

그런데 오늘의 한국 교회 성도들은 재림 신앙이 없어졌다. 너무 잘 먹고, 너무 편하고 즐기니 재림 신앙이 다 없어졌다. 환난이 없으니 기도도 없어지고, 기도원도 문을 닫고 이 땅 위에 행복하게 사는 것만을 노래하고 찬양한다. 목사님들의 설교도 예수 재림을 설교하지 않는다. 공산당의 엄청난 박해 중에서도 '主必再來' 주님 반드시 다시 오신다는 확신으로 고난을 이기고 있는 중국 지하교회 성도들과 북한 지하교회 성도들을 생각한다.

19

목사가 왜 욕을 해?

    광화문 토요 집회에서 전광훈 목사의 설교는 많은 국민들에게 감동을 주고 있다. 기독교인이던 타 종교의 사람이건, 심지어 불신자들에게까지 오늘의 한국의 혼란한 정국에 부정한 세력을 강력히 비판하고, 자유 대한민국이 나아갈 길을 제시하면서 성경적인 메시지를 전하고 있다. 광화문 집회 특히 주일 오후의 청와대 앞 광야 교회의 설교는 점점 그 열기가 뜨거워지고 있다. 그런데 유투브의 댓글에는 전광훈 목사의 설교에 감동을 받고 적극지지 한다고 하면서도, 설교 중에 막말과 욕설을 안 했으면 좋겠다는 입장이 많다. 유투브에는 다 좋은데 설교 중에 거침없이 욕설 또는 독설을 퍼붓는 것이 바람직하지 않다는 것이다. 한편 전광훈 목사의 설교를 반대하는 집단에서는 "목사가 왜 정치를 하는가? 목사가 왜 욕을 하는가?"라고 비판하고 있다.

물론 강단은 신성한 것이어서 목사가 설교 시간에 상소리나 욕설을 퍼붓는 것은 금기 사항이다. 또한 설교 시간에 타인을 비판 또는 비방하는 것은 안 된다는 것이 설교학의 기본이다. 또 그것은 강단의 윤리이기도 하다. 그런데 그 설교가 어디서, 무엇 때문에, 어떤 청중이냐에 따라서 달라질 수가 있다. 즉 교회의 개혁 또는 국가의 혁명적 대변혁을 요구하는 시대는 다를 수도 있을 것이다.

그러면 역사적으로 설교자가 욕설을 했던 것을 살펴보자. 우선 구약의 선지자들은 하나님의 영광과 주권을 지키기 위해서 당시 이스라엘 사람들에게 귀에 거슬리는 말을 거침없이 쏟아냈다. 그리고 예수님의 설교에는 오늘의 청중들이 들어도 간담이 서늘한 말씀을 했다. 예수님은 당시의 부패하고 타락한 서기관과 바리새인들을 향해서 '회칠한 무덤'이라고 일갈했다. 예수님은 기득권 세력을 먼저 개혁하고자 하셨다. 당시 그들은 율법주의자들로 개혁의 대상임에도 그들의 마음은 콘크리트처럼 굳어 있어서 전혀 변화가 없었다. 그래서 예수님은 그들을 향해서 겉껍데기는 아름답고 화려하나 그 속은 썩어 냄새 나는 송장이라고 일갈했다. 예수님의 말씀은 당시 부패한 정권과 교권에 대해서 입에 담을 수 없는 욕이었다. 즉 정치적, 종교적, 기득권자들을 향해 썩은 송장이라고 말했다. 욕 중에서도 대욕이다.

한편 세례 요한은 자기에게 나아오는 큰 무리들 앞에서 회개하지 않는 자들, 부패한 관리들을 향해서 '독사의 자식들'이라고 퍼부었다. 사실 이보다 더 큰 욕설은 지금까지 없었다. 만약 오늘날 어느 설교자가 청중들에게 그리 말했다가는 당장 강단을 떠나야 할 것이고, 명예 훼손으로 고발을 당할 수도 있을 것이다. 문제는 그렇게 거친 표현을 할 수 있는 분의 '권위'와 관계가 있을 것이다.

교회사적으로 보면 제일 욕을 잘 했던 사람은 종교개혁자 마틴 루터(Martin Luther)였다. 마틴 루터는 대설교자였고, 음악가이기도 했다. 루터는 강단에서 욕설과 독설을 많이 퍼부었다. 왜냐하면 루터가 설교하는 동안, 로마 가톨릭의 방해꾼들이 뒤에서 발을 굴리고, 고함을 치고, 예배 분위기를 망가뜨리고 예배 방해를 하고 있었기 때문이다. 루터가 설교를 시작하던 시기는 대변혁의 시기이고 교회 개혁의 시기였다. 루터는 로마 가톨릭과 거기에 결탁된 정권들 앞에 서 있었다. 그래서 루터는 그들과 기 싸움에서 질 수가 없어서 과격한 욕도 서슴지 않았던 것이다. 그런데 루터가 설교 중에 욕설이 심해지자 루터를 보좌하는 참모진들이 루터에게 "제발 욕을 그만하라"는 건의도 했다. 그러나 루터는 이에 굴하지 않고 영적 전쟁을 하는데, 사탄의 세력과 반대자들을 제압하기 위해서 그런 욕을 했었다. 말하자면 루터가 설교 도중에 그리한 것은 변화와 개혁의 시기에 청중들에게 강한 인상을 남기기 위한 것이었다.

또 한국의 유명한 부흥사 가운데 설교 중에 욕을 잘하기로 소문난 목사님이 있었다. 바로 이천석 목사님이시다. 그는 설교 중에 막말과 상욕을 마다하지 않는 분이다. 그는 상이군인 출신으로서 철저한 애국심과 한국 사회와 교회의 개혁을 외치며 한때 한국 교회의 영성 운동의 한 획을 그었다. 그의 설교 중에 '나는 다리 하나를 조국에 바쳤는데 남은 다리 하나를 못 바친 게 한'이라고 했다. 그는 불의를 보면 참을 수 없었고, 죄를 보면 견딜 수 없었다. 그의 주 메시지는 인간의 부패와 죄에 대한 질타였다. 그런 맥락에서 이천석 목사님의 설교에 상욕이 나왔다. 그러나 그의 설교를 듣고 있는 성도들에게는 그것이 욕으로 들리지는 않았다.

나는 1988년 이천석 목사가 옥외 집회 중에 뇌출혈로 쓰러져서 연세대학교 세브란스 병원에 입원 중일 때, 그가 시무하던 성복중앙교회에서 6개월 동안 대리 설교를 했다. 나는 산소 호흡기를 끼고 있는 이천석 목사님을 보면서, 오늘날 불의와 죄를 보고 당당히 책망할 수 있는 그런 목회자가 그리웠다. 이런 설교는 누구나 할 수 있는 것이 아니고 도덕적으로 순결을 유지한 깨끗한 목사만이 할 수 있다.

한편 오늘날 목회자들은 성도들에게 소프트 아이스크림만 먹이고 있다. 한국 교회의 설교자들은 주로 긍정적 사고방식과 예수 믿고 복 받고 성공하여 이 땅에서 행복하게 잘 살자는 메시지만을 전하고 있다. 오늘의 어떤 사람들은 나라가 죽이 되던 밥이 되던 상관없고, 국가의 정체성이 위태로워도 나만 안전하고 경제적으로 든든하면 그만이라는 생각에 사로잡혀 있다. 그래서 하나님께 멀어져 간 교회, 사회, 국가, 개인에게 제대로 된 선지자적 메시지가 살아져 버렸다. 그러기에 깨어 있는 성도들과 시민들은 전광훈 목사님의 설교에 추위와 눈보라에도 모두 환호하고 그를 따르고 있지 않은지⋯ 그는 기울어진 나라를 살리려고 생명을 내어 걸고, 피를 토하듯 설교하기 때문에 그의 설교의 몇 군데 상욕이 있기는 해도, 그것은 정상적인 일반 교회 강단에서의 설교가 아니기에 신 불신을 막론한 공개적 대형 집회를 이끌어 가다가 정권을 향해 나온 말투였음을 청중들은 인지하고 있다.

나는 목사가 강단에서 설교 중에 상욕을 하는 것은 결코 바람직하지 않다고 본다. 그러나 "그 자(者)"라 하면 고상하게 보이고, "그 놈"이라 하면 상욕으로 들릴 수도 있다. 모두가 자기 살 길을 찾고 입을 다물고 있을 때, 자유 민주주의 국가의 위기와 교회의 개혁을 위한 불 같은 외침이 필요하다.

지금은 모두 힘을 합해 국가의 위기 앞에 함께 기도할 때이다.

20

코로나19와 주일 예배

먼저 이 칼럼을 쓰면서 대구, 경북 지역 교회 목회자들과 성도들과 시민들에게 주님의 위로와 평강이 함께 하시기를 기도한다. TV 화면을 통해서 본 대구의 황량한 거리, 텅 빈 가게 모든 것이 정지된 것 같은 모습이 참으로 안스럽다. 특히 질병 퇴치를 위해서 불철주야 일하는 의사와 간호사 여러분들의 노력이 눈물겹도록 고맙다. 그들 모두는 우리 시대의 영웅들이다. 하루속히 코로나19가 진정되어 회복되기를 기도한다.

코로나19의 확산 방지를 위해서 일부 한국 교회는 주일 예배가 없어졌다. 정부의 간곡한 부탁이 있었다고는 하나, 사실은 한국 교회가 성도들의 감염을 염려하여 솔선수범하여 자발적으로 주일 예배와 기타 집회를 하지 않기로 했었다. 한국 교회가 주일 예배를 포기한 것은 세계 기독교회 역사에 처음 있는 일인 듯 싶다.

1884년 황해도 소래교회에서 최초의 예배가 시작된 이래 136년 만이다. 오늘의 한국의 독립운동, 한국의 민주화와 산업화의 배후에는 실은 목회자들의 설교가 있었다. 설교를 통해 민중을 깨운 결과 우리는 자유롭게 살고 있다. 그럼에도 한국 교회는 일제 강점기에 신사 참배 요구에 스스로 무너져서, 1938년 제27회 대한예수교장로회 총회에서 공식적으로 신사 참배를 가결하고 곧 바로 모든 총대 목사, 장로들이 신사에 가서 우상 앞에 절을 하기도 했다.

그러나 일부 신사 참배에 반대 운동을 하던 주기철 목사와 박관준 장로 등은 순교자가 되었고, 옥중에서 6-7년을 고난의 세월을 보냈던 출옥 성도들은 해방을 맞았다. 이런 원죄를 가진 한국 교회는 해방 후 4분 5열 되었고, 6·25라는 가장 처절한 전쟁 후 공산당에 의해 북한의 교회는 모두 없어졌지만, 하나님의 은혜로 한국 교회는 잿더미 가운데서 크게 부흥 성장해 왔다.

문제의 발단은 우환 폐렴, 곧 코로나19로 말미암아 걷잡을 수 없는 전염병의 확산이었다. 더구나 신천지 이단 종파의 특이한 집회로 코로나19 바이러스가 폭발적으로 증식되었고, 이로 말미암아 대구, 경북 지역 교회가 유탄을 맞은 셈이다. 정부가 신천지 교회를 전수조사(全數調査)하고, 예배를 못하게 하는데, 그 불똥이 대구, 경북 지역 교회로 떨어졌고, 그 여파가 지금은 전국 각지에 있는 교회들에게 퍼져 나갔다. 이는 정부와 언론이 코로나19보다 더 빠른 속도로 교회가 전염병의 온상지인 것처럼 프레임을 만들었고, 교회는 정부의 방침에 순응하는 차원에 발 빠르게 대처한다는 뜻에서 대형 교회들이 먼저 앞다투어 자발적으로 주일 예배를 드리지 않기로 결의했다고 한다. 큰 교회들 중에는 교역자들과 장로님들 몇 분이 함께 모여 예배하고, 그것을 인터넷으로 예배 실황을 방출했다고 한다. 참으로 인터넷 강국답다. 그 지역의 어느 모 장로님은 "지난 주 본 교회 주일 예배가 없으니 인터넷으로 서울의 유명한 목사님들의 설교를 다섯 편이나 들었다."고 자랑하는 것을 들었다.

그러나 이번 사건을 통해 조용히 우리 자신을 살펴봤으면 한다. 코로나19가 갑자기 한 지역을 초토화시킨 것은 전적으로 신천지 집단의 무지하고 맹신적인 집회에서 비롯된 것이 틀림없다. 신천지는 기독교가 아니다. 실제 동남아시아에 가보면 모두 한국의 이단들이 우글거리고 있다. 특히 중국 선교란 명목으로 조선족을 전부 이단 종파화했고, 그들과 한국에 있는 이단 본부와는 끊임없이 왕래하면서 집중 교육 훈련을 시킨 것이 이번 일로 드러났다. 그들이 우환 폐렴병균을 옮기었고 좁은 공간에서 빠르게 세균을 증식시키었다. 정부는 어쩌자고 조선족과 중국인들을 그렇게도 사랑하고 협력하고 있는지 알 수 없다. 앞으로 밝혀지겠지만, 아마도 정부로서는 중국인과 조선족을 충분히 정치에 이용할 가치가 있었을 거라고 본다. 전 세계 국가들의 여론이 들끓고, 온 세계가 중국인과 조선족의 유입을 막고 국경을 폐쇄하는 판에, 유독 한국 정부는 중국인 입국을 통제하기는커녕 오히려 중국인과 조선족에게

문을 활짝 열었다. 이제 와서 국경을 폐쇄하는 것은 뒷북을 치는 것이니 실익이 전혀 없다고…?

또 각종 자료를 보니 정부 각 기관장들이 신천지 집단에게 무슨 표창패와 감사패를 그리 많이 주었는지 모를 일이다. 또한 필자의 생각으로는 오늘의 한국 교회가 이번에 대처하는 방식이 옳았는지 아직도 잘 모르겠다.

예컨대 1962년 박정희 혁명 정권 시절, 정부는 주일에 화폐 개혁을 단행했다. 그러니 주일에 예금과 현찰을 바꾸지 않으면 가진 돈은 모두 휴지가 되는 절박한 상황이었다. 그런데 그날 오전 예배 후 당시 동산교회 담임 박윤선 목사님은 제직회를 소집하고, 우리 교회는 주일 성수를 위해서 모든 불이익을 감수하고라도 화폐 개혁에 동참하지 않는다고 결의했다. 당시 나는 동산교회 전도사로서 그 회의 장면을 똑똑히 보았다(며칠 후에 화폐 교환은 이루어졌다).

또 다른 하나는 1945년 8월 24일 소련군이 평양에 진주하고, 김일성이 들어와 집권했다. 1946년 2월 8일 북조선 인민위원회에서 김일성은 위원장이 되었고 서기장은 강양욱이 되었다. 1946년 2월 21일 평양 서문밖교회에서 지역 교회가 모여 3·1절 기념 연합집회를 개최하기로 결정하자, 북조선 인민위원회는 3·1절 기념 예배를 금지하고, 그 대신 인민위원회 주관으로 행사를 한다고 공포했다.

이에 교회가 반발하자 2월 26일 보안서는 평양 시내 교역자 60명을 대대적으로 검거했다. 그 후 11월 3일 인민위원회는 총선거일을 주일날로 선포하자, 교회는 강력히 항거하고 주일 총선거를 반대했다. 그러나 교역자의 절반은 이미 김일성의 공작으로 찬성으로 돌아섰다. 이 때문에 당시 교회는 친정부적 교회와 반정부적 교회로 나누어졌다.

역사는 반복되는가? 꼭 오늘 한국 교회의 상황을 보는 듯하다. 코로나19의 확산 방지에 교회가 정부에 협력하고 일반인들을 배려하는 것은 맞다. 그러나 꼭 주일 예배를 없이하면서까지 협력해야 하는지 곱씹어 볼 일이다. 그런데 앞으로 한국 교회가 더 큰 걱정이다. 지금 한국 교회는 '가나안' 교인이 많다. 이제는 목사가 강단에서 주일 성수를 강조할 수도 없다. 그냥 성도들이 인터넷으로 집에서 이 교회 저 교회 쇼핑을 해도 할 말이 없다. 교회가 코로나19 방지를 지원하기 위해서 자발적으로 예배를 포기한 것이 맞는지? 다른 방법으로 고민했는지? 다시 한 번 생각해 볼일이다.

이번 사건은 앞으로 한국 교회의 큰 전환점이 될 수도 있다. 질병 예방 차원에서 이웃을 배려하는 마음으로 자진 예배당을 폐쇄하거나, 예배를 중지한 교회와 그렇지 않은 교회가 갈라질 위험도 있다. 다만 이 세계적이고 국가 재난인 코로나19 사건을 '정치가 교회 통제 또는 기독교 탄압의 도구로 삼으려는 시도가 있어서는 결코 안 된다'는 것이다. 한국 교회도 이번 기회에 이단에 대한 경각심은 물론이고, 조급하게 공 예배를 중단하는 것이 옳았었는지를 스스로 살펴봐야 할 것이다.

한 가지 첨언하는 것은 어떤 교회 지도자가 개혁자 칼빈을 언급하면서, 전염병으로부터 성도들을 보호하는 것도 교회의 의무라고 했다고 한다. 맞는 말이지만, 전염병으로부터 성도를 보호한다는 말이 반드시 공 예배를 드리지 않는다는 것을 의미하지는 않는다.

1538년 칼빈이 스위스 바젤에 머물고 있을 때, 파렐의 조카가 방금 페스트에 걸렸다는 소식을 접한다. 당시 페스트 병은 곧 죽음을 의미했다. 페스트는 오늘날의 전염병과는 비교할 수 없는 치명적인 것으로 그 병에 걸리면 환자를 격리시켰던 것이다. 그러나 칼빈은 생명의 위험과 주변의 만류를 무릅쓰고, 목사로서 성도를 사랑하는 뜨거운 마음으로 그 환자에게 달려가서 복음으로 위로하고 기도했다. 칼빈의 환자 심방은 위험하기 짝이 없었으나, 영혼 사랑에 대한 그의 열정을 아무도 말릴 수 없었다. 그러나 끝내 그 환자가 숨을 거두자 칼빈 목사는 그의 장례비를 부담했다. 그 후 칼빈 목사는 유자녀를 전적으로 돌보아 주었다(필자의 저서 『교회의 개혁자 요한 칼빈』 173; 칼빈의 편지, 1562년 2월 11일자 베자에게 보낸 편지 중에서). 전염병으로 엄청난 시련에 빠진 한국 교회 목회자들에게 개혁자 칼빈 목사의 목회는 참고할 만하다.

오늘처럼 전염병으로 국가적 위기와 교회적 위기에 처한 상황에서 목사로서 모든 주의 종들과 함께 이 재난이 속히 지나가기를 하나님께 기도하면서 오늘의 한국 교회를 뒤돌아보고 싶다.

21

부정 선거와 역사의 심판

부정 선거 하면 이승만 정권 말기의 3·15부정선거가 떠오른다. 선거는 그때나 지금이나 표를 많이 얻는 쪽이 이긴다. 그 당시도 표를 부정한 방법으로 사는 것이 많았다.

1950년대의 한국 국민은 하도 가난해서 빨래비누 한 장, 고무신 한 켤레를 받고 표를 넘기던 시대였다. 그리고 동네 사람들을 모아놓고 막걸리 파티를 하거나 돈 봉투를 뿌린 예도 많았다. 그것은 바로 매표 행위였다. 또 그때는 대리 투표를 할 수 있었고, 이른바 개표 과정에서 개표 의원은 피아노 치기라고 해서 다섯 손가락에 붉은 인주를 묻히고 상대편 투표용지에다 피아노 치듯해서 무효표를 만드는 전략도 있었다. 뿐만 아니라 투표함을 바꿔치기까지 했었다. 이 모두가 자유당에서 한 짓이다. 그런데 이 부정 선거의 책임을 돌돌 말아서 이승만 대통령이 부정 선거를 했다는 프레임을 만들어 거족적 항명, 항거가 있었고, 4·19의거의 도화선이 되었다. 나는 그때 고 3이었는데 4·19의거 때는 대학생은 물론이고 고등학생도 참여했고 교수들도 함께 했다. 심지어 의과 대학생들과 교수들은 흰 가운을 입고 거리로 쏟아져 나와 구호를 외치고 대모를 했다. 그 당시 구호의 핵심은 '부정 선거 다시 하자!'였다.

4·19의 도화선은 최루탄이 김주열 군의 눈에 박힌 채 바다 위로 시신이 떠올라 온 나라가 뒤집혀 진 것이다. 물론 이승만 대통령은 부정 선거를 지시한 바도 없거니와 그럴 이유도 없었다. 왜냐하면 당시 민주당 대통령 후보였던 조병옥 박사는 선거 도중에 암으로 아깝게 세상을 떠났기 때문이다. 그러니 이승만 박사는 부정 선거를 할 이유가 전혀 없었다. 그러나 자유당에서는 대통령 유고 시 부통령이 승계해야 한다고 이기붕 부통령을 당선시키기 위해서 이른바 부정으로 기획 선거를 한 것이다. 그 기획자는 당시 내무부 장관을 지냈던 최인규였다. 최인규를 비롯해서 당시 자유당은 정권 연장을 위해서 고전적 수법으로 부정 선거를 기획했었다. 그 결과 4·19의거가 일어났고, 이승만 대통령은 '국민이 원하면 하야 하겠습니다', '절대로 학생들을 다치게 하지 마세요'라고 말하고 이화장으로 걸어 갔다. 그 후 최인규는 사형을 당했고, 나머지는 5·16 군사 혁명이 일어난 후에 적절히 조치되고 상황은 마무리가 되었다.

금번 4·15 선거는 여당이 압승을 했고, 야당은 전패한 셈이다.

이제 상황은 끝났다. 그런데 날이 갈수록 여당의 명백한 부정 선거 사례가 자꾸 늘어나고 있으니 참으로 희한한 일이다. 나로서는 여당의 부정 선거가 사실인지 아닌지는 알길 없지만, 보고된 여러 정황들이 빼도 박도 못할 정황들이다 보니 영 개운치가 않다. 우선 이긴 여당은 표정 관리 때문인지 얼굴에 승리의 감격이 별로 없고, 하나같이 꼭 죄 지은 사람처럼 긴장하고 굳어 있다. 정말 떳떳하다면 성명서라도 발표해서 이번 4·15 선거는 하늘에 맹세코 깨끗한 공명 선거였으며 정정당당하다고 말해야 한다. 그렇다면 더 이상 부정 선거에 말할 필요가 없다. 그런데 한편에서는 부정 선거의 증거(證據)가 하나 둘 밝혀지고 있는데, 어찌된 일인지 모든 언론 매체 즉 TV와 라디오와 신문 등에서는 아무런 말들이 없다. 혹 말이 있다 해도 "이번에 여당이 압승한 것은, 코로나19를 신속하게 잘 방어해서 국민들의 마음이 여당 지지로 돌아섰다."라는 적극적인 홍보만 있을 뿐이다. 그리고 일부에서는 부정 선거 운운하는 가짜 뉴스가 문제라고 해설을 하고 있다. 그렇다면 사실 보도를 제대로 하지 않는 모든 기성 언론들의 모든 뉴스는 가짜 뉴스라고 해도 할 말은 없다. 하기는 금번 코로나19를 진정시키는데 우리 대한민국이 모범국이라고 외국 언론들은 침이 마르도록 칭찬이 자자했다. 그 덕분에 이 분야의 수출이 늘어나고, 세계 모든 나라들은 한국과 줄을 대지 못해 안달이다.

우리가 선진국 반열에 올랐다면, 코로나19의 비상 사태 중에서도 가장 민주적 선거를 했다고 떳떳하게 말할 수 있어야 한다. 그런데 대한민국에 부정 선거를 통해서 당선된 사람들이 그렇게 많다면 참으로 부끄러운 일이 아닐 수 없다. 들리는 말로는 많은 여당 국회 의원 당선자들이 선거법 위반으로 고소 고발을 당했다고 한다. 그렇다면 선관위와 검찰에서는 신속하게 조사해서 시시비비(是是非非)를 가려 선진국으로서의 면모를 밝혀야 한다. 그래서 가짜 뉴스는 가짜 뉴스대로 처벌을 하고, 부정 선거에 개입하고 기획한 분이 있다면 철저히 수사해서 처벌을 주면 된다.

역사적으로 3·15부정선거의 기획자 최인규 내무부 장관은 사형을 당했다. 이번에도 만에 하나 부정 선거의 기획자가 밝혀지면 전례를 따르면 되고, 불법으로 당선된 자는 무효 처리하면 된다. 지난 번 김기현 울산시장 선거에 정부가 기획 선거를 조장했다는 것이 만천하에 알려졌음에도 불구하고 아직까지 아무런 조치가 없다. 언론도 대충대충 넘어가고, 선관위도, 검찰도 적극성이 없다. 잘 모르기는 하지만 선관위의 70%가 민노총이 장악을 하고 있다고 들었다. 그러니 각 방송국, 신문사, 국영 기업체와 모든 기관들이 정부의 지원 세력이라고 할 수 있다. '부정 선거는 부패 선거'이다. '부패 선거는 곧 불법 선거'이다. 오늘날의 정치권은 고전적인 부정 선거가 아니고 아주 대단한 첨단 기법의 기막힌 컴퓨터로 부정 선거를 하고 있다고 들었다. 사실이 아니기를 바랄 뿐이다.

나는 이번 일로 목사로서 사실 걱정이 많다. 앞으로 막강한 권력을 가진 국회가 어떤 법을 만드는지 모르기 때문이다. 국회 의원을 영어로 Lawmaker(법 만드는 자)라고 한다. 만에 하나 국회가 압도적인 표 차이로 '공수처 법', '동성애 법', '차별금지법', '이슬람 법' 등을 그냥 통과시킨다면 한국 교회는 무너지고 만다. 국회 의원은 헌법 기관이다. 마음먹기에 따라 무엇이든지 할 수가 있다. 기획자가 손가락으로 목적지를 가리키면 그대로 움직이게 되어 있다. 그런데 한국 교회 목사님들은 '국가 안보'보다는 '목회 안보'에 올인하고 있으니 참으로 안타깝다.

'민주주의 꽃은 선거'이다. 선거가 부패하면 그 꽃은 금방 시들어버린다. 그럼에도 목회자들은 '목회 안보'만을 위해 항상 '중도' 아니면 '중립'만을 표방하고 있다. 그래서 대부분의 교회들은 정치에 관여하지 않는다는 명분으로, '정교분리'라는 법칙을 앞세워서 조용히 하나님께 기도만 하면 된다고 생각하고 있다. 교회는 정치와 구분되지만, 교회를 허물려고 하는 세력이 야금야금 들어와도 목회자들은 명분을 내세워 함구할 모양 세이다. 목사님들은 항상 롬 13장을 인용해 '위에 있는 권세들에게 복종하라'고만 가르친다. 만에 하나 위의 타락한 불법의 권세자가 그리스도의 몸된 교회를 허물려고 할 때도 그리 태평할 것인가?

오늘날은 하박국 시대처럼 양심대로, 원리 원칙대로 살면 손해 보는 세상이다. 이 세상은 천국이 아니고 늘 악이 승리하고 불의가 이기는 전투장이다. 우리 그리스도인에게 이 세상은 영적 전쟁터이다. 그런데도 영적 전사를 지도하는 장교들이 전쟁에 임하려는 의지가 전혀 없다. 민주주의는 모든 정치 제도 중에 가장 좋은 제도이다. 오늘과 같은 민주주의가 정착된 것은 불과 100여 년 조금 지났다. 사실 민주주의 이론을 만든 것은 존 록(John Locke)이나, 장 자크 루소(J. J. Rousseou)가 아니고, 교회의 개혁자 요한 칼빈(John Calvin)이었다. 그는 신명기와 사무엘서를 통해서 민주주의와 선거의 원형을 발견했다. 칼빈은 미가서 5:5절을 해석하면서 다음과 같이 말했다.

"가장 바람직한 국민의 조건은 일반적으로 투표로 선택하는 것이다(Choose by Common Consent) 누구든지 힘으로 최고의 권력을 빼앗는다면 그는 폭군이다."라고 했다(John Calvin, Commentary on the Twelve minor prophets, Janah, Micak, Nabum, 309).

우리나라가 민주주의를 표방하면서도 금번 4·15 총선을 부정 선거 했다면 참으로 부끄럽고 수치스러운 일이다. 분명한 것은 역사의 배후에 하나님이 계신다. 만에 하나 부정 선거가 있었다면 법의 심판이 반드시 올 것이고, 법의 심판이 미치지 못했다면 역사의 심판이 있을 것이다. 역사의 심판이 없다면, 하나님의 심판이 있을 것이다.

22

민심(民心)은 천심(天心)인가?

민심(民心)은 천심(天心)이란 말이 있다. 민심 곧 백성들의 마음은 곧 하늘의 마음이란 말이겠다. 그런데 이 말은 맞는 말이기도 하지만 틀린 말도 된다. 흔히 선거 전, 선거 후에 민심이 곧 천심이란 말을 자주 쓴다. 하지만 민심은 자연 발생적이라고 말하기 쉽지만 민심은 조작될 수 있다. 정치에는 민심 조작을 하는 전문가가 따로 있다고 들었다. 그 방면의 전문가들은 언론을 통해 가짜 뉴스를 만들어 내기도 하고, 특히 요즘은 컴퓨터나 핸드폰을 통해서 이른바 댓글을 달아서 사람을 죽이기도, 살리기도, 여론을 바꾸기도 한다고 들었다.

문제는 그 사람들의 이데올로기와 세계관이 사회주의나 공산주의 세계관을 가지고 있다는 것이다.

우리는 지금 그들이 몰래 숨어서 여론 몰이를 하고 있는 세상에 살고 있다. 특히 중국과 북한 같은 공산주의 국가에서는 선동 선전이 나라를 이끌어가는 수단이고 방법이다. 특히 상대 정당을 파멸시키고 총선이나 대선에 승리하기 위해서 별별 짓을 다하고 있다. 선전 선동에 이긴 쪽은 거짓도 진실이 되고, 진실도 거짓으로 만들어 버린다. 흔히 하는 말로 수단 방법을 가리지 않고 상대를 굴복시키는 것이 최선이라고 생각한 나머지 그럴듯한 프레임을 만들고 소설을 써서 사람들의 귀를 멀게 하고 눈을 가리기도 한다. 이전에 '김대업'이란 자가 가짜 뉴스를 만들어 정권을 뒤집었던 예도 있었지만, 실제로 한국에는 전교조, 민노총 등 수 많은 반한국 단체들이 활동해서 역사를 바꾸고, 정권도 만들고, 여론도 조작해 왔다. 그리고 요즘은 무슨 일이든지 모두들 붉은 머리띠를 띠고 아주 과격한 행동으로 공권력을 무너뜨리고 소기의 목적을 달성하려고 하는 것이 한국의 유행이다.

19세기의 유럽은 그들의 구호처럼 '주인도 없애고(no Master)', '하나님도 없애버리자(no God)'는 사상으로 공산주의가 일어나서 활개 치게 되었다. 그런 구호들과 운동권들이 역사를 뒤집어엎었다. 사회주의자들은 모두 이 방면에 아주 잘 훈련된 전략가들이다. 이런 사상들이 자유 대한민국에 '선진화', '평화', '정의', '통일', '다 함께'라는 멋진 구호를 만들어 견인차 구실을 하고 있다. 그런데 일반 국민들은 '우선 먹기는 곶감이 달다'라는 말이 있듯이 당장 자기 일터에 수입에 지장이 없으면 그런 프레임에 모두 넘어간다. 그래서 이긴 자들은 말하기를 "민심은 천심이다."라고 프레임을 깐다.

1847년 화란의 수상을 지냈던 흐룬 반 프린스터(Groen Van Prinstere)는 『불신앙과 혁명』(Ongeloof en Revolutie)이란 책을 썼다. 이 책은 공산당 선언(1948)이 나오기 1년 전에 나왔는데 핵심은 이렇다. '혁명은 하나님 없는 불신앙에서 나왔다'는 것이다. 프랑스 혁명은 사실상 하나님이 없는 인본주의 사상이었다. 폭력으로 세상을 뒤집어엎고, 세상을 바꾸겠다는 사상이다. 공산주의도 결국 프랑스 혁명 운동을 채용한 것이라고 볼 수 있다.

나는 유럽의 공산주의가 무너지기 직전에 러시아, 헝가리, 체코 등을 여행했고, 그곳에 우리 선교사들을 파송했었다. 공산주의는 이미 실패작이었음을 역사가 확실히 증명했음에도 우리나라에서는 다 죽은 공산주의, 사회주의 이데올로기의 불씨를 되살리려고 애쓰는 사람들과 단체들이 참으로 많은 듯하다. 그들은 나라의 큰 사건을 교묘히 이용해서 민심을 돌리는데 거의 천재적이다. 왜냐하면 1980년대에 권위주의 정권에 반대한 대학생들이 세작들에게 포섭되어, 이른바 민주화라는 멋진 프레임을 만들어 학습지도자를 따라서 모두 100여 권 이상의 혁명 이론을 학습한 사람들이었기 때문이다. 이 사상을 깊이 학습한 사람들이 오늘의 대한민국에서 정치, 경제, 사회, 문화, 노동, 예술, 법조계에서 활발하게 일하고 있다.

그런데 커뮤니케이션 이론에는 '먼저 들어간 정보가 나중 들어간 정보를 지배한다'고 한다. 젊은 날에 읽었던 불온 서적들은 아무리 세월이 지나가도 여간 고쳐지기가 쉽지 않다. 심지어 신학자나 목회자들까지도 이런 사상을 가진 자들이 없지 않다. 물론 그때의 사상이 너무나 잘못된 줄 알고 전향하는 이들도 많았다.

민심은 천심인가?
신학에서도 비슷한 말이 있다. 즉 백성의 소리(Vox populi)와 하나님의 소리(Vox Dei)가 있다. 백성의 음성도 물론 귀하다 할 것이다. 하지만 먼저 하나님의 음성을 듣고 난 후에 백성의 음성을 들어야 한다는 것이다. 하나님의 음성은 곧 하나님의 말씀이다. 하나님의 말씀은 곧 하나님의 뜻이다. 하나님의 말씀은 우리의 신앙과 생활에 유일한 표준이다. 그런데 사람들 중에는 양심에 따라서 살면 된다고 한다.

하지만 성경은 인간의 양심을 귀히 보지만, 인간의 양심도 '화인 맞은 양심'이라고 한다. 모두들 양심적이라고 하지만 그 양심도 자기식대로의 부패된 양심이다. 성경은 '인간은 전적 타락했기에, 하나님의 말씀의 빛 가운데 서만이 자기를 옳게 알 수 있으며, 하나님의 말씀은 우리의 삶의 등불이요 빛이 되신다'(시 119:105)고 말한다. 그런 까닭에 목사, 장로, 집사, 권사 모든 평신도들은 '하나님의 음성(Vox Dei)'을 먼저 들을 줄 아는 자들이 되어야 한다. 특히 목회자가 깨어나서 '하나님의 음성'을 듣고 우리 대중들의 갈 길을 제시해야 한다.

민심은 천심인가?

그럴 수도 있고 그렇지 않을 수도 있다. 민주주의란 국민의 뜻이 절대적이라고 한다. 특히 '민주주의는 국민을 위한(For), 국민에 의한(by), 국민의(of) 정부라야 한다'는 아브라함 링컨의 말은 옳다. 그러나 링컨은 그 전에 하나님의 음성을 들으려고 했고, 하나님의 음성 곧 하나님의 말씀을 표준으로 했다. 오늘 같은 시기에 우리는 '국민의 음성'(Vox populi)보다 '하나님의 음성'(Vox Dei)을 먼저 들어야 할 것이다.

23

감히 예배를 감시해!

　우환 폐렴 바이러스, 곧 코로나19로 말미암아 말 그대로 세계가 병들었다. 일상이 다 무너지고 사람들의 왕래가 끊기고, 기업들은 위기에 처했고, 소상공인들은 이미 곡소리가 나고 있다. 이것은 우리나라만의 일이 아니고 가히 세계적이고 지구적이다.

　도대체 왜 우리에게 이렇게 원치 않는 괴질이 왔을까? 의학계는 바이러스 변종 때문이라고 한다. 근래 들어 몇 년마다 이런 괴질이 전 세계적으로 돌아 왔으나, 금번 코로나19는 온 세상 사람들의 삶의 패턴까지 완전히 바꾸어 버렸다. 세계는 전염병 예방을 위해서 한국 정부와 의료진들의 신속한 대응으로 어려운 위기를 슬기롭게 극복하는 사례로 우리 대한민국을 세계의 모델케이스로 치켜세우고 있다. 이러한 위급한 상황 가운데서 대한민국이 세계로부터 질병 퇴치의 본보기가 될 수 있었던 것은 한국 정부의 질병본부, 의사, 간호사, 소방대원, 자원 봉사자들의 노고가 아니고는 있을 수 없는 일이다.

이번 코로나19 사건으로 우리가 새롭게 깨달아야 할 것이 있다. 우리 인간은 지금까지 눈으로 보는 것만이 전부이고, 눈으로 보는 것만으로 모든 것을 판단하는 가치 기준을 세워 왔다. 그러나 눈에 보이지 않는 세계도 있다는 것이다. 눈에 보이지 않는 것은 현미경으로 볼 수 있는 세계가 있는데, 그것이 곧 바이러스의 세계이다. 그리고 물리학의 초 미세한 원자는 전자 현미경으로라야 볼 수 있고, 천체 망원경으로는 은하계를 관찰한다고 들었다.

그런데 믿음으로 보는 세계도 있다. 눈에는 보이지 않지만 '믿음은 바라는 것들의 실상이요 보이지 않는 것들의 증거'를 가지고 있다. 믿음으로 세계가 하나님의 말씀으로 창조된 것을 알 수 있고, 믿음으로 역사의 배후에는 하나님의 섭리와 주권이 움직이는 것을 알 수 있다. 그러므로 믿음의 눈으로 보면 분명히 이번과 같은 코로나19라는 전염병에도 하나님의 특별한 뜻이 있다. 오늘의 사태는 인류가 하나님을 배신하고, 과학의 바벨탑을 세워, 인간 자신이 하나님으로 등극하는 상황에 대한 하나님의 심판과 징계로 보고 싶다. 사실 세계 언론의 보도가 오직 코로나19로 집중되어 있어서 그렇지, 지금 아프리카는 메뚜기와 황충으로 말미암아 수십 개 나라가 초토화되고 있다.

역사적으로 보면 성경의 홍수 심판도 있었고, 이스라엘 백성이 출애굽을 할 때, 하나님은 저항하는 애굽의 바로를 향해 10가지 재앙을 내리셨다. 그때도 전염병과 메뚜기 등 여러 가지 재앙 등으로 애굽을 심판하고 이스라엘 백성을 해방시키셨다. 그 외에도 중세 때는 흑사병으로 인류의 삼분의 일이 죽어갔던 일도 있었다. 성경 예레미야서에는 15곳에 걸쳐 유다를 심판하실 때 하나님은 칼과 기근과 전염병을 통해서 진노하셨다고 기록되어 있다.

이번만 해도 그렇다. 중국 우환에는 코로나19사건 이전에 시진핑이 중국몽(中國夢)을 실현한다고 우환을 비롯해서 전국적으로 교회의 십자가를 다 불태우고, 포크레인으로 교회 첨탑을 부수고 교회들을 폐쇄했다. 그리고 한국의 선교사들을 모두 추방했다. 이 천인공노할 만행이 백일하에 드러났고, 시진핑과 중국 공산당의 꿈을 이루기 위해 이 같은 악행을 해왔는데, 하나님의 진노가 없다면 오히려 그것이 더 이상하지 않겠는가! 또한 그 우환에 한국의 대이단 신천지가 활동했고, 중국에 있는 이단들과 함께 교류했고 함께 훈련을 하다가 대구에 병균을 옮겨 이 난리가 난 것은 보도를 통해 이미 밝혀졌다. 그래서 정부는 이단 신천지 집회에 제재를 가했는데, 그 불똥이 대구와 경북 교회들과 한국 교회에 유탄이 되었고, 대구 교회들은 드디어 주일 예배를 잠정적으로 드리지 않겠다고 약속하고 실행해 오고 있다.

지금 대부분의 한국 교회들이 온라인을 통해서 예배 장면을 송출하고 있다. 이걸 예배라고 할 수는 없지만, 그나마 환난 중에 목회자와 성도들이 소통할 수 있는 유일한 방법이라고 생각한다. 하지만 일부 교회에서는 전과 같이 정상적으로 예배드리는 곳도 많다. 그런데 그제 총리께서 "두 주 동안 예배를 전면금지 하라!"는 행정 명령을 했고, "불응시에는 구상권과 공권력을 발동하겠다."고 강력히 선포했다.

지금까지 우리 교회들이 자발적으로 공 예배를 드리지 않았던 것은 국가의 전염병 퇴치에 협력한다는 의미도 있지만, 사실은 교회로서 우리 이웃의 안전을 위한 배려 차원이 더 컸다. 그러므로 정부는 이렇게 적극적으로 협조한 교회들에게 격려와 칭찬과 감사를 해도 시원치 않을 터에, 정부 시책에 어긋나면 법적 조치를 하겠다고 하니 기가 막힐 노릇이다. 그런데 내가 지난 한 달 몇 곳을 돌아본 결과로는 구청 직원 또는 동 직원이 크고 작은 교회들을 찾아다니며 외부인 출입이 있는지, 예배를 드리고 있는지 감시 감독하고 경고문까지 부착하고 다녔다는 충격적인 소식도 들었다.

이뿐만 아니다. 공영 방송들은 앞 다투어 정부의 행정 명령을 특집으로 기획해서, 마치 교회가 전염병의 온상인 듯 프레임을 만들어 감시, 감독하려는 것은 이 기회를 통해서 기독교를 통제하겠다는 뜻으로 보여지고 있다. 만약 교회가 예배를 강행하면, 그런 교회는 정부의 행정 명령에 불응한 교회로 간주하고 엄중 조치하겠다고 했다. 이는 정부가 교회를 통제하려는 것과 같은 오해를 불러일으킬 수 있다. 차라리 각 교단장이나 지역 교직자회가 있으니, 그 기관장에게 협조를 구하면 될 일을 가지고 총리가 방송에 나와서 예배를 하라! 마라! 하고, 지자체장은 명령하기를 예배에 참석하는 자에게는 300만원의 벌금을 물리고, 예배를 강행할 경우는 형사 처벌을 한다고 했는데 이는 엄연한 종교 탄압에 가깝다. 큰 교회도 교회이고, 수십 명이 모인 작은 개척 교회도 교회이다. 정부는 공공연히 "예배를 강행한다."라는 문구를 사용하고 있는데, 예배는 강행하는 것이 아니라 그냥 성삼위 하나님께 드리는 것이다.

크리스천들에게 있어서 '교회는 예배가 생명이다.' 우리는 다만 그 생명을 지키려는 것뿐이다. '교회의 머리는 예수 그리스도'이시다. 정교분리의 본 뜻은 '정부가 교회를 통제 할 수 없도록 하는 것'이 본래 토마스 제퍼슨 대통령(미합중국 3대 대통령)의 뜻이다.

그런데 감히 구청 직원과 동 직원이 그리스도의 몸된 교회를 감시해!

이번 정부의 극단적인 행정 명령 강행 조치는 과거 일본이 한국 교회에 신사 참배를 강요하던 군국주의 일본의 방식과 북한이 교회를 말살하려던 공산주의, 사회주의 방식으로 오해되기 쉽다.

24

예배 방해죄와 500만원의 벌금!

정부가 코로나19 확산 방지를 위해서 심혈을 기울이고 있는 모습이 전 세계 언론에게까지 알려지고 있다. 따라서 지방 자치 단체장들도 서로 경쟁적으로 코로나19와의 전쟁에 사활을 거는 듯한 모습이 참으로 보기 좋다. 이처럼 우리 한국은 미국과 유럽에 비해 발 빠르게 대처하는 능력이 돋보이고 있다. 이는 재난에 익숙한 한국으로서는 어쩌면 잘 훈련된 예비군처럼, 일사불란하게 움직이고 협력해 온 이유도 될 것이다. 물론 한국은 세계에서 가장 좋은 '의료보험제도' 덕을 이번 기회에 톡톡히 재미를 보고 빛을 발했다.

그러나 코로나19 사태가 언제까지 갈는지? 이것이 언제쯤 종료될는지? 아무도 예측할 수 없다. 그런데 이런 국가적이고 세계적인 재난을 아주 기가 막히게 이용하는 것이 또한 정치다. 중국 공산당은 우환 폐렴균을 중국에서 일어난 것이 아니고, 미국에서 일어났다고 거짓 프레임을 만들고, 자기들은 가장 적절한 대응으로 코로나19를 조기에 수습했다고 공산당의 선전 매체를 통해서 홍보하고 있다. 과연 중국 공산당 다운 순발력이다. 하지만 시진핑이 이끄는 중국 공산당의 너스레를 세계는 더 이상 믿지 않고 있다. 이에 비하면 한국은 민주적이며 개방적이라고 세계는 우리에게 후한 점수를 주고 있다. 더구나 드라이브스루 선별진료소 같은 기발한 검사로 세계의 부러움을 사고 있다.

그런데 우리 정부는 코로나19를 잡고 안정시키겠다는 열심이 특심했던지 아주 이상한 정책을 연일 내놓고 있다. 그것은 총리가 TV 앞에서 아주 굳은 얼굴로 단호한 의지를 표명하면서 "앞으로 2주 동안 종교 집회를 하면 구상권을 청구할 것이고, 법에 의해서 처벌되고, 예배 참석자에게도 300만원의 벌금을 물리겠다."고 얼음장을 놓았다.

헌법에도 없는 것을 총리가 하고 있다. 그것은 엄연히 위헌이다. 총리의 뜻을 우리가 모르는 것이 아니지만, 코로나19 사건을 교묘히 이용해서 교회를 무슨 범죄 집단으로 몰고 가는 듯해서 가슴이 아프다. 중국의 예에서 보듯이 정부의 브레인들은 이 사건을 정치에 교묘히 이용하는 듯이 보인다.

그제 사랑제일교회 성도들이 예배당으로 모여드는 사람들 앞에서 경찰들이 진을 치고 있었고, 예배를 드리지 못하도록 경찰들이 방해하기에 성도들로부터 욕설을 받았다고 한다. 그런데 방송들은 하나같이 전부 경찰에게 항거하고 꾸짖는 성도들을 공권력에 대항하는 집단이라고 연일 몰아가고 있었다. 하기야 정치권의 입장에서 보면 코로나19의 확산 금지라는 절체절명의 위기 앞에 그 교회 성도들이 정부의 지시를 따르지 않고, 밤낮없이 모여 예배드리는 교회가 표적이 될 만 했던 것이다. 그러나 그 교회의 입장에서 보면 정부가 담임 목사를 말도 안 되는 법조문을 걸어서 무고히 감옥 생활을 시키고 있는데, 어떤 성도가 밤낮없이 하나님께 애원하고 부르짖지 않겠는가? 그러니 사랑제일교회의 입장에서 보면 이는 당연한 것이다. 이는 그 교회를 표적 삼아 모델케이스로 한국교회를 탄압하려는 의도라고 볼 수밖에 없다.

나는 그 교회를 가 본 일도 없고, 그 교회 목사와 일면식도 없지만, 그들은 오늘의 정치권 지도자 못지않게 나라와 민족, 국가를 사랑하는 사람들임에는 틀림이 없다고 본다. 만약 그 교회에서 코로나19가 발생했다면 거기에 대한 책임을 물으면 될 것이다. 그런데 그 교회 앞에서 경찰들이 데모를 진압하듯이 성도들에게 예배를 못 드리도록 하는 것은 우리나라가 시진핑의 공산당이 이끄는 중국도 아닌데, 목회자의 한 사람으로서 참으로 너무 한다 싶다. 총리의 '긴급 명령' 자체가 행정 우선주의 논리라고 하지만, 이는 헌법에도 없는 것이다. 그러므로 이번 총리의 성급한 발언은 정부의 '초헌법적 민낯'을 들어낸 것이라 할 것이다. 어제 제주도 어느 성도가 줄자를 가지고 직접 제주도 사회 복지부를 찾아가 '직원들이 2m 이상 떨어져 일하는지를', 그리고 '마스크를 착용하고 있는 지'를 살폈다. 그런데 공무원들은 아무도 마스크를 착용하지 않았음은 물론, 그렇게 외치던 사회적 거리두기도 지키지 않고 있었다. 정부의 이중적 모습이 백일하에 드러난 것이다.

정부는 알아야 한다. 우리 교회에도 헌법이 있다는 것을 말이다. 대한예수교장로회 헌법은 1901년에 제정되었다. 그러니 1948년 우리나라의 헌법이 공포되기 이전에 이미 교회 헌법이 존재해 왔다. 그 헌법 안에 '예배 모범'이 있고, 어떻게 주일 예배를 드릴 것인가에 대한 메뉴얼이 기록되어 있다. 그러므로 교회에서 예배를 드리는 것은, 성삼위 하나님의 법이고, 교인의 의무이고 책임이다. 그럼에도 불구하고 코로나19의 확산으로 어려운 국가적 재난의 위기 앞에 일부 교회들은 주일 예배를 드리는 대신에 목사가 영상으로 예배를 인도하면서 지금까지 정부에 협력해 왔다. 물론 영상 예배는 우리 헌법의 예배 모범대로 하면 예배라고 할 수는 없다. 하지만 어느 교회들은 자기들의 신앙의 양심에 따라서 계속 예배를 드리고 있었다. 그러면 정부는 그분들의 신앙의 자유도 인정해야 한다. 정부가 아무리 코로나19 확산 금지를 지상 과제로 삼는다 해도 이번 일은 무리수를 둔 것 같다.

정부와 지자체는 무엇이 두려워서 무장 경찰들이 교회를 포위하고 예배를 방해하는가? 교회 헌법에도, 대한민국 헌법에도 예배 방해죄가 명문화되어 있다. 한국 교회는 그들에게 예배 방해죄를 적용해야 한다. 대한민국 형법 158조에 '장례식 제사, 예배 또는 설교를 방해한 자는 3년 이하의 징역 또는 500만원 이하의 벌금에 처한다'라고 되어 있다. 우리는 그 법을 사용해서 법적 조치를 해야 한다. 또 수많은 중대형 교회가 영상 예배를 하면서 정부에 협력하고 있는데, 정부는 왜, 목사님들의 영상 예배(설교)를 모니터링하고 있는가! 그 실례로 JTBC는 어느 목사님의 설교를 그대로 모니터링해서 치명상을 입혔다고 한다.

정부는 목사님들의 설교를 분석해서 무엇에 쓰려는지 모르겠다. 그 옛날 일본 형사들이 교회에 잠입해서 목사님들의 설교를 체크해서 감옥에 보내던 1940년대 전후를 생각해본다. 그 후에는 공산당이 또 그 짓을 해서 목사들을 감옥에 보냈다.

교회의 개혁자 요한 칼빈(John Calvin)은 그의 예레미야 주석 5권 235에 쓰기를, "하나님께서는 그의 예배가 조롱당하는 것을 오래 참을 수가 없다."라고 경고했다.

정부는 오늘의 목사님들의 영상 예배(설교)까지 모니터링하고 있다.
감히 설교를 모니터링해!
무엇에 쓸려고?

25

코로나 정치와 교회

코로나19 바이러스가 전 세계를 온통 뒤덮고 있다. 벌써 7개월째이다. 세계 각국의 선교사들의 보고에 의하면, 지금 다른 나라의 상황은 형편이 없다고 한다. 특히 남미에서 카톡과 전화로 전해온 소식에 의하면, 코로나로 죽은 시체를 묻을 곳이 없다는 비참한 소식을 들었다.

선진국이란 나라들도, 눈에 보이지도 손으로 만져지지도 않는 세균을 막지 못해서 전전긍긍하고 있다. 특히 미국은 개인주의 발달로 통제가 되지 않아, 코로나 바이러스가 계속 확대되고 있다. 특히 가난한 사람들은 의료 혜택을 못 받아 지금도 수없이 죽어가고 있다. 트럼프 대통령은 코로나보다 코앞에 닥친 대선에 필이 꽂혀 큰 어려움에 처해있다. 하지만 한국은 중국인을 받아들이는 과정에서 초기 대응에 실패했지만, 전국의 의료보험 정착과 잘 훈련된 질병관리본부와 의사, 간호사, 119 대원들의 눈물 어린 헌신으로 코로나19 확장을 최소화하게 된 것은 참으로 다행스럽고 감사한 일이 아닐 수 없다.

그러나 코로나19가 장기화 되면서, 한국의 정치적 상황과 맞물려 코로나 방역을 핑계로 점차 정국이 묘하게 돌아가는 듯하다. 지금 정부는 무엇에 쫓기는 듯, 어떤 목적을 향해 멈출 수 없는 열차를 타고 질주하는 듯하다. 그래서 그들은 앞뒤 돌아보지 않고, 어떤 소리에도 귀를 막고 힘차게 달리고 있다. 그들은 누구의 충고도, 비판도, 개의치 않고, 그냥 한 목표를 향해 돌진하고 있다. 도리어 충고나 비판자들을 적폐(積弊) 세력으로 몰거나, 반동으로 몰아가고 있는 실정이다. 그동안 정부는 여러 가지 일들로 곤혹스러웠다. 요직에 있는 자들 중에 부정부패에 연루된 사람이 한 둘이 아니었다. 그런데 이상하게 재판부와 언론이 그들을 엄호하여, 불의가 정의로 둔갑하고, 부정이 진실로 뒤바뀌는 참으로 요상한 세상이 되었다.

이제 우리나라에는 비판 세력이 아무 곳도 없다. 그래도 지금의 상황에서 조직화된 비판 세력은 교회가 가장 크다 할 것이다. 그러나 중·대형 교회의 착한 목회자들은, 교회 자체를 환난으로부터 지키려는 것 때문에, 정의 사회나 자유 민주주의 국가를 지켜야 하겠다는 불타는 마음은 별로 없는 듯하다. 혹은 있다 해도 머리 밀린 삼손처럼 아무런 힘이 없다. 모두가 중도란다.

하지만 자유 민주주의와 시장 경제를 사수하고, 정의와 평등에 목말라 하는 국민들은 지금 전국적으로 들불처럼 일어나고 있다. 이들을 이끄는 지도자들 중에는 깨어 있는 기독 지성인들이 여럿 있고, 그들과 뜻을 함께하는 연약한 교회들이 참으로 많다. 반면에 제법 잘 나가는 교회 지도자들이나, 자칭 지도자요 지성인들은 민초들의 울부짖음을 외면할 뿐 아니라, 그들을 멸시하고 오히려 보수주의에 먹칠을 하고 있다고 하면서 시큰둥하고 있다. 뿐만 아니라 자칭 보수주의를 말하는 지도자들은 국민들의 거대한 함성을 외면하고, 손가락질하고, 침묵으로 일관하면서 적당히 타협하는 기회주의자들도 참으로 많다.

지난 8·15일의 광화문 광장은 전국 각처에서 버스와 기차를 타고 몰려든 100만 애국 시민과 민초들로 가득했다. 그리고 그들은 폭우가 쏟아지고 있는데도, 피를 토하듯 불의와 불법을 탄핵하고, 해방 75년, 건국 73주년을 맞아 가슴에 응어리진 불같은 외침을 쏟아냈다.

해방과 정부 수립의 기쁜 날에 그들에게는 눈물이 비가 되어 흐르는 참으로 슬픈 날이었다. 같은 시각에 광복회 회장이란 자가 대한민국을 세운 이승만은 민족의 반역자라고 외쳤고, 그것을 모든 지방에 전달했다고 방송은 대서특필했다. 우리나라는 이제 한 번도 경험하지 못한 나라가 되어가고 있다. 그럼에도 중·대형 교회 목사와 장로들은 꿀 먹은 벙어리가 되었다.

때마침 정부는 어쩌자고 코로나19를 빙자하여 주님의 몸된 교회와 주의 종들을 대적하고 있는지 모르겠다. 사실 교회만큼 코로나19 방역에 모범적인 곳도 없다. 내가 출석하고 있는 교회만 해도, 철저한 건물 내 소독과, 출입하는 성도들의 손 소독, 열 체크, 마스크 착용, 거리두기 등을 지나칠 만큼 정부 시책 또는 질병관리본부의 수칙대로 지키고 있다. 그런데 무슨 의도로 정부와 언론은 마치 교회가 코로나19의 온상인 듯 계속 프레임을 만들어 선동하고 방송하고 있으니 기가 막힐 노릇이다. 거기다가 공무원을 파송하여 모든 교회들의 집회를 점검하고, 목회자들의 설교를 모니터링한다고 들었다.

사실 지난 주간 나는 유명한 식당 세 곳에서 식사를 해보았다. 그런데 그 세 곳은 모두가 맛집인지라 손님들로 빼곡했고, 어느 식당에서도 거리두기와 손 소독은 이루어지지 않고 있었다. 들리는 말로는 모든 유흥업소들은 어디에도 방역 원칙을 지키지 않고 있다고 한다. 엘리베이터만 해도 그렇다. 사회적 거리두기를 원칙으로 한다면, 엘리베이터는 두 사람만 타야 할 것이다. 그러나 실제로 보면 10명 이상이 몸을 부딪칠 정도로 타고 있다. 또한 정부의 어느 부서도, 사무실, 식당들은 교회에서 지키는 정도의 방역을 하지 않고 있다.

그런데 8·15 전후, 정부 시책을 비판하는 교회에서 수십 명의 코로나 확진자가 나왔다고 언론들은 대서특필하고, 다음 날 언론들은 기다렸다는 듯이 '190여 명의 확진자가 나왔으니, 그 교회 목사를 방역법 위반죄를 물어 구속하라'는 모든 권력자들의 말에 맞장구를 쳤다. 결국 그 교회는 코로나19 방역을 위반했다는 이유로 폐쇄되고 말았다. 코로나로 전 교인과 목회자를 격리하도록 경찰이 들이닥친 것은, 공권력이 교회를 탄압한 본보기라 할 것이다.

그럴리야 없겠지만, 코로나를 빙자해서 목사들의 입에 재갈을 물리고, 교회에 손을 보고 탄압한 모델이 아닐까? 우리나라가 코로나 정치로, 중국 공산당의 전철을 그대로 밟고 있지는 않는지 심히 우려된다. 작년에 중국 공산당 놈들이 포크레인으로 교회의 철탑을 무너뜨리고, 교회를 불태우는 장면이 자꾸만 생각이 난다.

하나님은 역사의 주인이시요, 심판자이시다!

26

독도는 한국 땅(Korea Territory)이다

    2017년 8월에 나는 KBS, MBC, SBS, YTN, CBS, CTS 등 텔레비전 방송 기자와 동아, 조선, 중앙, 한국, 경향, 국민 등 중앙지와 지방지, 기독교 주간지 등 모든 기자들을 '한국칼빈주의연구원'에 초청해서 '독도는 한국 땅'이라는 주제로 기자 회견과 발표를 했다. 그러나 기자들은 모두가 헤드라인을 뽑기를 내가 '독도는 우리 땅이다'라고 말했다고 썼다. 아마도 어느 가수가 이 노래를 30년 이상 불렀기 때문에 한국 사람은 '독도는 우리 땅'이란 것으로 머리에 인식되었는지 모른다. '독도는 우리 땅'이란 말은 당연하고 맞는 말이지만, 이것은 논리적인 말이 아니고 주관적 말이 된다.

    그 후 2017년 10월 24일에 KBS 아침마당에 초대 받아 또 다시 독도는 한국 땅이라는 논리를 전개했다. 당시 아침마당 MC는 나를 소개할 때 신학자이자, 역사학자이고 서지학자라고 말했다. 사실 나는 독도 연구가는 아니지만 개혁주의 신앙이 한국에 어떻게 뿌리 내렸는지를 연구하는 중 과거 일제의 신사 참배를 반대한 순교자의 걸음을 연구하다가 자연히 일제의 만행을 연구하게 되었다. 그래서 독도와 관련된 서양 고지도를 60여 장 소유하게 되었고 이를 분석했다. 말하자면 고등어 잡으려다가 쳐놓은 그물에 갈치가 올라온 셈이다.

사실 한국과 일본은 가깝고도 먼 나라이다. 일본은 한국을 지배했었고, 한국은 지배를 당했던 나라이므로, 독도 문제가 두 나라 사이의 늘 현안 문제로 남아 있다. 그런데 일본 학자들은 독도가 일본 땅이라 하고, 한국은 독도가 우리 땅이라고 한다. 그런데 일본에서는 1900년 이후의 자료를 내놓고 독도 즉 다케시마가 일본 땅이라고 우긴다. 그러나 이 시기는 일본이 한국을 찬탈하고 지도의 색깔을 바꾼 후다. 더욱이 그들은 자기들이 불리한 고지도는 수장고에 감추고, 자기들 유리한 자료만을 사용한다. 우리도 마찬가지다. 우리의 불리한 자료는 낼 필요가 없다.

그런데 내 주장은 이랬다. 한국과 일본이 축구 시합을 하면 심판은 누가 보는가라고 제시했다. 당연히 심판은 피파가 본다. 그러면 피파의 종주국은 영국, 독일, 프랑스 등이다. 그래서 나는 1700년대부터 1900년대 초까지 사력을 다해 서양 고지도 60여 장을 모아 분석해보니, 독도는 한국 땅이라는 것이 명백하다는 논리였다. 지금은 한일 간이 무역 전쟁으로 가고 있다. 하지만 또한 그것은 지도 전쟁이고, 자료 전쟁이기도 하다. 나는 35년 전부터 일본의 고배, 오사카, 동경 등에서 신학교와 교회에서 설교와 특강을 했다. 일본에서도 일제의 한국 침략을 부끄럽게 생각하고 진심으로 사죄하는 사람들을 많이 보았다. 하지만 일본의 정치권과 우경화에 빠진 사람들은 아직도 한국을 무시하고 우월감을 갖고 있다.

언젠가 한국의 선교 대부인 조동진 박사의 말이 기억난다. "한국이 장두칼이라면, 일본은 면도칼이다."라고 했다. 우리 한국은 감정적이고, 즉흥적이고, 역동적인 반면 논리가 부족하다. 그러나 일본은 논리적이고 철저히 계획적이며 겉 다르고 속 다르다. 사실 일본의 침략과 독도 찬탈은 1870년 강화도 조약(조규) 7조에 나타났다. 즉 '조선 연안에 섬과 암초들이 많아 배가 다니기 불편함으로 일본의 기술이 조선의 섬들의 높낮이 물 깊이를 측량해서 배들이 서로 잘 다니게 하자'고 했다. 조선 찬탈의 발톱을 드러낸 것이다. 그때 우리 조정은 조약이 뭔지도 몰랐고 고종 황제는 22세로 어렸다. 일본은 당시 기선을 가졌고 우리는 돛단배뿐이었다.

한국 조정은 일본의 침략 야심에 당했다. 그 후 그들은 다케시마는 일본 땅이라고 우겼다. 우리나라는 3418개의 섬이 있다. 그 중에 3분의 1일 유인도이고 나머지는 무인도다. 일본은 섬이 6,000개가 넘는다. 그럼에도 독도 영유권을 계속 주장하는 것은 대륙 찬탈의 교두보 구축 때문이다. 한국에서 독도 연구가는 거의 아마추어들이다. 플래시 몹이나 하고, 머리띠를 두르고 고함치는 것도 좋지만, 논리는 논리로, 자료는 자료로, 기술은 기술로, 과학은 과학으로 싸워야 한다. 내가 '독도는 한국 땅이다'라고 각종 언론 매체에 등장하니, 문체부와 외통부 직원들이 내게 직접 찾아오고 격려하였다. 몇 년 후 전화 해보니 모두 다른 부서로 전출해 가버리고 없었다. 외교전, 사상전에도 평생을 매달려 연구하는 전문인이 필요하다. 국가에서 나라를 지키려는 전문 연구가가 없다니 심히 걱정된다. 지금은 전쟁 중이다. 전쟁은 확실한 논리와 근거와 계획과 준비가 필요하다. 독도는 한국 땅이다.

27

Syngman Rhee

    최근에 광화문을 이승만 광장으로 명명하는 그룹이 생겼다. 뿐만 아니라 이승만 동상과 기념관을 만들기 위한 캠페인도 벌어지고 있다. 몇 해 전에는 연세대학교 이승만 연구소가 주관하여 이승만 박사 자료전집 출판 계획이 이루어지고 있다고 들었는데, 아마도 그 일이 잘 진행되고 있는 줄 알고 있다. 한 인물을 평가하는데도 그가 가진 세계관, 가치관과 신앙관에 따라 서로 다르다. 그래서 역사를 평가하는 데 있어 그가 가진 정치적 입장과 역사관이 아주 중요하다고 본다. 지난 70여 년 동안 이른바 역사학자들과 교육가, 정치가들은 이승만 폄하하기와 이승만 죽이기를 해왔다. 바로 이승만 지우기와, 이승만 비판이 마치 애국인 듯 회자되고 있었다.

    또 그동안 이승만이 새운 대한민국은 이 땅에 태어나지 말아야 할 나라라고 선동하는 자들도 많았다. 두말할 필요 없이 지난 70여 년 동안 북쪽의 선동 선전이 세작들을 통해서 의식화 된 사상 체계를 만들었고, 이른바 민족주의를 앞세워서 우리 민족끼리 새로운 세상을 만들고자 하는 이데올로기를 만들었다. 그래서 김일성 종교의 붉은 전도사들이 이승만 하면 무조건 3.15부정선거, 독재자 프레임을 만들어서 교육했다. 급진주의자들은 더 나아가서 이승만이 남북 분단의 원흉으로 치부하고 있다. 상대적으로 남북 좌우 합작을 부르짖다가 공산당에게 속은 민족 지도자 김구 선생은 존경의 대상이자 민족의 영웅으로 높였다. 그리고 효창공원 안에 아름답고 웅장한 기념관도 있다. 하지만 평생을 독립운동에 몸 바치고 임시 정부의 대통령이자, 대한민국의 초대 대통령은 말도 안 되는 말을 만들어 배척하고 있는 것이 오늘의 대한민국 현실이다.

금년에는 임시 정부 100주년이라고 큰 행사를 하면서도 정작 대한민국의 건국은 말하지 않는 것은 참으로 이상하기 짝이 없다. 요즈음 우리나라는 임시와 정시를 구별도 하지 못한다. 1945년 8월 15일 뉴욕타임스(New York Times) 조간 일면 톱기사는 '대한민국(Republic of Korea)이 탄생되다' 이승만 박사에 의해서 '자유', '민주주의' 국가가 출현했다고 분명히 썼다. 오늘의 정치권이 임시 정부의 의미와 역할을 강조하는 것은 고마운 일이지만, 대한민국의 건국일도 잊어버리니 마치 임신한 날을 생일날로 우기는 코미디같다.

나는 1980년대 중반, 그러니까 35년 전에 이승만 박사의 사저였던 '이화장'에 가서 예배 인도를 했다. 영부인이었던 프란체스카 도너 리를 비롯해서 양자 이인수 박사, 며느리 조혜자, 그리고 평소 이승만 박사의 유지를 받드는 몇몇 지인들과 함께 모여 예배를 드렸다. 하도 오래되어 내가 무슨 성경을 읽고, 어떤 설교를 했는지 기억이 나지 않지만, 국부이신 이승만 박사의 유족을 위로하고 격려했다. 그 후 이승만 박사와 프란체스카 여사의 사생활이 담긴 물품을 둘러보는 중에 경무대 시절, 떨어진 양말을 꿰매어 신은 것을 보고 마음이 울컥했다. 이승만 죽이기와 이승만 지우기에 앞장섰던 정치꾼, 언론인, 역사학자, 교수들, 문학 작가들 모두가 입만 열면 이승만을 3.15부정선거, 독재자, 부정 축재자라고 입에 거품을 물지만, 이승만 박사는 마지막까지 청빈하게 나라의 독립, 자유 민주주의 국가를 사수하고 나라를 위해 기도하던 어른이었음을 깨닫고 난 후, 나는 나름대로 이승만 변호에 관심을 갖게 되었다. 그래서 나는 자연스럽게 이승만 박사의 사료 수집에 최선을 다했다. 심지어 이승만 박사의 하와이 독립운동 하던 곳을 세 번이나 방문했고, 하와이 대학 동서센터(East West Center)에서 상당한 자료를 발견했다. 그 후에도 이승만 박사가 마지막 공부하던 프린스턴 대학교와 신학교를 십 여 차례 방문했고, 휴스턴의 남감리교 대학(SMU)에 가서 자료를 모았다.

나는 큰 결심을 하고, 이승만이 미국에서 공부했던 학교들을 다시 방문하기로 했다. 금년 봄 나는 프린스턴 신학교 총장에게 편지를 보냈다. 9월 중에 방문할 터이니 이승만의 프린스턴 대학에서 박사 학위를 받기 전에 프린스턴 신학교에서 공부하던 때의 모든 자료를 준비해 달라고 했다. 드디어 9월 20일 금요일 프린스턴 신학교 총장실에 들렀더니, 이미 총장 비서와 스텝들이 모든 자료를 준비하고 나를 기다렸다. 우선 이승만 박사는 프린스턴 대학교에서 박사 학위 공부하기 전에, 신학을 공부한 학적부를 볼 수 있었다. 프린스턴 신학교 때 이승만이 기거하던 기숙사 핫지 홀(C. Hodge Hall)에 들어가서 3층 이승만이 공부하던 방에 들어갔다. 침대와 책상은 그대로 있었다. 나는 그 자리에서 사진도 찍었다. 만감이 교차되었다. 거기서 그는 기초 신학인 히브리어, 라틴어, 교회사, 변증학 등을 공부했다. 식대가 없었기에 이승만은 칼빈 클럽(Calvin Club)에서 무료로 주는 식권을 도움 받아 졸업 때까지 숙식을 해결했다. 그 후 그는 총장 윌슨의 도움으로 국제 정치학으로 박사(Ph. D) 학위를 받았다. 당시 이승만 박사의 사상적 스승은 아무래도 1902년까지 교장으로 있었던 프린스턴의 대칼빈주의 학자 비 비 월필드(B. B. Warfield) 박사의 영향을 가장 많이 받았으리라 짐작된다.

월필드 박사는 1898년에 화란의 아브라함 카이퍼(Abraham Kuyper)를 초청해서 그 위대한 스톤 랙쳐(Stone Lecture)를 하게 하고 '칼빈주의 강연'(Lecture on Calvinism)을 하게 했다. 즉 인간의 삶의 모든 영역에 하나님의 영광과 주권을 높이는 칼빈주의 사상이 프린스턴에 넘치던 시기였다. 즉 하나님의 주권은 신학과 신앙은 말할 것도 없고 정치, 경제, 사회, 문화, 예술 등 삶의 전 영역에 하나님의 주권이 역사한다는 사상인데, 이승만은 여기서 그것을 배웠을 것이다.

그래서 이승만의 꿈은 광복해서 나라를 세울 때 기독 입국을 가슴에 품었을 것이다. 또 당시에는 프린스턴 신학교의 성경 신학의 아버지 겔할더스 보스(Geerhardus Vos) 박사의 영향도 컸을 것이다. 이번 여행에 나는 보스 박사의 손주와 저녁 만찬을 같이 했다.

나는 이번에 1904년 이승만이 미국 가서 처음 신앙생활을 했던 교회를 찾아갔다. 여러 차례 이메일을 통해서 이승만 박사가 신앙생활을 했던 교회였던 국가장로교회(National Presbyterian Church) 도서 및 사료 담당 목사에게 이승만 족적을 찾겠다고 연락했다. 이 교회는 1795년에 스코틀랜드 언약도(Covenanters)들이 세운 교회로 이승만이 이곳에 도착했을 때 교회 이름이 '언약도 교회'(Church of Covenanters)였다. 당시 담임 목사님은 헴린(Tuenis S. Hamlin) 목사로서 이승만에게 세례를 주었고, 스코틀랜드 장로교회의 신학과 신앙을 가르쳤던, 미국에서 가장 큰 영향을 끼쳤던 목사였다. 그는 이승만을 조지 워싱턴 대학교와 하버드 대학교에 가도록 모든 정성을 다했다. 왜냐하면 그는 조지 워싱턴 대학교의 이사이자, 하버드 대학교의 이사장이었기 때문이다. 스코틀랜드 정통 장로교회였던 언약도 교회가 이승만을 키워냈고, 그에게 하나님 중심의 국가 건설을 할 수 있도록 도와준 것에 감사할 뿐이다.

한국의 국부, 독립운동가, 외교의 귀재, 불세출의 영웅, 대한민국을 기도로 세운 대통령, 자유 민주 대한민국을 세우고 기초를 놓은 이승만의 배후에는 하나님의 큰 손길이 함께 했지만, 미국에서 이승만의 학문과 독립운동을 기도와 물질로 도왔던 수많은 손길도 기억해야 할 것이다. 대한민국 만세!

28

미국 좌파, 한국 좌파

한국이 큰일이지만, 미국도 큰일이다!

미국의 대통령 선거로 말미암은 후폭풍이 미국 시민들과 세계를 놀라게 하고 있다. 거의 실시간으로 보도되는 미국 행정부의 소식이나, 주정부의 소식, 그리고 법조계의 소식들이 우리의 마음을 조마조마하게 하고 있다. 그럼에도 미국의 주류 언론들은 아무 일도 없었다는 듯이 매일 같이 가짜 뉴스를 쏟아내고 있다. 덩달아 한국의 모든 주류 언론들, 방송들, 일간지, 주간지 할 것 없이 미국 언론들을 그대로 베껴 미국은 정상적으로 돌아가고 있는데, 트럼프 대통령과 몇몇 사람들이 공연히 선거에 불복하고 트릭을 쓰는 듯이 보도하고 있다.

미국은 영국의 청교도들이 세운 나라이다. 1620년 신앙의 자유를 찾아 청교도들이 신대륙에 왔다. 그 후 8년이 지난 1628년에는 화란 개혁교회 성도들이 오늘의 뉴욕에 정착했고, 1700년 전후로 존 낙스(John Knox)의 후예들인 스코틀랜드 언약도 성도들이 미대륙에 건너왔다. 그리고 거의 같은 시기에 독일 개혁교회 성도들과 프랑스 위그노파(Huguenots) 성도들도 미국으로 건너왔다. 이들은 각각 서로 다른 배경을 가지고 신대륙에 왔지만, 청교도 정신과 자유 민주주의 국가를 세워 숱한 난관을 뚫고 독립 전쟁, 남북 전쟁을 거쳐 자유 민주주의 국가의 보루로, 세계의 경찰국가로, 전 세계에 복음을 증거하는 선교 국가로, 위대한 자유 민주주의 국가를 세웠다. 그리고 군사 대국, 경제 대국, 문화 대국, 자원 대국으로 전 세계 자유 민주주의의 모범 국가로 견인차가 된 초일류 국가였다.

우리 대한민국은 초대 대통령 이승만 박사에 의한 자유 대한민국을 세운 후에 지난 70년간 한미 상호 방위 조약으로 이 땅에 공산주의를 막아내는데 미국의 원조와 후원은 거의 절대적이었다. 그런데 이번에 알고 봤더니, 그동안 미국은 서서히 병들어가고 있었다. 그동안 우리가 알고 있던 하나님의 중심의 자유 민주주의 국가에 금이 가고 있었다. 그것은 이번에 밝혀진 대로 중국에는 9200만의 공산당원이 있었고, 중국 공산당의 첩자들이 미국 민주당의 모든 권력의 핵심에 접근해서 엄청난 자금을 뿌렸다. 특히 클린턴, 오바마 대통령들이 중국 공산당에 놀아났고, 주지사와 민주당 상하의원들 중에 지도자들을 돈으로 매수하고, 미인계로 유혹해서 모든 정보를 빼내어 중국으로 보낸 것이 백일천하에 드러났다. 돈 먹은 주지사들은 중앙 정부의 명령을 무시하고, 제멋대로 중국 공산당에 유리한 정책을 펼쳐나갔다. 그리고 연방 정부나 주 정부의 판검사들도 돈을 먹고 모두 중국 공산당에게 유리하도록 배신하고 있다. 심지어 악명 높은 마피아 대부 멀리노에게 돈을 주어 30만표를 훔치게 했다고 한다. 그러니 트럼프 행정부 안에서도 첩자들이 활동하고, 심지어 법무부 장관인 윌리암 바가 선거 부정을 파헤 칠 생각은 전혀 없고, 트럼프 대통령의 참모들도 다음 자리를 생각하고 요지부동이며 거짓말을 하고 있다.

기업가들도 중국과 거래하고 투자해서 공산당에 유리하도록 했다. 특히 CNN, 워싱턴포스트, ABC를 비롯한 미국의 방송 매체 등과 빅테크, 구글, 트웨트, 페이스 등도 중국 공산당의 엄청난 돈을 먹고 언제 그리 되었는지 워싱톤과 어깃장을 놓고 바이든과 힐러리, 오바마의 입 노릇을 하고 있다. 이런 소식을 듣고 있는 우리로서는 가슴이 조마조마하다.

트럼프의 발표에 의하면 미국의 난다 긴다 한다는 명문 대학에서는 오랫동안 공산주의 교육을 시켜왔다는 것이다. 미국의 자유민주주의를 틈타서 중국 공산당들이 미국의 공산화를 하려고 유학생으로, 사업가로, 기술자로 들어와서 모든 정보를 캐내어 중국으로 빼돌리고, 자본주의의 돈 맛을 아는 미국의 각계 각층의 인사들을 다 무너뜨렸다. 참으로 기가 막힐 일이다.

지금 나는 미국 이야기를 하고 있지만, 어쩌면 한국도 이미 미국과 똑같은 과정을 거쳐서 망가졌을 것이다. 그동안 한국도 미국처럼 대학에서 종북사상, 사회주의, 공산주의 교육이 평화통일이라는 이름으로 광범위하게 이루어졌다. 오랫동안 한국도 사회주의 사상가들이 모두 지성인 행세를 해왔다. 언젠가 SKY 대학의 역사학 교수님 한 분이 내게 말하기를 "목사님, 지금 한국의 SKY 대학의 인문, 사회 과학 교수들은 모두가 빨갛습니다."라고 했다. 충격이었다. 나는 40년 전부터 대학 총장을 했었는데, 그때 전두환 정권을 반대하면서 민주화 운동이 일어났다. 그런데 그 민주화 교육하는 자들이 모두 붉은 세력들이었다. 미국이나 한국이나 똑같은 과정을 밟아왔다. 어떤 이들이 말하기를 우리는 사상과 이데올로기를 초월해서 노동자, 농민들이 다 같이 잘 살자는데 뭐가 문제냐고 말한다. 그러나 국가나, 개인이나 가장 중요한 것은 올바른 세계관이요, 이데올로기요, 사상이다.

이 땅에 지난 40여 년 동안 대학에서 쏟아낸 사회주의를 표방한 공산주의가 모든 영역에 이미 거대한 공용이 되어 대한민국의 숨통을 조여 오고 있다. 미국 같은 자유 민주주의 국가요, 자본주의 국가를 중국 공산당들이 돈으로 매수하고 미인계로 옭아매었다. 그러니 미국 대통령으로는 아무도 믿을 자가 없게 되었다. 미국이 부정 선거로 대통령을 만들기도 하고, 국회 의원을 만드는 나라가 되고 있으니 참으로 서글프다. 그런데 미국 대선에 대한항공이 미국 대선에 가짜 투표를 배달했다는 보도가 있다. 미국도 큰일이고 한국도 큰일이다. 그저 기도할 뿐이다. 어서 워싱톤의 더러운 늪을 걷어내야 할 터인데, 공산당의 돈에 놀아나고, 미인계에 놀아나는 것은 미국이나 한국이나 크게 다를 바가 없다 싶다.

우리 모두 미국을 위해 기도하자! 미국이 정의가 강물처럼 흐르고, 자유 민주주의를 굳건히 지켜야 우리나라도 회복될 줄 믿는다.

29

개국공신(開國功臣)

　우리나라 역사는 새로운 왕조가 세워질 때마다 개국공신들이 생겨났다. 고려 왕조가 세워진 후에도, 이조 왕조가 세워진 후에도 새로운 왕권을 거머쥔 태조는 새 왕조 건설에 공(功)이 지대한 신하들과 장군들에게 큰 벼슬을 내리고, 땅을 하사해서 부를 누리도록 했다. 그리고 그들을 특별 대우해서 권력의 맛을 보게 했다. 한편 전 왕조를 지키려고 몸부림치던 충신들은 오히려 역적으로 몰아서 무참하게 죽이거나, 감옥에 종신형을 주거나, 외딴 오지에 귀향을 보내어 다시는 햇볕을 보지 못하게 했다.

　예컨대 고려 개국에는 태봉 왕이던 궁예를 쳐부수고, 왕건을 태조로 추대한 사람을 3등분해서 포상했는데, 이들을 가리켜서 고려의 개국공신이라 했다. 특히 3등 공신에는 무려 2000명을 책록해서 이른바 친위부대를 만들었다.

또한 이씨 조선을 개국한지 한 달 만에 공신도감(功臣都監)을 설치하고 이성계를 왕으로 추대하는 신하 중에 배주렴 등 44명을 1, 2, 3등급으로 나누어서 책록하고, 그들에게 벼슬을 높이고 토지를 주고, 노비를 내리는 등 여러 가지 특권과 특전을 베풀었다.

특히 일등공신 16인에게는 엄청난 땅을 나누어 주어서 이를 공신전(功臣田)이라 했고, 30명에서 15명의 노비를 지급했다. 뿐만 아니라 이등 공신 12명에게도 많은 토지와 10명의 노비를 배당받도록 했다. 그리고 삼등 공신 16명에게도 엄청난 토지와 7명의 노비를 하사했다.

이조는 이런 새 왕조를 옹위한 공신들이 양반 행세를 하고, 왕권을 배경으로 서민들을 착취했다. 그러니 이조는 몇몇 공신들의 끄나풀 외에는 모두가 노비였다고 할 수 있다. 특히 전 정권에서 새로운 왕조를 거부하던 사람들은 형장의 이슬로 사라지게 하거나, 재산을 빼앗고, 귀향을 보냈다.

나는 이런 공신 제도가 지금 자유 대한민국에 다시 부활되었다고 생각해 본다. 촛불혁명으로 왕권을 잡고, 그 왕권을 결사 옹위하는 사람들이 똘똘 뭉쳐 이 나라를 지배하고 있는 형국이다. 정권 창출에 공적이 있는 자들을 모두 정·관계에 진출시키고, 엄청난 부를 누리도록 제도화해 버렸다. 촛불혁명 운동에 공적이 있는 사람이나, 과거 운동권에서 활동하던 사람들을 세상이 바뀌니 모두 관료들뿐만 아니라, 국회 의원을 만들어 주고, 그보다 좀 못한 삼등 공신쯤 되는 자들은 그 수많은 국영 기업체들과 관변 단체에 장들을 만들어 대한민국의 특권 계급 즉 개국공신들이 되도록 했다.

개국공신에는 길거리에서 촛불 든 자들만이 아니고, 대학이나 중·고등학교에서 사회주의 사상을 가르치던 선생님들, 머리띠 띠고 노동 운동하던 사람도 모두 공신에 속하고 가짜 뉴스를 쏟아내던 언론들도 일등공신이 되었다. 개국공신들은 5·18 민주화 운동의 특별 공로로 막대한 특권과 혜택을 누리고 있다.

그래서 지금 민초들이 아무리 떠들어 봐도 정부는 마이동풍이다. 특히 군인도 말 못하고, 경찰도 말 못하고, 심지어 종교인들도 모두 꿀 먹은 벙어리가 되어 있다. 왜냐하면 오늘날은 힘이 정의이고, 권력 특히 공권력이 정의가 되었기 때문이다. 언론은 그냥 가짜 뉴스를 계속 보내고 있다.

지금의 대통령은 대통령이 아니고 제왕이다. 주변에는 제왕의 사상과 삶을 뒷받침해 주는 일등공신들로 포진하고 있다. '추(秋)는 추(醜)하게 되고, 조국(曺國)은 조국(朝國)을 생각했는지 몰라!'

자유 대한민국, 세계 10대 강국의 우리나라를 중국에 복속시키려는 희한한 철학을 가진 사람들이 제왕을 위해 결사 옹위하고 있다.

미국 대선의 결과가 어찌 될는지 아직 모르지만, 중국 공산당 놈들이 자유의 나라인 미국을 공산화하기 위해서 오랫동안 부정 선거 기획을 했고, 그것이 이번 선거에 확실하게 나타났다. 기도하고 있는 미국 복음주의자들의 기대대로, 만약 트럼프가 다시 대통령이 되고, 중국 공산당에게 업혀서 정치적, 경제적으로 한 몫 하려던 미국 민주당의 지도자들이 체포되어 감옥에 가는 날이 온다면, 지금의 한국에 공신록을 먹고 있는 개국공신들도 정리되지 싶다.

우리나라는 고려도 아니고, 이조도 아닌데 자유 대한민국에 아직도 사회주의 개국공신이 되어 공신록을 받으면서 온갖 특권과 특혜를 누리는 자들이 있다. 이들이 모두 사라지고, 이승만 대통령이 세운 자유 민주주의 대한민국과 박정희 대통령이 일구어 놓은 부국강병의 나라를 다시 세우게 되기를 늘 기도한다.

30

유토피아는 없다!

내가 사는 분당을 가리켜서 사람들은, 우스갯소리로 천당 밑에 분당이라고 한다. 하지만 요즘은 새로 개발되는 신도시들도 모두 엇비슷해서, 살기 좋은 이상적인 도시가 되었다. 인간들은 옛날이나 지금이나 이상적인 도시, 이상적인 사회를 늘 갈구하고 있다.

그런데 1556년 토마스 모어(Thomas More)가 『유토피아』(Utopia)란 책을 썼다. 토마스 모어는 법관으로서, 국회 의장으로 재상의 자리에 올랐다. 그는 법학을 공부하면서도 옥스퍼드 대학교에서 평생 인본주의에 매력을 느껴, 고전과 헬라어도 공부해서 신학문에 일가견을 가졌다. 그는 에라스무스와도 친교가 두터웠다. 모어는 국왕 헨리의 부도덕을 고발하므로 재상직에서 퇴출되었고, 런던탑에 갇혀 검찰 측의 위증으로 처형을 당했다. 그는 일생 동안 청빈과 양심적인 삶을 살았기에 가톨릭교회는 성자로 추앙하기도

했다.

　유토피아는 사방 2백리 마을의 섬나라이다. 유토피아는 왕국이지만 왕은 가장 민주적인 방법으로 선출된다. 어떤 이는 모어의 유토피아는 무신론적 공산주의로 비판하는 사람들도 있지만, 모어는 정의와 양심을 미덕으로 아는 법률가였다. 그는 당시 영국의 귀족이나 영주들의 권력과 돈과 사치에 놀아나는 것을 도저히 참을 수 없었다. 그래서 정의와 법과 양심이 통하는 이상적 국가를 유토피아라고 생각했다. 그러나 이 세상에 유토피아는 없다. 그럼에도 사람들은 누구나 유토피아를 꿈꾸고 있다. 하지만 이 세상 아무데도 유토피아는 없다.

　나는 오래 전에 유럽에 갔을 때, 그곳은 내 눈엔 유토피아처럼 보였다. 고색 찬란한 건물이며, 잘 정돈된 집이며, 아름다운 정원에서 거니는 사람들을 보고 '여기야말로 유토피아구나'라고 생각했다. 지금부터 50여 년 전이니 나 같은 호롱불 세대에게는 '이곳이야말로 지상 낙원이구나'라고 생각했었다. 하지만 그것은 겉모양뿐이었다. 암스텔담 구도심은 범죄와 타락의 도시였고, 외곽에 새로 지은 아파트에는 수리남에서 건너온 흑인들의 횡포로 금방 슬럼(slum)화가 되어갔다. 지금 런던에는 이슬람이 활개치고 있고, 남유럽과 아프리카에서 건너온 유색 인종들이 밤을 점령했다. 과거 영국은 세계 선교의 중심이었는데, 지금은 오히려 선교의 대상이 되었다.

나는 40년 전부터 일 년에 한 번 정도 미국을 출입했다. 40년 전에는 교회나 지인의 초청장을 받고 변호사의 서명이 있어야 미국에 입국할 수 있었다. 처음에 미국을 가서 서부에서 동부로 이동하는데 그 광활한 자연과 풍요로운 삶, 사통팔달로 뻗어난 프리웨이, 숲 속의 아름다운 그림 같은 집, 과연 미국은 말 그대로 지상 낙원이었다.

그러나 미국도 더 이상 이 세상의 유토피아는 아니다. 요즘도 인종 갈등이 오히려 심해지고, 중국 공산당들의 돈에 맛을 들인 정치가와 언론들은 퓨리탄들이 그토록 지켜왔던 '언덕 위의 도시'(City on the Hill)를 잊어버리고, 세속화되고 타락하여 불법 선거의 온상이 되었다. 한국도 마찬가지이다. 세계의 최극빈 국가에서 세계 10위권 안에 든 국력을 가진 것이 최근의 일이다. 이는 이승만 대통령의 민주주의와 박정희 대통령의 '부국강병', '우리도 한 번 잘 살아보세!'라는 구호와 눈물과 땀을 흘린 온 국민 특히 산업 전사들이 오늘의 영광을 이루었다.

미국에 살다가 수십 년 만에 한국을 방문한 동포들은 한국에 거미줄처럼 뻗어있는 시원한 고속도로, 잘 정리된 신도시의 아파트와 아름다운 공원들을 보고 놀라움과 찬사를 아끼지 않는다.

우리는 3만불 시대가 되면. 모두가 자동으로 행복하게 잘 사는 줄 알았다. 그런데 이 정부는 공산주의적 유토피아를 꿈꾸면서 한 번도 경험하지 못한 나라로 우리를 끌어가고 있다. 정부는 그들의 목적을 이루기 위해서 중국 공산당식 방법으로 교회를 박해하기 시작했다. 마스크를 안 쓴 목사는 10만원의 벌금을 내게 되었고, 코로나 시책에 맞지 않으면 교회를 폐쇄한다는 법까지 만들었다.

지난 25일 밤 자정에 사랑제일교회에 철거반 용역 7백 명과 경찰 6백여 명이 급습했다. 그것은 사실 방역지침법의 위반이다. 나 같은 사람은 그곳의 개발에 대해서 아는 바가 없지만, 어째서 한밤중인 자정에서 새벽 4시까지 철거 전쟁을 벌였는지 알 길이 없다. 목자 없는 어리고 여린 성도들에게 쇠파이프를 휘두르고 겁박을 하고, 교회당을 부수기 위해 모든 공권력이 동원되었다.

2019년 중국 우한에서 중국 공산당이 당국의 지침이라면서 48개의 교회당에 불을 지르고, 포크레인으로 십자가 탑을 부수는 것을 유투브로 본 일이 있는데, 그저께 사랑제일교회에 일어난 일은 중국 공산당의 판박이지 싶다. 중국 우한에서 공산당의 교회 파괴 때문에 코로나19가 온듯하다. 우리 정부는 무엇이 그리 겁나서 모든 사람이 깊이 잠든 한 밤중에 철거 작전을 폈는지 모르겠다. 아마 중국 공산당처럼 교회 죽이기 모델케이스로 사랑제일교회를 잡은 듯하다.

소득이 3만불 시대가 되어도 유토피아는 없다. 왜냐하면 돈과 권력에 대한 인간의 탐욕과 죄악이 있는 한 유토피아는 결코 없다.

한국의 기독교회는 대단하다. 하지만 최근에는 목회자가 영적인 것보다 육적이고, 정치적이고, 세속적이 되었다. 결국 교회 살리는 것도 강단을 회복하는 길이요, 나라 살리는 길도 교회가 교회처럼 될 때 가능하다.

나는 위대한 공학자이며, 기독 철학자인 헨드릭 반리쎈(Hendrick Van Riessen) 박사의 말이 기억난다. 그는 그의 주저인 『미래의 사회』(Toecomst Van Maatschaapij)에서 "이 땅에 참된 유토피아가 있다면, 그것은 나사렛 예수 그리스도의 골고다를 통과한 후에나 올 것이다."라고 했다.

31

국제 사회와 인맥

나는 지난 40년 동안 전 세계 많은 신학 대학과 기독 대학을 순방했다. 많은 세계적 개혁주의 신학자들과 교분을 나누었다. 그 결과 그들을 통해 많은 것을 배우고 지식을 쌓았다. 그도 그럴 것이 1980년에 총신의 총장이 된 후(당시는 그냥 학장으로 부르다가 후일 총장으로 명칭이 변경되었다) 부지런히 미국과 유럽 각국의 신학교와 기독 대학들의 총장과 교수들을 만나고 다녔다. 그리고 개혁주의 학자들과 끈끈하게 사귀었다. 말하자면 국제적 학자들과 인맥을 많이 쌓았다. 특히 세계개혁주의신행협회(IARFA), 국제칼빈학회(International Calvin Congress), 칼빈주의철학회(CPA) 등에 부지런히 쫓아 다니면서 세계적 학자들과 깊이 사귀게 되었다. 그동안 나는 세계적 학자들과 20여 년 동안 인맥 관리를 잘 해왔다. 기회 있을 때마다 E-mail로 연락하고, 성탄과 새해는 그때마다 새로운 카드를 만들어 300여 명의 외국 학자들에게 안부를 전했고, 국내의 칼빈주의에 관한 각종 행사는 반드시 영문과 국문을 나란히 만들어 전 세계에 보내고 세계화하였다. 그래서 내가 경영하는 한국칼빈주의연구원과 박물관은 지난 35년간 자연스럽게 국제화가 되었고 개혁주의 교회에 잘 알려지게 되었다. 지금까지 300여 명의 학자들이 칼빈박물관을 방문했다. 특히 1987년의 칼빈자료 전시회와 1988년 아브라함 카이퍼 자료 카탈로그가 한·영으로 제작된 것이 그 대표적인 예이다.

1986년 8월 헝가리 데브레첸에서 세계칼빈대회(International Calvin Congress)가 열렸다. 한국 대표로 이종성 박사, 한철하 박사, 그리고 내가 대표가 되었다. 4년마다 열리는 세계칼빈대회는 전세계 칼빈 석학들이 모이는 대회였는데, 당시 한국 대표로서는 세 분이 배당되었다. 연륜으로나 경험으로나 두 분은 나의 대선배였으나 그런데 내가 설교자가 되었다.

나는 영어로 설교를 해 본 일이 없었다. 1972년에 두어 번 화란 개혁교회 주일 낮 집회에 설교한 것 말고는, 국제적 모임에 설교를 해 본일이 전혀 없었다. 더구나 쟁쟁한 세계적 대칼빈 학자들이 모인 대회는 엄청 겁이 났다. 또한 같은 한국의 선배 학자들 앞에는 더더욱 영어로 설교하는 것은 참으로 어색하고 두려운 일이었다. 영어권에서 볼 때 내 영어는 신통치 않았다. 그런데 나를 국제 대회에 스피커로 만든 것은 국제칼빈학회의 이사인 미국 칼빈신학대학교 총장 더 용 박사였다. 그는 나와 동갑내기로 화란 자유

대학교에 나보다 2년 선배이다. 당시 그는 칼빈신학대학교 총장으로 재직하고 있었고, 그리고 나는 총신에서 일하고 있는 동안, 그와 나는 서로 형제처럼 지내고 서로서로 학교를 방문하는 사이였다. 그는 나를 부를 때 셈(Sem)이라고 불렀고 나는 그를 짐(Jim)으로 불렀다. 총장이니 박사니라는 명칭은 쓰지 않았다. 그냥 친구였다. 더 용(Dr. James De Jong) 박사가 그 당시 국제칼빈학회 이사로 있었는데, 그는 나에게 이 일을 맡긴 것이다. 서양에는 누가 누구를 추천하느냐가 중요하다. 결국 평소 누구와 가까이 사귀는가가 아주 중요한 것이다. 나는 데브레첸 세계칼빈대회 설교자로서 국제 무대에 첫 선을 보이게 되었다.

한국 말에도 '팔이 안으로 굽는다'는 말이 있듯이, 서양 사람들도 사람을 추천할 때 자기가 잘 아는 친구를 천거하는 것은 당연했다. 더구나 당시 공산권이었던 헝가리는 처음이었고, 유럽의 교회는 미국 교회와는 달리, 강단에는 오직 한 분 목사님만 사용하고, 한국처럼 순서 맡은 이들의 의자란 없다. 그러니 나는 옛날 헝가리의 임시 국회의사당이었던 데브레첸 신학대학교 강단에 올라야 했다. 사회, 기도, 찬송 인도, 성경 봉독, 설교, 기도, 축도까지 모두 내 몫이었다.

나는 내 생전에 이런 경험도 처음이려니와, 이런 예배를 진행해 본 경험이 전혀 없었다. 그래서 찬송은 내가 잘 아는 Holy, Holy, Holy를 택했고, 기도는 요한계시록의 성경 구절을 인용하면서 '오른 손에 일곱 별을 잡으시고 일곱 금 촛대 가운데 거니시는 주(主)께서' 헝가리 교회를 기억하시고 이 땅의 교회에 자유를 달라고 간절히 기도했다. 설교는 마태복음 17장의 '너희는 저의 말을 들으라(listen to Him)'고 변화산에서 하나님께서 말씀하신 내용을 중심해서, '우리가 무슨 개혁주의니 칼빈주의니 말하지만, 이 자리에 모인 세계칼빈학회 학자들은 먼저 이 시대에 주신 하나님의 말씀을 들어야 한다'는 내용이었다. 원고는 있지만 나는 한국 교회에서 설교 하듯이 뜨겁게 힘 있게 외쳤다. 또박또박 설교하다 보니 자연스럽게 영국식 영어가 되고 말았다. 축도까지 마치고 난 후에 나는 걱정이 되었다. 정말 거기 모인 세계 석학들이 내 영어 설교를 알아들었는지가 참으로 궁금했다. 내가 강단에 내려오자, 헝가리 개혁교회 감독들과 미국의 친구들이 우르르 앞으로 달려 나왔다. 즉 그때 미국 친구들 더 용 박사와 리챠드 겜블 박사가 달려 왔다. 내가 물었다. "너희들, 내 설교를 알아들었느냐?" 다급하게 물으니 엄지를 치켜세우고, "엑셀런트, 원더풀" 하면서 허그를 했다. 그리고 특히 헝가리 교회 감독들과 목사들이 나를 포옹해 주었다. 그들은 말하기를 "공산 정권이 들어선지 거의 반세기만에 처음 듣는 설교"라고 칭찬했다.

이 일로 말미암아 나는 전 세계에 칼빈 학자들에게 깊은 인상을 남겼고, 헝가리 개혁교회에서 유명 인사가 되었다. 그로 말미암아 4년 후 나는 또 다시 미국 그랜드 레피드 세계칼빈대회에서 메시지를 전했고, 그때도 더 용 박사의 추천이 있었다. 그 후 나는 20여 년간 세계 칼빈학회를 쫓아 다녔고, 한국 칼빈학회를 이끌었다. 그 때문이었던가 2002년에 세계 최초의 칼빈주의 대학교인 데브레첸 개혁주의 대학에서 명예 신학 박사(Doctor of Divinity) 학위를 받기도 했다.

내가 옛날 이야기를 여기 남기는 것은, 한국인들과 인맥 쌓기도 중요하지만 서양 학자들과 인맥 쌓기도 중요하다는 것이다. 바로 그것이 민간 외교요, 세계와 소통하면서 걸어 온 생을 생각할 때 하나님께 감사할 뿐이다.

국제 사회도 역시 인맥이 통하더라.

32

도적 사람

    1964년이니 지금부터 꼭 56년 전에 일어난 일이다. 나는 당시 총신대학교 신학대학원 1학년 때 박형룡 박사의 '기독교 변증학' 강의를 듣고 있었다. 박형룡 박사의 강의는 거의 높낮이가 없고, 준비한 교재를 위에서 아래로 조용조용 읽어 나가는 것이 보통이었다. 그날따라 강의 설명 중에 '도적 사람'이란 말이 나왔다. "도적놈이면 도적놈이지 뭔 '도적 사람'"이란 말에 우리 모든 학생들은 웃지도 못하고, 가만히 수업을 따라갔다.

    박형룡 박사님은 성자의 인격을 가진 어른으로서, 도적놈이라도 도적 사람이라고 격을 높여 부르고 있었던 것이다. 어떤 경우라도 목사는 상대방에게 상처를 주거나 욕설을 해서는 안 된다는 것이다.

하기야 우리의 언어 중에는 '그 자가 그런 일을 할 수 있느냐?' 하면 고상 한 듯 해도, 결국은 '놈: 者'이므로 그 소리가 그 소리다. 그리 따지면 '지도자'란 '지도하는 놈'이고, '교육자'도 '교육하는 놈'일 터인데, 참으로 '아' 다르고, '어' 다르다는 말이 이해가 된다. 도적에는 '좀 도적'이 있는가 하면, 아주 부자 집을 몽땅 털어버리는 자를 '대도(大盜)'라고 부른다. 즉 큰 도적이란 뜻이다. 세상이 참으로 이상하게 돌아가는지, 좀 도적은 법대로 처벌하면서도, 큰 도적은 묘하게 법망을 피해서 국민 위에 군림하고 있는 것도 오늘의 세상이다.

세상에는 너무너무 배가 고파 빵을 훔쳐 먹다가 감옥에 간 예도 있지만, 사기꾼들은 대형 가짜 회사를 만들어 많은 폭력배를 이끌면서 도적질하는 조직도 있다고 들었다. 어디 그뿐인가? 돈이나 물건을 훔치는 것보다, 컴퓨터나 핸드폰을 조작해서 돈을 뽑아가는 도적질이 한국 사회에도 만연되고 있다고 들었다.

또한 이른바 전문가 그룹이나 기술자들이 몰래 귀중한 회사의 정보를 뽑아서 상대 회사에 엄청난 돈을 받고 팔아넘기는 일도 늘 상 있는 일이라고 한다. 더구나 한국의 중요한 방위 산업 분야의 기술이나, IT 기술을 몰래 뽑아 복사해 가지고 중국으로 팔아먹는 경우가 많다고 들었다. 이건 도적이라기보다 나라를 팔아먹는 산업스파이라고 할 수 있다. 일본에 나라를 빼앗길 때, 그들은 언제나 한국인들을 통해서 일했고, 당시 한국 관리들은 일본의 앞잡이로 나라를 팔아넘기고 돈을 챙긴 도적들이었다.

물건을 훔치거나 돈을 빼내가는 것만 도적이 아니고, 남의 지적 재산을 몰래 빼돌리는 것도 큰 도적에 속한다. 오늘날은 디지털 시대이기에 모든 자료들과 사진들이 개방되어 있다. 지적 재산권에 대한 것은 한국에는 없으니, 무조건 찍어서 자기 것으로 만들면 되는 세상이다. 나 같은 아날로그 시대 사람은 상상도 못할 정보를 빼가서 자기 것으로 만든다. 내가 운영하고 있는 '칼빈박물관'만 해도 그렇다. 어떤 사람은 우리에게 허가도 받지 않고, 정밀 핸드폰으로 그 자료를 찍어서 자기 책에 내거나, 마치 자기 것인 냥 사용하고 있는데, 이것도 도적이 아닐까? 뿐만 아니라 오늘날은 컴퓨터에 수많은 설교 자료들이 있는데, 그것을 원저자의 허락 없이 목회자들이 마치 자기의 창작물인 듯이 사용하고 있다면 이 또한 도적질이라고 본다.

오늘의 한국은 여기저기 도적 사람으로 가득한 것 같다. 내가 아는 어느 건설업자가 내게 말하기를 '공무원들은 모두 우리와 동업자입니다'라고 했다. 나는 그 뜻을 미루어 짐작할 수 있었다. 정부의 관리들 중에는 정보 독점을 이유로 주가 조작을 비롯해서, 부동산 투기로 한꺼번에 수십억을 벌어들이는 도적 사람도 참으로 많은 듯하다.

사법 기관은 중범죄자와, 범법자를 재판도 없이 얼버무려 보석으로 풀어주고 있다. 국민들이 아무리 말해봐야 소용이 없고, 결국은 정권의 입맛에 맞아야 살아나는 것이니, 사실 모두가 도적 사람들인 것이다. 한편 정권에 대해 비판하거나 도전을 했다고 적폐로 몰아 감옥에 보내는 것도 결국은 도적 사람들이다. 감옥 갈 사람이 오히려 버젓이 권력을 휘두르고, 호위호식하고 있다면 이 또한 도적 사람이다. 부정과 불법으로 선거에 당선되어 서민이야 죽건 말건 정권 연장, 권력 연장에 올인하고, 국민의 세금으로 자기들 인심 쓰고, 세금 폭탄을 퍼부어서 자신들의 목적을 이루는 사람들도 도적 사람들이다. 이 땅에 북한 공산당의 사회주의를 건설하겠다는 이상을 가진 사람들은, 대한민국의 정통성을 부정하고 있는데, 사실 이들도 따지고 보면 도적 사람이다.

최근 우리나라는 코로나19 확산의 모든 책임을 특정 교회로 돌리고, 기다렸다는 듯이 모든 신문, 방송, 언론 매체들은 힘을 합해서 교회를 겁박하고, 성도들을 조롱하는데 참으로 도적 사람들이 대한민국에 우글거리고 있다.

나는 목사로 오늘의 희한한 상황에 대해서 내 입이 더러워질까 봐 욕은 할 수 없고, 옛날 나의 스승 박형룡 박사의 말대로 지금 한국 사회는 여기를 봐도, 저기를 봐도 '도적 사람들'뿐임을 안스럽게 생각한다.

2부

기독교 세계관

01

거룩한 꿈을 꾸자

　새해는 모두가 한 가지 꿈을 꾼다. 그리고 그 꿈이 반드시 이루어지기를 소원한다. 하지만 대개의 꿈은 황당하고, 탐욕과 이기적인 꿈이 대부분이다. 가난한 자, 실직자는 귀인이 나타나서 돈다발을 건네주는 것을 꿈꾸고, 기업인들은 불황에도 불구하고 대박이 나서 기업이 불같이 번창되기를 꿈꾼다. 또한 정치꾼들은 대중들을 속이고 적당히 되지 못한 공약을 해서 명예도, 지위도 얻어서 돈을 긁어모을 꿈을 꿀 것이다. 그리고 대한민국을 사회주의, 공산주의로 만들어 가려는 자들은, 금년에도 자나 깨나 민중들을 속이고, 선량한 백성들을 꼬여서 희한한 구호를 만들어 자기들 하고 싶은 대로 끌고 가고 싶어 할 것이다. 이 모두가 천박한 개꿈이다. 참된 꿈은 밤에 꾸는 것이 아니라 낮에 꾸어야 한다.

　그러나 이와는 달리 우리 그리스도인들도 꿈이 있다. 그 꿈은 금년 한 해만의 꿈이라기보다 우리의 전 생애를 통해 이루어질 거룩한 꿈이다. 그 꿈은 성경 역사의 위대한 종들이 꿈꾸던 꿈이다. 다음 내용은 필자가 지금부터 십수 년 전에 제주도 도민과 기독교인 합동 신년 하례회 모임의 연설을 개요하려고 한다. 물론 이후에도 여러 교회에서 설교했던 내용이기도 하다.

첫째, 우선 아브라함의 꿈을 생각해보자. 그는 75세에 하나님의 부름을 받는다. 75세이면 인생의 황혼기이다. 그럼에도 하나님은 그에게 소명을 주셔서 메시야 왕국 건설의 기초를 쌓으라는 꿈을 주신다. 그래서 아브라함은 하나님의 말씀대로 순종하여 믿음의 조상이 되고, 무자했던 그가 자손대대로 복을 받아 하나님 나라 건설의 초석이 된다는 꿈을 꾸었다. 그는 하나님의 계시에 기초한 거룩한 꿈을 꾸면서도, 그 언약은 반드시 이루어 주시는 줄 알고 이삭을 모리아 제단에 바치기로 결심했었다.

둘째, 노아의 꿈을 살펴보자. 하나님은 배 만드는 늙은이 노아를 택해, 480세에 방주를 지으라 했고, 노아는 120년 동안 하나님이 심어준 대로 거룩한 꿈을 꾸고 역사를 이루었다. 노아의 꿈은 하나님은 반드시 죄악을 심판하시되, 남은 자는 보호하시고, 그 씨는 구원하신다는 꿈과 확신을 가졌다.

셋째, 모세의 꿈이다. 히브리서 기자의 해석대로, 모세는 그리스도를 위해 받은 능욕을 애굽의 그 어떤 금은 보화보다 더 큰 재물로 여겼다. 하나님이 모세에게 심어준 꿈은 장차 오실 예수 그리스도의 영광의 나라였다. 그래서 이스라엘 민족 해방을 위해 80세에 승부를 걸었다. 그의 꿈은 땅 위에서 잘 먹고 잘 사는 것이 아니었다.

넷째, 요셉의 꿈이다. 요셉은 파란만장의 역경의 삶을 살았지만 그의 꿈은 역사의 배후에 하나님이 계시고, 하나님의 주권이 움직인다는 확신의 꿈이었다. 그래서 그의 고백은 이랬다. '나를 이리로 보낸 자는 당신들이 아니요 하나님이시다.'

다섯째, 이사야의 꿈이다. 주전 600년 전에 정국은 혼란하고 나라가 부패하고 타락했을 때, 그는 선지자로서 거룩한 꿈을 꾸었다. 즉 인생과 사회와 만물이 새롭게 되려면 장차 메시야이신 그리스도가 와야 한다는 웅장한 꿈을 꾸었다. 그래서 메시야가 오시면 "광야와 메마른 땅이 기뻐하며 사막이 백합화 같이 피어 즐거워하며 그것들이 여호와의 영광 곧 우리 하나님의 아름다움을 보리로다"(사 35:1-2)라는 거룩한 꿈을 꾸었다.

여섯째, 다윗의 꿈이다. 다윗은 위대한 시인이요, 위대한 음악가요, 야전군 사령관이요, 국왕이었다. 심각한 죄를 범하고 고난을 겪었지만 철저히 회개하고 다시 일어섰다. 그 후 다윗의 가슴에 거룩한 꿈 하나가 자리 잡았다. 그것은 "해 돋는 데에서부터 해 지는 데에까지 여호와의 이름이 찬양을 받으시리로다"(시 113:3)는 하나님 중심의 꿈이었다. 성경은 다윗을 예찬하지 않는다. 다만 회개한 후에 그가 꿈꾸던 거룩한 메시야 왕국, 그리고 복음이 해 돋는 데서 해 지는 데까지 비추어져야 한다는 '선교의 꿈'은 거룩했다.

일곱 번째, 아모스의 꿈이다. 드고아의 목자 출신 아모스가 살던 시대는 오늘의 대한민국 못지않게 혼란스럽고, 부정과 부패가 판을 치고, 눈을 씻고 봐도 희망이 없던 시대였다. 하지만 그래도 그는 거룩한 꿈을 꾸었다. 곧 '정의가 강물처럼 흐르는 나라'가 그의 거룩한 꿈이었다. 오늘날 권모술수, 모략으로 정치계와 법조계와 언론이 합작을 해서, 사회주의자들이 국민을 집단 최면으로 몰고 가는 이때, 아모스의 거룩한 꿈을 구체화하자.

여덟 번째, 하박국의 꿈이다. 하박국 선지자 시대는 탈법, 불법, 도둑질, 사기를 치는 자는 출세하고, 떼돈을 버는 세상이었다. 하박국은 너무나 억울해서 하나님께 기도했는데 하나님의 답은 '그래도 말씀이 답이다', '하나님의 약속은 반드시 이루어진다', '의인은 믿음으로 살리라'는 계시를 받고, 하박국에겐 새로운 꿈이 생겼다. 즉 '물이 바다를 덮음 같이 여호와의 영광을 인정하는 것이 세상에 가득함이니라'는 거룩한 꿈을 갖게 되었다. 결국은 하나님의 영광이 들어날 것이고, 결국은 살아계신 하나님의 주권이 이긴다는 거룩한 꿈이었다.

아홉 번째, 예수님의 꿈이다. 예수님은 우리의 구주이시고, 하나님의 아들이시고, 예수님은 유일한 우리의 중보자이시다. 예수님은 길이요, 진리요, 생명이시다. 그런데 예수님도 거룩한 꿈이 있었다. 그것은 "인자가 온 것은 섬김을 받으려 함이 아니라 도리어 섬기려 하고 자기 목숨을 많은 사람의 대속물로 주려 함이니라"(마 20:28)고 했다. 예수님의 꿈은 이 세상에서 죽기까지 사람을 사랑하고, 믿는 자들에게 영생을 주시는 것이었다.

열 번째, 사도 바울의 꿈이다. 유대주의자요, 율법주의자인 사울이 예수 그리스도의 은총의 포로가 되어 바울이 되었다. 그의 개종은 그의 꿈을 바꾸었다. 그의 첫 꿈은 인간이 자기의 의로 구원에 이르겠다는 인본주의 지성인이었다. 그러나 복음을 깨달은 후에 그의 꿈은 '예수 그리스도의 십자가만 증거하겠다'(고전 2:2)고 했다. 그리고 교리를 마감하고 난 후, 롬 11:36에 "만물이 주에게서 나오고 주로 말미암고 주에게로 돌아감이라 그에게 영광이 세세에 있을지어다."라고 그는 거룩한 꿈을 꾸었다.

지금까지 신구약 66권을 통해서 본 거룩한 꿈을 간략히 살펴보았다. 흔히 새해는 덕담으로 '복 많이 받으라'는 위로와 축복의 말이 무성하다. 하지만 올해 새해에는 우리 모두 성경에 나타난 '거룩한 꿈'을 꾸었으면 한다.

복 받아서 어쩌자는 건데?

02

말씀을 먹으라

나는 박윤선 박사님이 개척했던 서울 동산교회에서 신학을 시작해서, 동산교회에서 신학을 마치고 졸업했다. 그리고 동산교회에서 결혼하고, 동산교회에서 목사 안수를 받고 동산교회에서 개척 교회로 파송 받았다. 이제 1968년 12월 15일 동산교회에서 목사 안수 받던 이야기를 해보려고 한다. 그땐 장로교 합동 측 교회만 해도 서울 경기 지역에 '경기노회' 하나뿐인 시대였다. 그날 경기 노회에서 목사 안수 받은 이들은 다섯 명 정도 있었지만 그 중에서 임승원 목사와 윤낙중 목사가 기억난다. 그날 설교는 신사 참배 반대 운동의 선봉장 중의 한 분이었던 이인재 목사님이었다. 나는 그 시간 경기 노회장 이인재 목사님의 설교가 하도 은혜롭고 인상적이어서 52년이 지난 지금도 그 메시지는 뚜렷하다. 그때 나는 27세의 청년으로서 개척 교회를 하는 중이었고, 목회가 무엇인지 설교가 무엇인지 모르던 철부지 전도사였다. 그날 본문은 예레미야 15:16의 말씀이었다.

"만군의 하나님 여호와시여 나는 주의 이름으로 일컬음을 받는 자라 내가 주의 말씀을 얻어 먹었사오니 주의 말씀은 내게 기쁨과 내 마음에 즐거움이니다."

어쩌면 이 성경 말씀은 앞으로 목양의 현장에서 목회하는 목사에게 주는 가장 적절한 성경 구절일 것이다. 이인재 목사님은 당시 62세였지만 머리가 하얗게 세어 은백의 머리였다. 목사님은 천천히 입을 열어 설교했다. 그의 설교 중에 핵심을 정리하면 다음과 같다.

"여러분은 하나님의 이름, 예수 그리스도의 이름 때문에 목사로 불려지게 되었습니다. 그러므로 주의 이름에 누를 끼쳐서는 안 되고, 그의 영광과 주권을 높이는 일을 해야 합니다. 여러분은 주의 이름으로 목사란 칭호를 갖게 되었으므로, 주님이 기뻐하시고 좋아하는 일을 할 것이요, 목사직을 가지고 자기 명예나 유익을 취한다면 목사라고 할 수 없고 이는 삯군이 될 것입니다. 주의 이름으로 목사가 되었으니 항상 하나님의 말씀인 진리 편에 서야 할 것입니다. 진리를 지키기 위해서는 생명을 걸어야 할 것입니다. 그러기 위해서는 목사는 성경이 말씀한 데로 하나님의 말씀을 먹어 버려야 합니다. 말씀을 먹어 버린다는 것은 그 말씀을 맛있게 먹고 그것을 전할 때마다 그 말씀과 함께 녹아져서 말씀과 화합한 자로서 진실되고 힘 있게 증거 하는 것입니다. 자기의 명예나 지식을 전하려는 것은 말씀을 아직 먹지 못했기 때문입니다. 이 성경이 우리에게 말한 대로, 말씀을 얻어먹었을 때 우리에게 기쁨이 되고 마음이 즐거운 것이 됩니다."라고 했다.

과연 평생 진리 투쟁에서 살아온 이인재 목사님의 신앙과 삶이 그대로 녹아 있었다. 이인재 목사님은 이기선, 한상동, 손명복, 주남선과 함께 일본의 신사 참배 반대 운동의 선봉에 서서, 끝까지 신앙의 절개를 지키고 승리한 목사님이시다. 이인재 목사는 1906년 1월 4일 경남 밀양군 상남면 마산리 779번지에 출생했다. 밀양 농잠학교를 졸업하고 1938년 1월까지 면서기 공무원으로 13년간 일했다. 그러다가 목사로 소명을 받고 1938년 평양 신학교에 입학했다. 그러나 일제는 그 시기에 수단 방법을 가리지 않고 신사 참배를 강요하고 탄압하기 시작했다. 그 해 9월 대한예수교장로회 총회에서 신사 참배는 종교가 아니고 국가 의식이라고 성명을 내고 신사 참배를 결의했다. 참으로 비통한 한국 교회 역사였다. 이인재는 당시 평양 신학교 학생으로 이기선, 한상동 목사의 뒤를 따라 신사 참배 반대 운동에 적극 가담했다. 그러다가 1940년 5월 13일 평양 신학교 기숙사에서 일본 경찰에 체포되어 평양 경찰서 유치장과 평양 형무소에 수감되어 1945년 8월 17일 해방 될 때까지 만 5년 4개월 동안 옥고를 치렀다. 그 후 1947년 6월 7일 조수환, 황철도와 함께 고려신학교 제 1회로 졸업하고 마산 문창교회에서 이인재, 배수윤, 김희수, 김장현, 정해동, 손명복, 박성근 등 7명이 목사 안수를 받는다. 그는 대구와 서울 등지에서 목회를 했지만,

합동 측 경기노회인 서울 성광교회를 목회하는 중 노회장이 되었고, 1968년 12월 15일 나의 목사 안수식에 설교를 하시고 안수해 주셨다.

그 후 이인재 목사는 미국으로 이민 가서 시카고, 뉴저지, 필라델피아의 합동 측 장로교회 목사로 미주 총회장으로 2000년 4월 3일 94세를 일기로 주님의 부름을 받았다. 1946년 당시 이인재 전도사가 손양원 목사님의 애양원 교회 부흥회를 인도하던 중에, 손양원 목사의 두 아들 동인, 동신이 공산당의 총에 맞아 순교했다. 그러니 부흥 강사가 장례식 설교를 하게 되었다. 당시 두 아들을 잃은 손양원 목사는 하늘이 무너지고 땅이 꺼지는 비통에 잠겨 있었다. 그때 이인재 전도사는 말하기를 "우리가 지금까지 일제의 신사 참배를 반대하느라고 생명을 걸었는데, 공산당이 두 아들을 죽였으니 그것은 손 목사님의 가정에 위대한 순교의 제물이 아닙니까!" 하자, 손 목사님은 성령의 뜨거운 감화로 큰 확신과 은혜를 받고 장례 중에 하나님께 아홉 가지 감사를 고백했다. 나는 감사하게도 신사 참배를 반대한 출옥 성도들의 설교 곧 한상동, 손명복, 황철도, 이인재 목사님의 설교를 모두 들을 수 있는 특권을 가졌다.

이인재 목사님의 위대한 설교 '말씀을 먹으라'는 그날 설교를 다시 회상한다.

오늘날 한국의 지도급 목사들이 평화도 좋고 민족 화합도 선교도 좋지만 북한에 가서 김일성 동상 앞에 절하고 왔다는 것이 제발 제발 사실이 아니기를 기도한다. 일제 때 우상 숭배를 반대하여 생명을 바쳐 끝까지 신앙의 절개를 지킨 순교자들과 산 순교자들은 점점 잊어지는 듯 하다. 52년 전 '말씀을 먹으라'는 이인재 목사님의 설교가 귓가에 맴돈다.

03

겨울이 오기 전에

　가을의 끝자락이다. 산과 들에 곱게 물들었던 울긋불긋한 단풍이 떨어지고 곧 겨울이 닥쳐 올 것이다. 겨울 스포츠를 즐기는 사람들은 눈과 얼음이 참으로 신나겠고, 시인은 겨울의 설경과 아름다움을 노래할 것이다. 하지만 겨울은 생명의 약동이 없고 중단된 상태이다. 또 한 해를 마감하는 스산한 계절이기도 하다. 이제 겨울의 매서운 추위는 사람들을 움츠리게 하고 동식물은 동면에 들어간다. 지금 한국이야 난방이 잘되어 있어 따뜻한 방에서 지내지만, 가난한 서민과 힘들게 사는 어려운 이웃들에게는 연탄 한 장도 귀한 것이다.

　그런데 지금부터 2천 년 전 로마, 특히 로마의 감옥은 죄수가 견디기는 심히 어려웠을 것이다. 당시 로마의 감옥은 난방도 없고, 방풍도 안 되고, 죄수가 입는 옷은 체온을 보호해 줄 수가 없었다.

그래서 대부분의 죄수들은 겨울에 얼어 죽어가는 것이 보통이었다. 이태리는 반도로서 한반도와 흡사하다. 로마는 위도가 서울쯤으로 생각하면 된다. 여기 로마의 감옥에 복음을 증거 하다가 들어온 늙은 죄수 사도 바울이 갇혀 있다. 추위보다 더한 것은 고독이었다. 바울은 수제자 디모데가 너무 보고 싶었다. 다가올 겨울을 생각하면서 가죽 종이에 쓴 성경과 드로아 가보의 집에 맡겨 놓은 코트가 그리웠다. 바울은 디모데에게 인편으로 편지를 보내어 '겨울 전에 어서 오라(Come before Winter)'라고 했다. 겨울이 되면 지중해가 얼어버리기 때문에 배가 다닐 수도 없다. 어쩌면 바울은 마지막이 될 수 있을 것이라고 예견했을 것이다. 그때 디모데가 서둘러 왔더라면 스승인 바울을 만났겠지만, 차일피일 하다가 겨울이 되고 지중해가 얼어서 뱃길이 끊겨 스승 바울을 더 이상 만나지 못했다면 천추의 한이 되었을 것이다.

바로 디모데후서 4장의 이 내용을 가지고 'Come before Winter'라는 제목의 설교를 한 교회에서 30년 동안 하신 목사님이 있다. 그분은 바로 미국의 대목회자요 설교가인 클라렌 멕카트니 목사님이었다. 매년 11월 마지막 주일은 꼭 '겨울이 오기 전에'란 설교를 했는데, 멕카트니 목사님의 설교를 좋아하는 사람들은 미국 각지에서 비행기를 타고 그 설교를 들으려고 피츠버그 제일장로교회로 모여든다. 또 이 멕카트니 목사님의 설교를 본 따서, 한경직 목사님, 김희보 목사님 등 많은 목사님들이 이 설교를 즐겨했다.

나는 평생을 신학대학원에서 '칼빈주의 사상'과 '개혁주의 설교학'을 가르쳤던 이유로 멕카트니 목사님의 설교를 참 좋아했고, 그의 삶과 설교를 연구했다. 그래서 25년 전부터 멕카트니 목사님의 모든 자료가 소장되어 있는 미국 펜실베이니아주, 비버폴에 있는 제네바 대학(Geneva College, 1848년 설립)을 자주 다녔다. 제네바 대학은 피츠버그의 개혁장로회신학교(RPTS)와 더불어 스코틀랜드의 언약도(Covenanters)들의 신앙을 따르는 칼빈(John Calvin)과 낙스(J. Knox)의 신학과 신앙을 철저히 사수하는 학교이다. 제네바 대학의 도서관 이름은 아예 멕카트니 도서관(McCartney Library)이라 했다. 멕카트니 목사는 부친이 제네바 대학의 수학과 교수였던 존 멕카트니의 아들로 태어나서 미국 장로교회의 대지도자가 되었다. 그래서 멕카트니 박사는 1924년에 미국 장로교회의 총회장이 되었다. 그리고 그는 1957년에 세상을 떠났다. 멕카트니 도서관의 기념 방에는 멕카트니가 사용하던 책들과 설교 자료와 육필 원고가 가득 차 있다. 멕카트니 목사의 자료에는 휴지에다 번득이는 설교 영감을 기록한 것도 있다. 1848년 세워진 제네바 대학은 신학, 기독교 교육학을 비롯해서 인문, 사회 과학 등 20여 개 학과에 1,400여 명이 공부하고 있다. 각 과는 공히 기독교세계관 곧 칼빈주의 세계관으로 가르치고 있다. 그 학교는 평생동안 칼빈주의 운동에 힘쓴 공로를 인정해서, 1996년에 나에게 명예 문학 박사(D. Litt) 학위를 수여하였고, 나는 그 날 '교회와 세상과 하나님의 나라'란 제목의 강연을 한 추억도 있다. 나는 지난 9월에 제네바 대학에 다시 가서 며칠 동안 멕카트니 도서관에 머물면서 멕카트니의 설교와 그 학교의 교수였던 J. G. 보스 교수를 연구하게 되었다.

J. G. 보스 교수는 1900년대 초의 프린스턴 신학교의 성경 신학의 아버지 겔할더스 보스(Geerhardus Vos) 박사의 아들로, 한부선 선교사와 함께 만주에서 한국인들을 위해 선교사로 일했다. 일제의 신사 참배 강요로 총회가 1938년 신사 참배를 가결하자, 신사 참배를 반대한 성도들의 많은 수가 만주로 건너갔다. 박윤선 목사도 당시 만주 신경노회에서 목사 안수를 받았다. 한부선 선교사와 J. G. 보스 선교사의 신앙의 지도로 500여 명의 한국 성도들이 신사 참배에 반대하는 신앙 고백을 썼고, 이것은 독일의 바르멘 신앙 고백(Barmen Confession)과 맞먹는 문서였다. 그 후 J. G. 보스는 선교사 사역을 끝내고 제네바 대학에서 20년간 성경 신학 교수로 일했다.

나는 이번에 보스 교수의 행적을 조사 중에 그의 아들과 함께 식사를 하기도 했다. 그리고 나는 지난 9월 멕카트니 목사의 흔적을 찾으려고, 그가 목회하던 피츠버그 제일장로교회를 방문했다. 피츠버그 시내에 있는 제일장로교회당은 참으로 아름답고 예술적이었고 웅장했다. 나는 멕카트니 목사가 섰던 강단에 올라가 보니 감개무량했다. 그때 나는 교회 직원에게 물어보았다. 지금 주일 출석이 얼마나 모이는가 했더니 고작 200명이라고 했다. 그 옛날 멕카트니 목사가 목회할 때는 2,000명이 넘었다. 그런데 이제 200명의 성도들이 모인단다. 이것이 미국 장로교회의 현주소였다. 이미 미국 교회에 겨울이 온 것이다. 멕카트니 목사님의 '겨울이 오기 전에' 어서서 서두르라는 메시지를 미국 교회가 깨닫고 있었는지? 알 수 없다. 그리고 한국 교회도 '겨울이 오기 전에' 하나님께 더 가까이 가야겠는데 말이다.

'인생의 겨울이 오기 전에', '교회의 겨울이 오기 전에' 우리가 서둘러서 해야 할 일이 무엇일까? 오늘도 나는 제네바 대학교에서 어렵게 구한 멕카트니 목사의 불멸의 설교 'Come before Winter'란 70년 전의 육성 설교를 듣고 있다.

04 ────────────────────

환경 오염이냐? 인간의 오염이냐?

중국 발 미세 먼지로 이 겨울을 나기 쉽지 않을 듯하다. 앞이 안 보이는 희뿌연 먼지로 황사 마스크도 소용없단다. 요즈음 우리들 주변의 화제는 온통 환경 오염에 관한 말들이다. 지금은 많이 개선되었다고는 하나, 생명의 젖줄인 강들은 다 죽었고, 물고기도 살 수 없는 온갖 화학 물질로 뒤범벅이 된 오염된 시궁창이 되어가고 있다. 사람들은 저마다 악덕 기업, 부도덕한 기업을 정죄하고 규탄하고 배상을 요구하는 모양이다. 한때는 어떤 기업의 상품을 불매 운동하자고 야단이더니만 그것도 몇 날 못 가서 시들해서 기억에 사라지고 있다.

우리는 뼈아픈 가난에서 해방되기 위해서 불도저식으로 밀어붙여서, 안 되면 되게 하는 산업 사회 경제 제일주의 사상을 국가 지표로 삼은 나머지 오늘의 산업 선진국의 문턱에 서게 된 것도 인정해야 할 것이다. 곳곳에 댐을 만들고, 둑을 쌓아서 간척지를 만들고 소득 증대를 한답시고 농약을 무차별 살포해서 모든 음식물에 농약을 발라 먹는 꼴이 되었다. 정의 복지 사회의 구호 아래 온갖 부정이 정의로움으로 둔갑되고 복지 정책이 자연환경을 모두 망가뜨리고 소수의 사람들을 위한 골프장을 만들어서 푸른 사막을 만들어 환경을 파괴시키고 독극물을 수원지에 뿌리는 꼴이 되었다. 하기는 산업화 과정에서 어차피 한 번은 치러야 할 것이라고 본다면 문제 될 것이 없다.

그런데 이런 환경 파괴 또는 환경 오염은 결국 따져 보면 인간의 마음 가운데 있는 죄악 때문이란 사실을 알아야 한다. 사람들은 대개가 현상적인 문제를 가지고 제도적 잘잘못을 따진다. 예를 들면 환경청의 감독 소홀이 문제라느니, 정부의 정책이 들쑥날쑥이라느니 어떤 회사가 부당 이득을 위해서 공해 방지 시설을 외면했다는 말들이 고작이다. 이런 무소신의 정책과 악덕 기업의 부도덕성은 따져야 한다. 그러나 성경에 보면 첫 사람 아담이 범죄 했을 때 그 결과로서 땅이 저주를 받았으며 땅이 가시덤불과 엉겅퀴를 냈다고 말씀하고 있다(창 3:17-18). 환경 오염과 환경 파괴는 정치나 정책의 문제가 아니라 인간의 죄가 문제되고 있다는데 주목해야 한다. 흔히 이런 문제를 말할 때 인간의 양심 문제를 들고 나오기도 한다. 그런데 양심이란 것도 하나님 앞에서의 양심이어야 하지, 인본주의적 시각에서 보는 양심은 진정한 양심일 수 없다. 유물주의 사상에 바탕을 깐 양심을 가지고는 환경 오염을 막을 길이 없다. 그러므로 환경 오염 이전에 양심의 오염이 문제이고, 양심의 오염은 바로 인간이 하나님을 떠난 죄의 결과 때문이다. 즉 인간이 죄로 오염되었기 때문에 환경 오염이 왔다는 것이다. 다른 사람의 생명이야 죽든 말든 나만 돈을 모으면 된다는 발상이 환경 오염을 낳고만다. 그것은 바로 간접 살인을 하고 있는 셈이다.

우리 칼빈주의자들의 시선은 이 세상의 물건이나 정치적 껍데기를 보려는 것이 아니고 만물의 현상 뒤에 계시는 하나님의 손길을 보려고 한다. 칼빈주의자들의 양심은 하나님의 불꽃같은 눈앞에 서기를 소원한다. 칼빈주의자들은 오늘의 문제와 오늘의 상황에 뒷짐지고 있기를 원치 않는다. 칼빈주의는 인간을 하나님 앞에 세워서 깨끗하고 순결한 하나님의 형상을 회복할 때, 비로소 모든 피조물도 그의 위치를 바로 지킬 것을 믿는다. 환경 오염이 인간을 망하게 만드는 것이 아니라 인간의 오염이 자연을 병들게 만들었다는 사실을 깨달아야 한다. 오늘의 시대도 옛날의 시대와 다를 바가 없다. 인간이 하나님 앞에서 새로워질 때 자연도 새로워진다. 그러므로 우리는 유물주의 중심의 세계관과 인본주의 세계관에서 하나님 중심의 세계관으로 변화시키는 새로운 장을 열어야 한다. 이것이 오늘의 문제를 해결하는 본질적인 것이 될 것이라고 생각한다.

환경 오염은 인류를 파멸로 몰아넣을지도 모른다. 현대 문명이 쏟아낸 쓰레기 때문에 현대 문명은 파괴될지도 모른다. 그러나 환경 오염은 인간의 오염에서 나온 것임을 바로 알 때 근본적인 치료는 시작되리라고 본다. 인간의 오염은 결국 인간의 죄 때문이다. 인간의 죄 문제를 해결하기 전에는 환경 오염도 사회의 오염도 정치의 오염도 해결해 낼 수 없을 것이다.

05

김화식(金化湜, 1894-1947) 목사

1976년에 나는 화란 유학에서 돌아와 총신대학교 조교수로 다시 임명되었다. 내가 가르치는 과목은 칼빈주의와 개혁주의 설교학이었다. 나는 무슨 학문을 하던지 역사적 고리를 연결시켜야 한다는 신념이 있었다. 그래서 한국 교회 100년 역사에 한국인의 영혼에 가장 귀한 메시지를 전한 설교자가 누구인지를 연구하기 시작했다. 그 중에 가장 눈에 띄는 목사님은 순교자 주기철 목사의 단짝 친구이자, 신성학교 교목을 거쳐 평양 창동교회를 목회하던 김화식 목사의 설교가 한국 교회사에 가장 위대한 대설교임을 깨달았다. 역사가들은 그를 가리켜서 한국의 스펄전(C. H. Spurgeon)이라고 이구동성으로 말했다. 물론 나는 그의 육성 설교를 들은 바는 없지만, 김화식 목사의 유작 설교집과 1930-40년대 기독교 잡지 信仰生活에 기고한 그의 설교를 읽고 있노라면 과연 한국 교회 역사 가운데, 가장 탁월한 설교자임을 깨닫게 되었다.

김화식 목사의 『신앙의 승리』란 설교집 추천서에, 1962년 통합측 총회장이던 이기혁(李基赫) 목사는 말하기를 "김화식 목사님은 내가 존경하는 목사님 중에 가장 뛰어난 존재라고 추천한다. 그는 유명하신 길선주 목사님과 둘도 없는 우의를 맺고 계시던 김성찬 목사의 영식이다. 그의 형제들이 모두 천재적이지만 한국 교회 역사에서 김화식 목사님보다 앞선이는 없다고 평하고 싶다. 나뿐 아니라 일반의 평도 그러하다. 그의 설교는 영감이 심오하고 논리적이며 박학다식하면서 영감을 불어넣는 설교"라고 했다. 그의 설교를 읽어보면 독자로 하여금 잔잔한 시냇가와 푸른 초장을 거니는 듯한 느낌을 받는다. 그의 설교는 정확한 발음으로 처음에는 가장 세미한 음성으로 논리적으로 전개하다가 클라이막스에 이르면 천둥과 번개가 치는 듯한 웅장한 음성으로, 청중의 심령을 녹여 내는 천부적 설교자라고 한다. 김화식 목사의 설교 스타일을 배운 분은 배은희 목사와 한경직 목사라고 한다.

김화식 목사는 성경의 박사이자, 동서고금의 사상을 꿰뚫은 예지가 번득이는 설교자였다. 그가 그러한 한국의 스펄전이라고 불리울 만큼 대설교가가 된 것은 아무래도 평양 신학교 제2회 졸업생인 그의 선친 김찬성 목사와 그의 아우 김성여 목사, 친구 주기철 목사, 김유택 목사 등의 위대한 동역자들과 함께 했기 때문이기도 했다. 특별히 그의 설교와 삶은 애국 애족과 나라 사랑의 일편단심이었다.

김화식 목사는 1919년 3.1운동에 아버지와 함께 참가해서 일경에 체포된 후 2년 6개월 동안에 서대문 형무소에 갇혀 있었다. 하지만 일제의 감옥은 김화식의 영혼까지 가둘 수 없었다. 그는 감옥에서 오히려 많은 사람을 전도하여 예수께로 인도했다. 그 감옥에서 김화식 목사의 전도를 받은 분 가운데 가장 유명한 분은, 후일 장로교회 총회장이 된 안동교회 이원영 목사이다. 김화식 목사는 평양 숭실학교를 거쳐 1927년 평양 신학교를 22회로 졸업하고 안주 동부교회, 용천 양시교회, 장리욱 박사의 초청으로 신성학교 교목, 평양 창동교회, 산정현교회 등에 목회하면서 고난 받는 민족에게 예수 그리스도 안에 있는 구원과 소망의 메시지를 주었다. 그의 설교는 율법주의적 설교가 아니라, 해박한 성경 해설과 지성적이고 비유적이고, 대중에게 가장 매력적인 은총의 설교자였다. 더구나 그는 설교를 시작하면서 도입 부문에 들어가면 동서고금, 현대와 과거를 넘나드는 예화를 들어서 청중들이 자연스레 설교에 빨려 들어오도록 한다. 흔히 주기철 목사님의 '일사각오'는 군사를 지휘하는 전투 사령관다운 설교라면, 김화식 목사님의 설교는 푸른 초장에 풀 내음 나고 시냇물 소리가 들리는 목장에서 양을 치는 목자다운 설교라고 할 수 있다고 했다.

　그런데 1945년 8월 15일 미국의 원폭 투하로 일본이 항복하자, 한국은 드디어 해방을 맞는다. 한반도는 자유의 천지가 되었다. 그러나 그것은 우리가 싸워서 얻은 해방이 아니었기에 3·8선이 그어지고, 북한엔 소련이 가짜 김일성인 김성주를 앞세워 공산주의 국가를 만들었다. 공산당은 주일에 선거 투표를 하도록 하고, 교회당을 투표 장소로 만들었다. 가짜 김일성이는 이 나라를 공산 혁명의 기지로 착착 진행했다. 그때 김화식 목사는 이 땅에 공산주의 세력을 몰아내고 진정한 자유 민주주의 국가를 세우기로 결심했다. 그래서 그는 성경의 원리와 성경적 세계관에 입각한 기독교 신앙을 중심한 자유 국가 건설이 시급했다. 그는 1945년 11월에 정당을 만들고 '기독자유당'을 세우려고 준비했다. 그 즈음에 감리교는 '기독민주당'을, 그리고 신의주의 한경직 목사는 '기독사회당'을 준비하고 있었다. 그들은 모두가 이 땅이 공산주의에 대항하여 자유 민주주의 국가가 되기 위해서 하나님의 말씀 곧 성경의 사상이 중심에 있어야 한다는 데는 공감했다. 그러다가 김화식 목사는 1947년 9월에 U.N에 한국 문제 상정을 앞두고 남쪽의 이승만 박사와 내통하면서 김관주, 황봉찬, 우경천 등과 더불어 '기독자유당'을 세워 고한규 장로를 당수로 세우고 창당 대회를 하루 앞두었다. 그러나 기독자유당은 1947년 11월 18일 공산당이 심어놓은 첩자의 신고로, 하루 전 날 내무서원이 들이닥쳐 40여 명이 체포됐다. 김화식 목사 일행은 그 후 공산당에 의해 13년의 언도를 받고 탄광에서 중노동에 시달리다가 총살형으로 장렬히 순교했다.

위대한 한국의 스펄전, 진정한 애국자, 자유 민주주의 수호자, 한국 기독교 정치의 원조 김화식 목사는 그렇게 갔다. 그의 아들은 그 유명한 우리 가곡의 거장 작곡가 김동진 선생이다. 김동진 선생은 내가 그의 선친 '김화식 목사의 생애와 삶과 설교'란 글을 내 책

『한국 교회 설교사』에 기록한 것이 너무너무 고마워서 어느 날 친히 나를 찾아와서, "정 박사님! 한국에 아무도 선친에 대한 것을 말하지 않는데, 정 박사님이 선친에 대한 글을 써주셨습니다. 감사합니다. 나는 평생 작곡만하고 살았으니 시를 한 수 써주시면 작곡을 꼭 해 드리겠습니다." 라고 했다. 당시 그도 이미 나이 늙어 베토벤처럼 귀가 들리지 않았지만, 내가 쓴 '요나처럼 순종 않고'란 노래 말을 손수 작곡해 주었다. 아마 김동진 선생이 내게 써 주신 곡이 그의 마지막 곡이었을 것이다.

한국의 스펄전, 우리 민족에게 자유와 민주, 평화를 말씀으로 깨우치려던 대설교가, 철저한 반공주의자, 이 땅에 기독교 정당의 원조! 김화식 목사가 참으로 그립다.

06

마디바(MADIBA)

    2013년 12월, 나는 남아프리카 공화국(이하 남아공)에 갔었다. 나는 오래 전 화란에서 신학 공부를 할 때 남아공에서 온 친구들이 많았다. 그 친구들은 영어와 아프리칸스를 자유자재로 말했고, 특히 인종 차별 정책(Apartheid)에 대해서 흑백 간에 민감했었다. 남아공은 아프리카의 유럽이었고, 특히 개혁주의 신학(Reformed Theology)이 발전된 나라여서 꼭 한 번 가보고 싶었으나 기회를 얻지 못했다. 그러다가 총신대학교회에서 함께 동역하던 김경열 선교사의 초청으로 우리 내외는 먼 길을 가게 되었다. 거기서 스케줄은 김경열 박사가 주도하는 목회자 재교육 프로그램인 ABBA의 졸업식 설교, 선교사들이 세운 남아공 현지 교회에 설교하고, 한인 교회 설교, 그리고 남아공의 전통적 개혁신학대학들, 예컨대 프레토리아 신학대학, 스텔렌보쉬 신학대학, 포체스트롬 신학대학 등을 방문하고 교수들과 대화를 나누는 일이어서 참으로 즐거웠다.

교수들과의 만남은 영어보다는 화란어가 더 좋았다. 왜냐하면 아프리칸스는 화란어와 사촌 정도 되는 언어로서 서로가 소통이 되는 언어였기에 아주 편하게 이야기를 나누었다. 마치 경상도 사투리와 전라도 사투리로 함께 대화를 나누는 듯했기 때문이다. 우리가 남아공에 도착한지 며칠 후 남아공은 국상이 났다. 그 해 12월 5일 남아공의 대통령이었고, 노벨 평화상을 받은 넬슨 만델라(Nelson Mandela)가 서거했다. 우리 시대는 위대한 지도자를 잃었다. 사실 넬슨 만델라 전 대통령이 세상 뜨기 전에 나는 만델라가 27년 동안 감옥살이 했던 로벤섬 교도소를 가보았다. 넬슨 만델라는 죄수번호 46664를 달고 27년간 감옥살이를 하면서 자유의 그 날을 바라보며 항상 적극적이고 긍정적으로 생각했고, 그 작은 철창 속에서 윗몸 일으키기, 팔 굽혀 펴기를 하면서 몸을 단련했다. 결국 그는 71세에 출옥했고, 드디어 인종 차별을 종식하는 흑인 첫 번 대통령이 되었다. 국민들은 만델라가 대통령이 되면, 정적들을 처단하고 적폐 청산의 명분으로 복수할 줄 알았지만, 그러나 그는 흑백 모두를 껴안고 화해와 평화의 정치를 했다. 온 세계는 만델라에게 감격과 감사, 경의를 표하였다. 만델라는 개혁교회 성도는 아니지만 남아프리카 토착 기독교의 신실한 성도였다. 그는 예수 그리스도 안에서 용서와 사랑을 실천했다. 27년간 자기를 옥에 가두었던 정적들, 그리고 인종 차별 정책을 썼던 백인들을 용서하므로, 오히려 자기와 입장을 달리하는 사람들을 무안하고 부끄럽게 만들었다.

만델라로 말미암아 남아공에 평화가 온 것이다. 그래서 그에게 노벨 평화상이 수여된 것은 너무나 당연한 것이었다. 금세기의 위대한 자유와 평화의 지도자 넬슨 만델라가 서거했다는 소식이 메스컴을 통해 알려지자 전 세계의 모든 대통령들과 왕들, 그리고 수상들이 남아프리카로 조문 사절을 보내었다. 섭섭하게도 당시 우리나라는 국무총리를 조문 사절단으로 보냈지만, 격이 떨어진데다가 세계를 잘 모르는 국가가 되어버렸다. 어쨌든 내가 10여일 머무는 동안은 남아공은 나라의 지도자를 잃은 슬픔으로 무거웠다. 그런데 내가 보고 깨달은 것은 만델라 전 대통령을 추모하고 조문하는 행렬이 곳곳에 수백 미터로 줄을 섰고, 3시간, 4시간도 마다하지 않고 엄숙하게 기다렸다.

왜냐하면 넬슨 만델라 전 대통령은 그 나라의 '마디바'였기 때문이었다. '마디바'란 뜻은 '(Madiba)존경하는 어른'이란 뜻이다. 나도 용기를 내어 그 틈에 끼어서 조문을 하려고 했으나, 3시간 이상을 인내할 수가 없었다. 그래서 국장이 끝난 그 이튿날 가까스로 대통령궁을 방문하고, 방명록에 서명하고 조문할 수 있는 기회를 가졌다.

나는 생각해 보았다. 우리나라는 정치가도 많고, 학자들도 많은데 '마디바' 곧 존경 받는 어른이 없다. 나는 넬슨 만델라의 삶을 회고하면서 우리나라의 국부이신 이승만 박사를 생각해 보았다. 둘 다 종신형을 받았고, 둘 다 평생을 '자유를 위한 머나먼 여정'을 걸어온 사람이다. 만델라는 91세, 이승만 박사는 95세를 살면서 이 나라를 자유의 나라로 만들었다. 그러나 우리나라는 세작들의 악선전과 반대파들의 비열하고 폄하시키는 운동을 통해서 이승만 대통령을 하와이 망명지에서 숨지게 하고 한국의 '마디바'를 만들지 못하게 했으니 부끄럽기 짝이 없다. 넬슨 만델라를 조문하고 오면서 많은 것을 느끼게 했다. 이제 대한민국의 '마디바'를 다시 세우자.

07

세상만사 살피니…

나는 중학교 때 이성봉 목사님의 부흥회에 몇 번 참석하여 큰 은혜를 받았다. 그때 내가 목사님으로부터 강하게 받은 인상은 긴 수염에 그 풍체 좋고 구수한 입담으로 설교하는데 밤 집회는 존 번연의 천로역정(Pilgrim's Progress)을 강해했다. 그의 설교는 참으로 알아듣기 쉽고 은혜가 충만했다. 이성봉 목사님은 김익두 목사님의 부흥회에서 큰 은혜를 받았고, 김익두 목사의 대를 이어 한국 교회의 위대한 대부흥 역사의 주역이었다. 그래서 이성봉 목사는 한국의 무디(D.L. Moody)로 알려졌다.

이성봉 목사(1900-1965)는 성결교회의 부흥사로서 일생 동안 순결하고 깨끗하고 무흠한 부흥사로 존경 받는 목사로 살았다. 이성봉 목사는 성결교회의 목사이지만 장로교, 감리교, 침례교 등 모든 교파를 초월해서 해방 전후, 그리고 6.25 이후에 고난 받고 찌들게 가난한 사람들과 낭패와 실망 가운데 있던 한국 성도들에게 복음을 통한 위로와 희망의 메시지를 들려주었다. 그는 한국 교회의 강단의 거성으로 30여 년간 한국 교회의 성도들에게 끼친 영향은 실로 대단했었다. 그는 성결교회의 사중복음(四重福音)을 그대로 받아 체험하고 전하려고 힘썼다.

그런데 그의 설교의 독특한 것은 설교의 마지막에 결단을 촉구하는 시간에는 꼭 그가 작사했던 아래와 같은 허사가를 부르곤 했다.

"세상만사 살피니 참 헛되구나
부귀공명 장수인들 무엇하리요
고대광실 높은 집 문전옥답도
우리 한번 죽어지면 일장의 춘몽

인생일귀 북망산 불귀객 되니
일배황토 가련코 가이없구나
솔로몬의 큰 영광 옛말이 되니
부귀공명 장수인들 무엇하리요

홍안소년 미인들아 자랑치 말고
영웅호걸 열사들아 뽐내지 말라
유수 같은 세월은 널 재촉하고
저 적막한 공동묘지 널 기다린다."

그런데 차라리 이 노래를 설교 도입으로 했으면 더 좋았을 텐데, 구원의 진리를 잘 설교하고 마지막에 이 세상에 대한 허무주의(Nihilism)를 말하는 것이 됐고 이것이 당시 한국 기독교인들의 세계관이 되었다. 성경에는 '세상'이란 말이 많이 나온다. 그런데 '세상'을 어떤 의미로 보느냐에 따라서 신앙이 달라진다. 한국어 성경에 '세상'이란 헬라어의 Kosmos와 Aion의 번역이다. 전자는 공간적이고 장소적인데 반해서 후자는 시간적 의미를 가진다. 여기서 주로 Kosmos를 중심해서 생각해 보자.

성경에 나타난 '세상'은 여섯 가지 뜻이 있는데, 첫째는 하나님이 창조한 모든 세상, 둘째는 사람의 거주지를 말할 때, 셋째는 전 인류를 말할 때, 넷째는 유대인 외에 이방인을 가르칠 때, 다섯째는 타락한 인간을 가르칠 때, 여섯째는 인간은 죄로 말미암아 멸망 받을 수밖에 없으나, 예수 그리스도로 말미암아 변화되고 새롭게 된 세상을 가르칠 때 사용한다. 그런데 한국 교회 성도들에게 세상이란 존 번연(John Bunyan)이 말했던 장망성으로의 세상만을 생각한다. 기독도(徒)가 부패하고 썩어진 세상을 버리고 천성을 향하여 걸어가는 것만이 오직 그리스도인의 신앙으로 생각하고 있었다. 하기는 존 번연이 살던 시대, 특별히 감옥에서 세월을 보내던 그에게는 이 세상은 그냥 썩어질 장망성으로 생각했고, 주님이 주신 영생을 위해 달려가는 것이 옳았다. 그런데 이 존 번연의 『천로역정』이 한국에는 성경이 번역되기 전에 먼저 출판되어 읽혀졌다. 바로 그즈음에 한국은 국권을 잃고, 일제 강점기에 들어갔다. 그 후 6.25

때 북한 공산당의 남침으로 한국은 초토화되었다. 그래서 성도들의 신앙은 이 세상은 버려진 땅이요 희망이 없는 죄악의 세상이므로, 이 세상에 소망 둘 것도 없고, 이 세상에는 우리가 해야 할 사명도, 소명도 없기에 오직 영원한 천국을 소망하는 것만이 우리의 믿음이요 즐거움이란 것이다.

그래서 1900년대에서 1960년대까지 한국 교회의 강단의 설교는 이 세상은 썩어질 장망성으로 관심을 둘 필요가 없는 것으로 허무주의(Nihilism)를 복음처럼 받는 하나의 출발점이었다. 그러니 교회에서 목사의 설교도 부르는 찬송도 그랬고, 가스펠도 이성봉 목사님이 불렀던 '허사가'가 애창되었다. 그래서 한국 교회 성도들은 자연스레 이원론적(Dualistic) 세계관을 갖게 되었다.

우리는 여기서 성경에서 언급한 '세상'이란 여섯 가지 개념 가운데 마지막 뜻을 받아야 한다. '요 3:16'에는 '하나님이 세상을 이처럼 사랑하사 독생자를 주셨다.'고 한다. 그런 까닭에 이 세상의 모든 사람들은 하나님의 사랑의 대상이다. 이 세상은 죄악의 도성이기도 하지만 선교의 대상이요, 소명(Calling)의 장소이다. 칼빈주의자들의 구호처럼, '성도들은 세상에 살고는 있으나 세상에 속한 자는 아니다.' 오늘의 한국 교회 성도들은 '세상과 짝하지 마라', '나와 세상은 간 곳 없고' 등으로만 머리에 입력되어서, 이 세상에서 우리 그리스도인들에 맡겨진 복음 선포와 선교적 사명을 잊어버렸다. 아브라함 카이퍼(A. Kuyper) 박사의 말처럼, 이 세상에는 아무

곳도 하나님의 주권이 미치지 않는 곳이 없음을 깨달아야 한다. 이 세상은 도피해야 할 장소가 아니라, 우리가 변화의 주체자가 되어 새롭게 하고 정복해야 할 땅이다.

그러므로 우리는 교회란 울타리에 갇혀서 세상과 나와는 무관한 듯이 살아가는 것이 성경적 신앙인지 물어야겠다. 하나님의 영광과 주권을 믿고 하나님의 은혜로 개인 구원을 받은 자면, 놀라운 복음의 폭탄을 가지고 정치, 경제, 사회, 문화, 예술, 학문 등 삶의 모든 영역을 변화시키는 하나님 나라의 위대한 소명의 주체자가 되어야 할 것이다.

우리 그리스도인들은 온 세상 즉 전 세계 모든 사람들의 영혼을 책임지는 선교의 사명을 받은 자들이다. 세상은 도피의 장소가 아니라 정복해야 할 땅이며 거대한 우리의 일터요, 선교의 장소이다.

08

주기철 목사님의 안경

　주기철 목사님은 일제 강점기에 신사 참배 반대 운동의 선봉장이 되어, 모진 고난을 받고 목사로서 순교의 영광을 안았다. 사실 일제는 신사 참배는 종교가 아니라 국가 의식이라고 주장하면서, 한국인들의 혼을 빼 버렸다. 3·1운동 때 그토록 민족의 독립을 소리 높이 외쳤던 애국자들도 그 후 일본의 문화 정책 술수에 모두 녹아나서 친일로 돌아섰고, 교회도 신사 참배 강요에 속절없이 무너졌다. 이것이 국가가 교회를 탄압한 전형적 모델이다. 포용주의를 포용한 꼴이다.

　오늘날도 차별금지법 등을 국가가 밀어 붙이려는 것과 같다. 이른바 총회 지도자들마저도 묘한 논리를 합리화시켜, 1938년 장로회 총회 때 신사 참배는 종교 의식이 아니고 국가 의식이라고 성명을 내고, 경찰이 마련한 승용차를 나누어 타고 평양의 일본 신사에 가서 모두 참배를 했다. 참으로 하늘도 울고, 땅도 울 수밖에 없는 한국 교회의 부끄러운 일이 벌어졌다. 그 후 한국 교회는 없어지고, 일본 기독교 조선 교단이 되었고 예배 순서는 이랬다. 당시 주보를 보면 아래와 같다.

> 국가 봉창
> 궁성요배
> 대동아 전쟁 필승 기원 묵도
> 황국 신민의 맹세사재송
> 우미유가바 합창(천황 찬양의 노래)
> 찬송가 1장
> 사도 신경
> 찬송 등등

과거 한국 교회는 여호와와 바알을 동시에 섬긴 우를 범했다.

그 후에 애국 헌금을 거두었는데 이 애국 헌금은 전투기 '장로호'를 만들어 헌납했다. 실로 땅을 치고 통곡해도, 머리를 돌에다 찍어도 울분을 달랠 길 없었다. 과거 한국 교회는 일제의 강압과 회유에 어쩔 수 없다고는 하나, 하나님 앞과 세계 교회 앞에서 믿음의 조상들 앞에 머리를 들 수 없다. 그래도 만주로 이주해 간 성도들은 한부선 선교사와 J. G. 보스 선교사의 지도로 500여 명이 신사 참배를 반대하는 신앙 고백을 작성하고 서명한 것은 그나마 위안이 되었지만, 국내에서 되어 진 일이 아니었다. 그럼에도 불구하고 이기선 목사를 필두로 주기철, 손양원, 손명복, 이인재, 한상동, 박관준 등이 일제의 신사 참배 강요에 결사 항전하다가 순교 또는 산 순교자가 되었던 것은 그나마 위로를 얻는다.

최근에 주기철 목사님의 순교에 대해서, 모든 장로 교단들이 마치 자기들이 순교의 반열에 선 정통인 듯이 아전인수격으로 순교자 주기철 목사를 끌어다가 미화시키는 것은 참으로 염치없고 부끄러운 일이 아닐 수 없다. 최근에 장로 교단마다 주기철 목사 복권(復權)이란 행사도 있었으나, 죽은 분에 대한 복권은 가톨릭이 하는 짓이니 그것도 교리에 없는 것이다.

필자는 1976년부터 주기철 목사의 순교와 그의 설교에 대해서 글을 썼었다. 또한 순교자들이 포함된 설교를 모아서 『한국 교회 설교사』란 책을 썼고, 이 책은 전 세계 10여 개국으로 번역되었다. 이 일로 주기철 목사의 아들인 주광조 장로와 깊이 사귀었고, 주 장로님이 총신대학교 신학대학원에 주기철 목사님의 순교 기념비를 세울 때를 대비해서 내게 비문을 써달라고 했다. 사실 그 전에 나는 주기철 목사님이 순교 전까지 갖고 있던 가방과 안경과 안경집, 그리고 몇 장의 희귀한 사진 등을 가지고 있었다. 그 과정은 이렇다. 주기철 목사님이 순교하신 후 38선이 막히자, 산정현교회 집사였던 최천구 집사가 주기철 목사님의 유품을 가지고 월남하였다. 그 후 최천구 집사는 부산 고려신학교를 졸업하고 송도에 교회를 개척하여 목회를 잘했다.

그런데 그 교회는 박윤선 목사님의 가족이 나가고 있었다. 그래서 1962년에 내가 동산교회에서 박윤선 목사님을 모시고 전도사로 일할 때 최천구 목사님을 뵈었다. 그 후 최천구 목사가 은퇴하자 주기철 목사님의 유품을 해방 전 산정현교회 전도사였던 김정덕 목사님께 드렸다. 김정덕 목사님은 고신을 졸업하고 광화문교회를 담임했다. 그는 신사 참배 반대 운동의 선봉장 이기선 목사님으로부터 성경을 배운 학자였다. 그는 대한신학교 겸임 교수를 하다가, 1970년대 초에 미국 이민을 갔었다. 그 후 미국 L.A에서 '나성 제2교회'를 개척하여 목회를 하셨다. 그러나 그는 미국 시민권을 딴 후에 갑자기 세상을 떠났다. 그러자 그 교회에 장로였다가 목사가 된 김종혁 목사가 교회를 섬기고 있었다. 김종혁 목사님은 철저한 칼빈주의자로서, 필자가 미주 총신 학장으로 있을 때 그는 이사장이었다.

1984년 나는 나성 제2교회에 부흥회에 초대되었는데, 김정덕 목사님의 사모와 대화 중에 주기철 목사님의 자료 이야기가 나왔다. 그런데 사모님이 말하기를 그 자료는 모두 창고에 처박아 놓았다고 했다. 나는 눈이 번쩍 뜨였다. 그리고 사모님께 말씀 드리기를 '제가 창고 정리를 다 해드리겠습니다. 만에 하나 주기철 목사님의 자료가 있으면 한국으로 가져가겠습니다.'라고 했더니 기꺼이 허락을 해주셨다.

그래서 발견한 것이 순교자 주기철 목사님이 가지고 다니시던

가죽 가방과 안경, 안경집, 수첩에 있던 사진들을 발견해서 한국에 가져왔다. 그 후 총신대학교 내 연구실에 두었던 낡아 빠진 주기철 목사님의 가방은, 청소부 아주머니들이 잘 몰라서 쓰레기인 줄 알고 내가 없는 사이에 불에 집어넣었다. 그 사건은 지금도 가슴이 아리다. 그래서 주 목사님의 안경과 안경집만이 한국칼빈주의연구원에 보관하다가, 몇 년 전 대한예수교장로회 총회역사박물관을 만들 때 기증했다.

대부분의 사람들은 역사적 문헌이나 자료에 대해서 무심하기 짝이 없다. 그러나 우직하게 나는 한국 교회의 역사적 정통성을 지키고 칼빈주의 신앙과 신학을 지키는 일에 반세기를 매달렸다. 주기철 목사님의 비문도 내가 쓴 원고에만 있고, 20년이 지나도록 총신에 순교기념비 하나 없이 무심하게 지냈다. 여기에 그때 총신 양지 캠퍼스에 세우려던 순교자 주기철 목사님의 비문을 싣는다.

    태양신과 싸우려고 선봉에선 주기철님
    한국 교회 신앙절개 온몸으로 지키려고
    일천팔백 팔십칠년 주 장로의 넷째아들
    경상도 땅 웅천에서 주 뜻대로 나셨더라

    개통학교 졸업하고 오산학교 입학해서
    조만식과 남강 선생 민족정기 이어받고
    연희전문 수학 중에 눈병으로 중퇴하나

김익두의 부흥회에 성령 감동 체험하니

평양 신학 개혁주의 말씀 사람 기도 사람
불과 같은 열정으로 주의 교회 일으키고
초량교회 문창교회 산정현의 어진 목자
진리 말씀 설교하며 온몸으로 불태우다

신사 참배 반대 운동 총사령관 되더니만
일사각오 순교자로 피를 뿌려 승리하니
정통 신앙 이어받은 총신 동산 요람에다
돌 하나로 기념해서 순교정신 이어가리

1990. 9. 11

한국순교자 기념사업회 고문
전 총신대학 총장 정성구(讚)

09

기록한 그 이

경상도 사람끼리는 '가가 가가'라고 하면 알아듣는다. 상대방에게 긴 설명을 안해도 서로 통한다. 또 전라도 사람들끼리는 '거시기가 거시기 하다'란 말도 친구들끼리는 다 알아 듣는다. 꼭 찍어서 누구라고 이름을 거명 안해도 알 만한 사람은 모두가 다 알고 있다는 것이다. 이런 표현들은 다른 언어권에서도 많이 있을 것으로 생각된다. 왜냐하면 같은 문화와 같은 언어권에서는 구구절절 설명을 안해도 그 민족끼리, 친구끼리는 몇 마디 단어만으로 서로 통하는 것이 있다.

그런데 이스라엘 사람들도 오랜 세월 동안 서로끼리 통하는 말이 하나 있다. 그것은 '기록한 그 이' 또는 '그 이'라는 말은 유대 사회에 자주 쓰는 말이다. 성경을 잘 읽어보니 구약부터 신약 전편에 이런 표현이 많다. 예컨대 창 49:10에 "홀이 유다를 떠나지 아니하며 치리자의 지팡이가 그 발 사이에서 떠나지 아니 하시기를 실로가 오시기까지 미치리니 그에게 모든 백성이 복종하리로다."라고 했다. 유다 족속 가운데 왕통이 나오고 그 한 분에게 모든 사람이 복종할 것이라는 어떤 그분을 말한다. 알듯 모를 듯 하지만 여기 '실로'와 '그'는 메시야라는 사실은 모든 이스라엘 사람들은 설명을 안 해도 다 통하는 말이다. 그런데 이사야서에 와서는 더욱 확실히 말한다.

"보라 너희 하나님이 오사 보수하시며 보복하여 주실 것이라
그가 오사 너희를 구하시리라"(사 35:4).

이사야의 메시지는 멀리서 울려 퍼지는 트럼펫 소리처럼 장자 하나님이신 메시야 그가 오사 이스라엘을 구원하신다는 내용이다.

이스라엘 백성에게는 구구절절 설명을 안 해도 장차 메시야가 올 것이고, 메시야를 대망하는 것이 이스라엘의 희망이요 꿈이었다. 메시야를 대망하면서 이스라엘은 '이방의 빛'이 되어 주의 구원을 선포하는 것이 꿈이었다. 그런 '은혜의 때'이자 '구원의 날'이 올 것이다. 이사야는 53장에 이르러 메시야의 고난과 죽음에 대해서 예수 그리스도의 십자가를 근접 촬영하듯이 예수 그리스도를 말하면서 '그는'이란 말을 10회나 쓰고 있다.

"그는 주 앞에서 자라나기를 연한 순 같고…

> 그는 멸시를 받아서…
>
> 그는 실로 우리의 질고를 지고…
>
> 그가 찔림은 우리의 허물을 인함이요…
>
> 그가 곤욕을 당하며…
>
> 그가 곤욕과 심문을 당하고…
>
> 그는 강포를 행치 아니했고…
>
> 그가 산 자의 땅에서 끊어짐은…
>
> 그로 상함을 받게 하시기를…
>
> 그가 자기 영혼의 수고한 것…
>
> 그가 많은 사람의 죄를 지며 범죄자를 위하여 기도하였느니라…."

　오늘날의 유대인들은 이사야 53장을 제일 싫어하고 '우리'와 '그'를 같은 분이라고 우긴다. 그러나 메시야의 고난을 바로 깨달은 사람은 이 성경을 읽고 감격하고 통곡한다. 신약에 와서 예수 그리스도의 성육신을 말하면서 구약의 '그가' 바로 메시야 예수 그리스도임을 명백히 밝힌다. 구약에서 약속하신 메시야는 '그 선지자' 또는 '하나님의 어린양'이라고 하지만 사도 요한은 '그가' 태초에 함께 계셨고 만물이 '그로' 말미암아 지은바 되었고 세례 요한은 '내 뒤에 오시는 그 이다'고 했다.

　또 빌립이 나다나엘에게 전도하면서 "모세가 율법에 기록하였고, 선지자가 기록된 그 이를 우리가 만났으니 요셉의 아들 나사렛 예수니라" 했다. 왜 빌립은 전도할 때 '기록된 그 이'를 썼을까? 그것은 유대인들에게는 '그 이'라고 말하는 것이 메시야라고 말하는 것보다 더욱 이해되는 말이기 때문이다. 예수 그리스도는 유대인들에게는 '그 이'가 '그 이'다. 그래서 예수님은 자신의 정체성을 확실히 하고자 누가복음 24장 44절에서 "곧 모세의 율법과 선지자의 글과 시편에 나를 가르켜 기록된 모든 것이 이루어져야 하리라 한 말이 이것이라 하시고 또 이르시되 마음을 열어 성경을 깨닫게 하시고…"라고 했다. 요 4:25-25에 수가성 사마리아 여인이 '그가 오시면…'하자, 예수님은 '내가 그로라' 하였다.

그러므로 우리는 성경을 하나님의 위대하고 웅장한 구속사(Redemptive History)로 봐야 그때서야 성경이 보이기 시작한다. 성경은 인생을 살아가는데 필요한 좋은 글이 아니고, 성경은 복 받는 비결도 아니고, 오직 예수 그리스도 안에 있는 위대한 하나님의 구속의 내용을 쓰신 것이다. 구약 성경의 중심이 주 예수 그리스도이듯이, 신약의 중심도 주 예수 그리스도이다. 오늘을 살아가는 우리들에게 가장 필요한 것은 빌립이 말한 대로 '기록된 그 이' 곧 생명의 주 예수 그리스도를 만나는 일이다. 그리고 주 예수 그리스도의 고난과 죽음과 부활이 복음임을 깨닫는 것이 중요하다.

복음은 바로 그리스도 사건(Christ-event)이다.
그러므로 사도행전 8장에서 집사 빌립도 이사야 53장을 읽고 "이 글에서 시작하여 예수를 가르쳐 복음을 전하니"라고 했다. 빌립 집사는 예수님 오시기 600년 전 글에서도 '기록된 그 이'를 발견한 것이다. '그 이'가 '그 이'다. 이방 여자 사마리아 여인과 빌립 집사가 발견한 진리 곧 복음에 대해서 오늘의 목회자들은 '기록된 그 이' 곧 메시야이신 예수 그리스도를 빼 버리고, 긍정적 사고방식을 갖고, 내 하기 나름으로 복 받는다는 식의 설교가 많아서 참으로 안타깝다.

성탄절이 지났다.
모두가 Christmas! 하지만 그리스도(Chirst)는 없고, 축제(Mas)만 있을 뿐이다.

10

200번의 감사

2012년 그 해 여름, 나는 영국 런던에서 열린 한인청소년 여름 집회에 초청을 받았다. 비행기 표를 사고 호텔 예약도 끝났다. 더구나 그때 꼭 가보고 싶은 북 아일랜드의 벨파스트(Belfast)로 가는 비행기 표와 호텔도 예약이 끝났다. 벨파스트는 스코틀랜드 장로교인들이 많이 진출해서 장로교 역사에 귀중한 자료들도 있을 것 같아 집회 일정과 여행에 부풀어 있었다.

나는 집회 가기 전에 자주 가던 분당 서울대 병원에 검진을 갔더니 전립선 암이라고 판정을 받았다. 나는 화들짝 놀랐다. 해외 집회를 앞두고 이런 판정이 나왔으니 앞이 캄캄했다. 의사에게 내 사정을 말했다. "목사로서 집회를 미룰 수 없고, 더구나 이미 비행기 표를 사둔 형편이라 수술을 미룰 수 없느냐" 했더니 의사가 하는 말이 "알아서 하세요"라고 했다. 그런데 그 말이 더 무서웠다. 그래서 당장 입원을 하고 수술을 기다리고 있었다. 나는 입원한 후 암 수술을 하기 전에 각종 신체검사를 다 했다. 그런데 갑자기 주치의가 심각하게 말하기를 "지금 상태로 전립선 암 수술을 할 수 없습니다. 그보다 환자분은 먼저 심장 수술을 해야 합니다. 그러니 심장 내과로 가십시오."라고 했다. 전립선 암 수술을 받겠다고 입원했던 내가 청천벽력 같이 심장 수술이라니, 앞이 보이지를 않았다. 신체검사 중에 확인 한 것은 나의 관상 동맥이 거의 막혀서 급히 심장 수술을 하지 않으면 죽는다는 결론을 얻었다는 것이다.

나는 이런 진행을 전혀 예상치 못했기에 인간적으로 말로 다할 수 없는 공포감이 밀려와서 앞뒤가 구분이 안 되었다. 아직도 할 일이 많이 있는데 죽으면 안 될 것 같았다.

그때 나는 기도하는 중에 칼빈(John Calvin) 목사의 일평생 모토가 '나는 내 심장을 주께 드리나이다(I offer my heart to Lord)'라는 생각이 떠올랐다. 그래서 나는 생각하기를 '70이 넘도록 내게 달아 준 심장을 주님이 원하시면 드리겠습니다'라고 마음으로 결단하고 A4용지 5장을 달라고 부탁했다. 그래서 거기다가 지금까지 살아오면서 하나님께로부터 받은 은혜와 축복이 얼마나 컸는지에 대한 감사의 내용을 번호를 매기면서 쓰기 시작했다.

내가 앞두고 있는 수술의 내용은 관상 동맥 우회 수술이었다. 요즘 흔히 하는 시술이 아니고 가슴을 20cm 가량 찢고, 심장으로 가는 관상 동맥을 완전히 교체하는 수술이었다. 그때 나의 감사의 첫 번 제목은 이랬다.

'하나님 아버지! 전립선 암 수술을 받으러 입원했다가 심장 수술까지 받게 하신 것을 감사합니다'로 시작해서 감사가 터지기 시작했다.

검은 볼펜과 붉은 볼펜으로 10가지씩 번갈아 묶어 가면서 감사 조건을 써내려 갔는데, 수술실로 들어가기 전까지 꼭 200가지 감사를 썼다. 하나님 앞에 200가지 감사를 글로 남기니 수술도, 죽음도, 아무것도, 두렵지 않았다. 그래서 나는 아주 편안한 마음으로 심장 개복 수술을 받았고 수술을 끝낸 지 7시간 만에 다시 눈을 떴다. 하나님의 은혜였다. 그리고 일주일을 입원하고 집에서 몇 달 동안 요양을 하고 다시 힘 있게 일하게 되었다.

나는 30여 년 전에 천마산 기도원에서 125가지 감사를 쓴 일도 있지만 200가지의 감사를 한 것은 이번이 처음이었다. 그래서 그때 쓴 200가지 감사를 나는 지금도 내 성경에 그대로 갖고 다니면서 간증하고 있다.

인간의 힘으로 어찌 할 수 없는 가장 절망적인 순간에도 하나님의 은혜를 감사할 수 있으면 하나님의 더 큰 은혜와 축복을 받을 수 있음을 확신한다. 요나는 물고기 뱃속에서 기도하는 중에 생사를 넘나드는 절망의 순간에 이렇게 기도했다.

"나는 감사하는 목소리로 주께 제사를 드리며 나의 서원을 주께 갚겠나이다. 구원은 여호와께 속하였나이다"(욘 2:10). 아멘.

지금까지 여기까지 오게 하신 하나님의 은혜에 그저 감사할 뿐이다.

나중에 '아름다운 동행'에서 연말 '감사' 페스티벌이 열릴 때 200가지 감사로 나는 특별상을 받았다.

11

인본주의는 종교다

휴머니즘(Humanism) 곧 인본주의는 종교다. 인본주의는 세상에 있는 많은 종교들 중에 가장 신도수가 많고 막강하다. 인본주의는 정치, 경제, 사회, 신학, 문화, 예술, 문학, 역사, 군사, 학문, 교육 등의 삶의 모든 영역에 영향력을 행사할 뿐 아니라, 세계관, 종교관, 역사관에도 치명적 역할을 한다. 휴머니즘 곧 인본주의는 하도 광범위하게 영향을 끼치기 때문에 대부분의 사람들은 그들의 주장이 당연한 것으로 간주하기에 그것에 문제점을 지적하는 사람들도 없다. 한국의 모든 책들과 논문, 그리고 신문이나 잡지에서조차 인본주의 문제를 비판한 적은 한 번도 없는 듯하다. 더구나 노벨 문학상을 받는 작품 모두는 소설이 되었든, 시가 되었든 기본적으로 휴머니즘 곧 인본주의를 예찬해야 받을 수 있다. 뿐만 아니라 라디오, 텔레비전의 드라마나 영화, 연극 모두가 휴머니즘을 예찬하고 결론 내리는 것은 불문율이다.

특히 오늘날 신학이나 목사의 설교도 거의 인본주의 세계관에 기초하고 있으니 통탄할 일이다. 신학의 중심축이 성경이나 역사적 개혁교회의 신학에 바탕을 둔 것이 아니다. 그러니 인간은 자기 마음먹기에 따라서 구원에 이를 수 있다고 한다. 더욱이 인본주의적 자유주의 신학은 자기 마음먹기에 따라서 선악 간에 결정할 수 있다는 종교 다원주의적 발상을 표출한다.

그러니 실제적으로 설교의 현장에서 보면, 삼위 하나님을 옳게 성경대로 제시하지 않고, 예수 그리스도의 생명의 복음은 뒷전으로 하고, 인간은 어디까지나 자기 결정권을 가지며, 그래서 우리는 항상 긍정적이고 적극적 사고방식을 가지면 문제 해결을 할 수 있고 평화를 얻을 수 있다고 추켜세운다. 그 결과 사람들은 경건을 연습할 필요도 없고, 날마다 죄와 세상에 대해서 전투적 삶을 살 필요가 없게 되었다. 이것이 바로 인본주의 신학과 신앙에 감염된 오늘의 한국 교회이다. 더구나 이제 목사들은 선지자적 사명을 완전히 잃어버리고, 그저 이 땅에서 복 받고 오래오래 행복하게 살아가는 것을 주제로 가르치고 '복음과 함께 고난을 받으라'는 사도 바울의 메시지는 슬쩍 넘어간다.

그러면 사람들은 묻기를 인본주의 곧 휴머니즘이 뭐가 문제인데, 그것이 정말 종교란 말이 맞는가라고 반문할 것이다. 타락한 인간은 실제로 모두가 '인본주의자'이다. 중생되지 못한 인간은 모두가 '인본주의자'이다. 복음을 알지 못한 사람은 여전히 '인본주의

자'이다. 인본주의에서 말하는 논리, 모든 문화, 음악, 그것은 마치 솜사탕을 먹는 것처럼 부드럽고 달콤하다. 왜냐하면 인간은 선하고, 인간은 만물의 영장이며, 인간은 자기 결정에 따라서 모든 것을 할 수 있다고 가르치는 인본주의만큼 더 매력적인 것이 없기 때문이다. 인본주의는 첫 사람 아담에서 출발해서 모든 나라, 모든 족속, 모든 인간에게 면면히 흘러온 하나의 종교이다.

사람들은 인본주의가 뭔 종교냐라고 묻는다. 그런데 그것은 사실이다. 종교는 반드시 신조가 있어야 하고 교리도 있어야 한다. 인본주의가 종교로 굳어지고 체계화된 것은 그리 오래되지는 않았다. 하나님을 떠난 인간의 타락 이후에 늘 있어왔던 인본주의 운동은 1957년 케네디(John. F. Kennedy) 대통령 당시에 미국의 인본주의 단체(Fellowship of Humanity)가 종교 단체로 인정받게 된다. 마치 유교가 무신론적 종교이듯이, 공산주의가 하나의 무신론적 종교이듯이 휴머니즘은 바로 종교라고 판정했다.

그 후 1961년 미국 연방대법원은 판결문에서 휴머니즘은 종교라고 선포했다. 종교에는 신조와 교리가 있다. 1933년 휴머니즘 선언 I 이 채택되고, 1973년에는 제 II 선언문이 채택되더니, 1976년에는 두 선언을 합해서 신조로 출판되었다. 이 휴머니즘 종교의 서명에는 당시 신학, 철학, 교육 등 유명 인사들이 참여했고, 1933년 이 선언문의 기초자는 휴머니즘 연합회 회장 존 듀이(John Dewey, 1859-1952)였다. 우리나라 교육은 그것을 그대로 받아 '홍익인간'이라 해 놓고 100% 존 듀이의 무신론적 인본주의가 그 중심에 놓여 있다. 근년에는 참 교육이랍시고 전교조가 무신론적 인본주의 교육의 총대를 메고 있다.

휴머니즘 종교의 신조 서문에 '우주는 스스로 존재하고 창조되지 않았다'이다. 이 주장은 '전능하사 천지를 만드신 하나님 아버지를 내가 믿사오며'란 우리의 신앙 고백을 완전히 뒤엎어 버렸다. 대한예수교장로회 신조는 12신조이다. 그런데 인본주의 종교는 15신조로 되어 있다. 그 몇 가지로 요약하면 다음과 같다.

> 휴머니즘은 인간의 권리와 진보에 대해서 '진화론적 해석'을 지닌다.
> 휴머니즘은 '과학적 방법'이 진리를 결정하는 유일 수단이다.
> 휴머니즘은 '문화적 상대주의'를 고수한다.
> 휴머니즘은 '인간중심적이고 자연주의적' 견해를 확고히 한다.
> 휴머니즘은 '개인주의 윤리'를 확고히 한다.
> 휴머니즘은 주어진 사회의 '문화결정론'을 따른다.
> 휴머니즘은 인간의 타고난 '선과 완전성'을 믿는다.

이것은 바로 오늘의 현대주의 사상의 요약이요 한국 교육의 핵심이다. 오늘 이 사상이 유물주의 사상과 쌍끝이가 되어 인류는 불신앙의 길을 가고 있다. 그런데 탈북했던 황장엽 선생이 말하기를 김일성 주체사상 곧 주체교는 바로 '인본주의 사상'이라고 했다. 오늘날 인본주의 종교를 가진 자들은 김일성 주체사상을 열렬히 환영하는 자들이다. 네이버에 들어가서 '세계 10대 종교'를 두들겼더니 김일성 주체교가 세계 10대 종교였고, 교인 수는 19,000,000명이라고 했다.

휴머니즘이 종교이듯, 김일성 주체사상도 세계 10대 종교로서 3만 2천개의 김일성, 김정일 금 우상을 만들어 그 앞에 절하게 하고 세뇌하는 우상 종교요, 사이비 종교로 북쪽 사람들을 철권통치하고 있다. 탈북한 황장엽 선생이 살아 있을 때, 나는 이 인본주의에 바탕을 둔 주체교의 창시자 황장엽과 토론하고 싶었다. 전 김일성대학교 총장과 전 총신대학교 총장이 무릎을 맞대고 논쟁하고, 토론하고 싶어서 그의 비서와 저녁을 먹으며 일정 조율까지 했으나, 정부의 여러 사정으로 뜻을 이루지 못한 것이 못내 아쉽다.

성경은 로마서 1:21-23처럼 마지막 때 우상적 종교가 일어날 것을 이미 말했다. 휴머니즘의 종교, 주체적 사이비 종교자들을 이기기 위해서 오직 우리의 싸움은 혈과 육에 속한 것이 아니라, 거대한 무신론적 종교 집단과의 싸움이라는 것을 잊어서는 안 된다.

하나님 중심, 성경 중심의 칼빈주의 사상만이 거짓된 이데올로기를 이길 수 있을 것이다. "만물이 주에게서 나오고, 주로 말미암고, 주에게로 돌아감이라 영광이 그에게 세세에 있으리로다." 아멘.

12
탄원서의 위력

1966년 내가 농촌 개척 교회를 할 때의 일이다. 신학교를 졸업하고 시골 개척 교회를 시작하니 참으로 힘들고 어려웠다. 내가 처음 교회를 시작했을 때는 가마니를 깔고 두 명이 예배를 드리기 시작했다. 그러니 당시 나에게는 한 영혼이 참으로 소중하기 그지없었다. 그 중에서 잊지 못할 성도 한 분이 있었는데 70이 넘은 최춘이라는 어르신이다. 그 동네에서는 그냥 최 영감으로 통했다. 최 영감은 키가 자그만하고 연약해 보이지만 옛날 평양 숭실학교를 졸업한 당시로서는 지성인이었다. 그는 5년제 숭실학교 재학시에 학습을 받은 후, 광복군에 들어가 김좌진 장군 아래서 독립운동을 했다. 후일에는 신흥무관학교에 들어가 한국 광복군에도 가담을 했다. 그는 만주에서 광복군으로 활동할 때 김좌진 장군과 철기 이범석 장군의 휘하에 있었다. 특히 이범석 장군은 청산리 대첩에서 일본군을 대파했다. 이범석 장군은 청산리 대첩에서 일본군 1,200명을 사살하고, 2,400여명에게 부상을 입혔다. 이와 반대로 한국 광복군 제2대장인 이범석 장군 아래의 우리 아군은 불과 130명의 전사자와 200여 명의 부상자가 있었을 뿐이었다. 그래서 이범석 장군은 한국 광복군의 주역이자 청산리 대첩의 영웅으로 떠올랐다. 그는 해방 후 임정 요원들과 귀국해서 대한민국의 초대 국무총리 겸 국방장관이 되었고, 한국군 창설의 아버지가 되었다.

최춘 어르신도 독립운동을 하다가 혈혈단신으로 귀국해서 의지할 곳도 의탁할 것도 없는지라 과거에 상관으로 모셨던 이범석 장군 곧 국무총리를 만나고자 했으나 쉽지가 않았다. 과거에 최춘은 이범석 장군과 일본 제국주의와 맞서 독립운동을 했고, 일본군을 척살하는데 운명을 함께 했지만, 이미 철기 이범석 장군은 최춘과 만날 수 있는 격이 아니었다. 최춘은 몇 차례 면담을 시도해 보았으나 무위로 돌아가자, 이범석 장군에 대한 섭섭함은 물론이고, 생명 걸고 조국 광복을 위해 싸우던 자기를 몰라주는 조국에 대한 배신감과 무력감과 더불어 원한이 쌓였다. 그래서 외롭게 시골로 내려와 다 쓰러져 가는 초가집 하나를 얻어서 근근이 거지 생활을 하고 있었다. 그는 이미 노병이 되어 있었고 일감이 없으니 수입이 없어 근방에 있는 미군 부대에서 군인이 먹다 버린 이른바 꿀꿀이 죽을 먹으며 겨우 연명을 하고 있었다.

나는 당시 전도사로서 가끔 그의 방을 심방하고, 오랫동안 말동무를 해 드리고 기도해 주었다. 그런데 1967년 11월 최춘 노인이 심각한 얼굴로 풀이 죽어 사택으로 왔다. 내가 살던 사택이라야 최춘 노인이 살던 집과 같이 한 칸짜리 오두막에 불과했다. 그는 내게 검찰 출두 명령서를 보여 주었다. "자기는 병 치료를 위해서 집 앞 화단에 양귀비 세 뿌리를 심었는데 이웃에서 고발하여, 검찰의 출두 명령을 받고 지금 가는 중이니, 이 겨울을 어찌 감옥에서 견딜지 전도사님 기도해 주세요!"라고 했다. 나라의 독립을 위해서 외적들과 용감히 싸우던 노병이지만 재판을 받고 감옥에 갈 처지이니 그의 손은 떨고 있었다. 그때 나는 최 노인에게 말하기를 "잠깐 기다리십시오." 하고 백지에다가 '탄원서'를 쓰기 시작했다.

지금부터 54년이 지났지만 지금까지도 나는 담당 검사의 이름을 기억한다. 그 이름은 김주식 검사였다. 나는 의정부 지검의 김 검사에게 교회를 시무하는 전도사로 최춘 노인에 대해 전후좌우를 자세히 썼다. 검사에 대한 예를 표하면서도 그간의 경위를 자세히 기술했다. "이런 애국지사를 국가에서나 지방 정부에서 살피지는 못할망정, 이렇게 방치하고 꿀꿀이죽을 먹고 살 정도로 푸대접하는 것이 옳은지? 도대체 대한민국 정부와 지방 정부는 무엇을 하고 있는지."라고 썼다. 그리고 탄원서의 마지막 글에는 1967년 11월 대한예수교장로회 샘내교회 전도사 정성구라고 직인을 찍었다.

그리고 최춘 노인에게 말하기를 "겁내지 말고 검사 앞에서 설 때 이 편지를 드리십시오!"라고 했다. 그래서 최 노인은 검사 앞에 서서 내 편지 곧 '탄원서'를 드렸다. 이 편지를 읽던 김주식 검사는 큰 감동을 받았다고 했다. 그는 울분을 참지 못하고 다른 방을 향해 "정부와 경기도는 뭘 하는 집단인가!" 하고 외쳤다. 그러자 옆방에 대기하던 중앙지, 지방지 신문 기자들이 우르르 달려와서 이 사건을 취재했다. 나의 탄원서 사건으로 경기도가 발칵 뒤집혔다.

그날 오후, 감옥으로 간다고 인사하고 갔던 최춘 노인은 경기도에서 보내 준 찝차를 타고, 그 당시 박경원 내무장관의 선물과 쌀한 가마니와 각종 선물을 싣고 마을로 돌아왔다. 그 이튿날 신문 지방판에 최춘 영감의 독립운동에 대한 이야기가 박스 기사로 크게 실렸고, 정부의 무심함에 대한 사과도 받았다.

최춘 영감이 감옥으로 가려다가 만연의 웃음을 띠고 금의환향하게 되었다. 그날부터 마을에서는 최춘 영감의 명칭은 '최춘 노인', 또는 '최춘 어른'으로 바뀌었다. 그에게 독립운동가로 모두 예를 표했던 것이다. 그날부터 시골 개척 교회의 전도사의 힘이 온 마을에 퍼지고, 동네가 교회를 보는 시각이 완전히 달라졌다. 교회에 대한 부정적 소문이 긍정적인 소문으로 나기 시작했다. 그 후 교회는 삽시간에 부흥되었고, 나는 자력으로 교회당을 지어 하나님께 헌당했다. 이 모든 것이 하나님이 하신 것이다.

오늘도 하나님은 이런 사건을 통해서도 교회를 세우시고 지키시는 것을 확실히 깨달았다.

13
복음 운동과 새마을 운동

1983년 나는 새마을 중앙연수원에서 사회지도자급 연수 교육을 받고 있었다. 당시는 전두환 정권 시절이어서, 박정희 대통령이 1970년에 만든 '새마을 운동'을 이어받아 그것을 활성화하는 것은 물론이고, 정권 창출의 근거로 삼고자 했을 것이다. 그래서 사회지도층부터 새마을 연수 교육을 받게 함으로써 정통성이 없는 정권에 보탬이 되고자 했던 의도도 있었을 것이다.

내가 새마을 연수 교육을 받을 때는 장관, 국회 의원, 장군, 국영 기업체장, 대기업의 회장, 대학 총장, 법조계 인사 등 이른바 국가 사회의 지도급을 총망라해서 '새마을'이란 주제로 한데 묶으려고 했다. 당시 교육 방법은 강의와 사례 발표, 토의 등을 일주간 계속 교육하는 것이었다. 특히 분임조에서 토의한 내용은 전체 모임에서 발표하기도 했다. 내가 속한 분임조에는 문공 장관, 해군 소장, 국영 기업체장, 대기업의 회장, 그리고 총장이었던 내가 거기 속하게 되었다.

새마을 운동은 농촌 계몽은 말할 것도 없고, '하면 된다'는 슬로건으로 '자조', '근면', '협동' 정신을 배양하고, 국민들을 깨우는데 크게 성공했다. 새마을 운동은 말 그대로 조국 근대화의 밑거름이 되었다. 박정희 대통령은 아예 새마을 운동 담당 비서를 옆에 두고 전국의 새마을 운동을 직접 챙기고 실시간으로 보고를 받을 정도였다. 박 대통령은 5천년 가난의 때를 벗고 "우리도 한번 잘 살아보자"는 구호가 피부에 와 닿을 정도로 외치고, 직접 작사 작곡한 '새마을 노래'로 전국을 거대한 새마을 물결로 뒤덮었다. 덴마크를 살린 그룬트비히의 운동도 대단했지만, 세계적으로도 새마을 운동은 '국민 계몽 운동의 성공 사례'로서 유엔에서도 인정하고, 지금도 세계 여러 나라 사람들이 새마을 중앙연수원으로 몰려오고 있다.

하지만 1989년 5공 청문회에서 '새마을 운동의 비리'가 핫 잇슈가 되자, 박정희 대통령의 새마을 운동은 빛을 잃었고, 박근혜 대통령 때 새마을 운동을 부활하는 듯 했으나 당시 야당에서는 아버지의 후광을 이용하려는 꼼수라고 반대했다. 그래서 대한민국에 놀라운 의식 변화를 주고 근대 산업 사회의 기초를 놓았던 새마을 운동은 약해졌다. 그럼에도 불구하고 새마을 운동의 조직은 아직 그대로 있고, 농촌 계몽, 살림 녹화 등의 일을 유지함으로 그 명맥만을 계속 이어가고 있다.

아무리 위대한 일이라도 권력을 갖거나, 일꾼이 부정부패에 연루되면 힘을 잃게 된다. 그럼에도 불구하고 당시 나는 새마을 운동 연수를 받으면서 강하게 마음에 와 닿는 것이 있었다. 새마을 운동은 그냥 마을길을 넓히고, 지붕을 개량하고, 소득 증대만을 하는 것이 아니라, 오천 년 잠자고 있던 우리나라 국민들의 의식을 깨우는 불쏘시게 역할을 했던 것이다.

분임 토의에서 우리 조는 장관, 장군, 총장, 회장이라는 직함을 모두 내려놓고 한 국가의 국민으로서 조국과 민족 앞에 부끄럽게 산 것이 무엇인지 정직하고 진지하게 묻고 대답하는 시간을 가졌다. 그러니 분임조 활동을 기독교식으로 말한다면, 먼저 우리의 연약함과 죄를 들여다보는 회개하는 시간이라 할 수 있을 것이다.

우리는 서로 배경도 다르고, 출신 성분도 다르고, 하는 일도 각각 다르지만 겸손하게 자신을 되돌아보는 시간을 가졌다. 흡사 내가 학생 시절에 'SFC 전국대회' 때에 느꼈던 것과 비슷했다. 특히 전체 강의가 대강당에서 이루어졌는데, 언제나 연사는 당시 새마을 중앙연수원장을 세 번이나 역임했던 김준 선생이었다. 그의 강의는 예수란 말을 사용 한 일도 없고, 기독교란 말을 쓴 일도 없고, 할렐루야 아멘이라는 말을 쓴 일이 한 번도 없었다. 하지만 그의 강연은 그 어떤 목사님의 설교보다 훨씬 더 감동과 감화를 주었다. 각계각층에서 온 지도자들은 그의 강연에 눈물을 흘렸다. 말하자면 김준 원장의 강연은 곧 부흥회와 비슷했다.

사실 새마을 운동은 김용기 장로의 '가나안 농군학교'의 시스템과 원리를 그대로 옮겨 놓은 것이다. 그리고 그것을 박정희 대통령이 수납했고, 1976년부터 새마을 운동을 실재로 이끌어 오신 분은 바로 김준 선생이시다. 사실 김준의 아버지는 장로요, 어머니는 권사요, 자신도 서울대학교 농과 대학 졸업하고 그의 스승 유달영 교수를 모델로 해서 서울대학교 농대 교수로 농촌 계몽 운동을 하는 장로가 되었던 것이다. 새마을 연수원장을 마친 후에는 아예 '복음농민회'를 조직하고, 김준 교수는 장로로서 마지막까지 민족을 깨웠는데, 결국 '복음만이 새 사람을 만들 수 있다'고 주장을 했다. 나는 37년 전의 김준 선생의 감동적인 메시지를 지금도 잊을 수가 없다. 훤칠한 키에 반백의 노신사가 뱉어내는 그의 열정적인 강의가 지금까지도 오래오래 마음에 기억된다.

오늘날 목회자들이나 성도들은 기독교적 용어들을 너무나 헤프게 싸구려로 뱉어내고, 가볍게 말하면서도 사실은 그 속에는 복음이 없다. 김준 선생은 기독교적 언어는 단 한마디도 쓰지 않았지만 놀랍게도 그 속에는 기독교 정신이 들어 있었다. 그의 강연은 바로 진실 그 자체였다.

그렇게 강연이 끝나고 난 다음에는 이른바 '성공 사례 발표회'가 있었다. 발표자들도 교회니 신앙이란 말을 쓰지 않았지만 그것은 곧 간증이었다. 농촌의 한 촌부, 아낙네가 역경을 이기고 가장 힘들 때마다 교회에 가서 엎드려 기도하면서 마을을 변화시켰다는 내용에 기업의 회장도, 장군도, 대학 총장의 얼굴에는 어느덧 감격의 눈물을 흘리고 있었다.

이처럼 새마을 운동은 딱히 복음 운동은 아닐지라도, 영적 변화를 요구하는 시대의 운동이었다. 또 새마을 운동의 지도자도 사실 대부분은 그리스도인이 많았다. 물론 가나안 농군학교는, 우리나라의 최초의 성인 교육의 모델이었고 '일하지 않으면 먹지도 말라'는 것은 김용기 장로의 신앙이었다. 박정희 대통령이 김용기 장로의 농민 운동을 새마을 운동으로 전국 단위의 국민 운동으로 발전시키고, 국민 정신 계몽을 하도록 한 것은 탁월했다. 그것이 조국 근대화의 초석이 되었다.

나는 몇 년 후 경기도 주최 '기독교 새마을 경진대회'에 설교자로 발탁되었다. 경기도 수원 실내체육관엔 경기도 일원의 기독교 새마을 지도자들이 모두 모였다. 당시 새마을 운동의 총재는 전두환 대통령의 동생인 전경환 씨였다. 그러나 그 집회에 참석한 경기도의 지도자들이 신자든 불신자든 모두 참석했다. 그 모임에는 당시 경기도의 고위 공직자, 판검사, 국회 의원, 기업인들이 정권 실세에게 눈도장을 찍으려고 와 있었다. 나는 그때 롬 12:2을 중심으로 '오직 마음을 새롭게 함으로 변화를 받자'라는 주제로 설교했다. 나는 설교 중에 새마을 운동은 관료적이 되어서도 안 되고 정치가 되어서도 안 되고, 인간적인 수단 방법으로 불의와 타협해서도 안 되며, 먼저 마음이 청결하고 새롭게 되어야 한다고 설교했다. 나는 목사로서 전경환 앞에서 몸을 사릴 것도 주눅들 것도 없었다. 새마을 운동 하자는 기독교인이 하나님 앞에서 진실하고 순결하게 살아야지, 시대적 사조에 편승해서 외식으로 살거나 권력에 아부하는 것은 참으로 부끄러운 일이라고 일갈했다. 내 음성이 하도 커서인지 수원 실내체육관이 쩌렁쩌렁 했다. 설교를 마치고 단상의 인사들과 악수를 하는데, 검사 한 분이 내게 다가와 '목사님처럼 권력의 실세 앞에 당당하고 겁 없이 설교하는 것은 처음 듣습니다.'라고 했다.

총신대학교와 대신대학교의 총장으로 은퇴한 나는 지금 분당중앙교회당이 신축하는 동안 임시 처소인 새마을 중앙연수원 대강당에서 매주일 예배에 참석하고 있다. 그래서 나는 늘 새마을 연수원이 옛날의 영광을 되찾아 오대양 육대주의 사람을 모아 우리의 성공 사례도 전하면서 복음의 내용도 함께 전하는 미션 센터가 되었으면 한다.

진실한 하나님의 종, 김준 초대 원장의 불꽃같은 그날의 메시지는 아직도 진한 감동을 준다.

> "우리는 농부가 작물들을 대하는 마음으로 모든 일을 한다면 안 되는 일이 없다."
> "총재, 회장 이름을 '큰머슴', '상머슴', '중머슴'이라 해야 한다."
> "-1을 1억 명 모아도 1이 될 수 없다. 그러나 성실하게 살려고 노

력하는 0.01이 수 없이 모인다면 좋은 세상이 올 것이다."

"진실만이 사람을 감동시킬 수 있다."

"진리는 양이 아니고 질이다."

"농심은 천심이다. 농심으로 살자" 등등의 말이 오래 기억된다.

새마을 운동의 정신은 마음을 새롭게 하여 변화를 받으면 놀라운 역사를 이룩한다는 것으로 세계에 내어놓을 수 있는 위대한 한국의 자산이다. 70년대 전후한 한국 교회의 부흥도 새마을 운동과 어떤 연관이 있지 않을까?

14

이원설 박사

근래에 한국 사회에서 기독교 평신도 지도자로 다방면에 모범적 삶을 보인 분은 이원설 박사이다. 그는 평생 역사학자로서 성경적 세계관을 가지고 대학과 사회 각 분야에서 일한 영어가 유창한 국제맨이었다.

그는 1958년에 스스로 '미래 이력서'를 작성했는데, 실제 그의 삶이 꿈대로 거의 그대로 이루어졌다. 그의 이력을 살펴보면 미국의 명문 Case Western Reserve 대학에서 역사학 공부를 하고 철학박사(Ph. D)을 받으시고, Ohio Nostlen대 영문학 박사 그 외에도 10여 개 대학에서 명예 박사를 받았다.

그는 1961년에 귀국해서 경희대학교 역사학 교수로 오랫동안 부총장의 일을 했다. 그 후 그는 숭실대학교 재단이사장, 기독교

학교 연맹 이사장을 역임했다. 그는 한때 34세의 나이로 문교부 고등교육 국장의 일을 하기도 했다. 특별히 그때 그는 총신대를 정식으로 문교부인가 대학으로 만들어 주었다. 후일 그는 대전 한남대학교 총장을 지냈다. 그 후에는 세계 대학총장협의회 사무총장, 하가이 연구회(Haggai Institute) 한국 지부장으로 일하면서 5대양 6대주에 유창한 영어로 한국 교회를 알리고 하나님의 나라 건설과 기독교 세계관을 알리는데 동분서주했다. 그는 특히 국가조찬기도회에서 설교하기도 했다. 또한 그는 25년간 Korea Herald의 칼럼니스트로서 『이데올로기의 초극』 등 여러 영문 저서를 남겼다.

그는 인조 때 무신이었던 이괄 장군의 후손으로서 덩치가 크고 우람하면서도 항상 미소를 잃지 않고 늘 겸손한 사람이었다. 그리고 그는 후배와 제자들을 끔찍이 사랑하시는 어른이었다. 그의 강연과 연설을 들어 보면, 그 배후에는 항상 성경적 세계관과 복음이 들어 있었다. 그것이 역사학자로서 그의 역사관이기도 했다. 본인의 이력서에서나 저서에는 한 번도 밝힌바 없지만, 그는 본래 총신에서 신학을 공부했었다. 그는 박형룡 박사의 교의신학과 칼빈주의 세계관을 터득했다.

그는 총신 4회(통합 48회) 동문들과 함께 공부했다. 비록 총신에서 졸업장을 못 받았지만, 그는 역사적 개혁주의 신앙을 갖게 되었다. 이원설 박사가 총신에서 공부했던 동창으로는 한때 대한예수교장로회 총회의 가장 큰 지도력를 발휘했던 증경 총회장이자 대전중앙교회 담임 목사였던 이영수 목사, 그리고 순교자 채정민 목사의 아들이요 '평화신문', '기독공보', '크리스챤 신문', '기독신문' 등의 주필로 평생 기독교 언론에 종사하던 채기은 목사, 기독교 교육의 큰 족적을 남긴 김득룡 박사, 증경 총회장 안중섭 목사 등이 있다. 그래서 그는 평생 역사학자와 장로로서 살았지만, 그의 기초는 늘 하나님의 말씀 곧 성경이었다.

이원설 박사는 경희대학교 교수 시절에 총신대에서도 강의를 했다. 그때 그는 우리에게 역사학이 아니고 사회학을 강의하러 왔었다. 1963년 내가 총신대 2학년 시절이었다. 그의 사회학 강의는 결국 토인비의 역사관과 기독교 세계관 입장에서 가르쳤는데, 그의 중후한 몸집 만큼이나 무게 있는 강의를 했다. 1963년 이 박사님은 사회학 강의 도중에 우리에게 학기 중 레포트를 내라고 했다. 그때 사회학에 대한 나의 레포트 제목은 '자살 문제에 대한 사회학적 분석'이었다. 얼마 후 크리스챤 신문의 편집국장 채기은 목사는 크리스챤 신문 8면 중편 기념으로, 서울대학교 심리학 교수 장병림 교수, 대구 동산 기독병원 원목, 그리고 이원설 박사에게 당시 사회 현상의 이슈로 되어 있는 자살 문제를 신문에 실을 논문을 써달라는 요청을 하였다. 그런데 이원설 박사는 신문사에 전화를 걸어 "내가 가르치는 총신의 제자 중에 나보다 더 우수한 논문을 쓴 사람이 있으니, 그 원고를 개재하라"고 추천을 하였다. 내 논문이 졸지에 서울대 장병림 교수 논문과 나란히 크리스챤 신문에 실리게 된 것이다. 이것이 내가 신문에 글을 쓰게 된 최초의 작품이었다. 그때 내 나이 22세였다. 그것이 원인이 되어 나는 일생 동안 부끄럽지만 일간지, 주간지, 월간지 등에 수도 없이 글을 썼다.

변변치 못한 글이지만 60여 년 가까이 지금까지 글을 쓰게 된 것은, 1963년 나의 스승 이원설 박사님의 추천 때문이었음을 잊지 않고 있다. 나는 학자로서 겸손과 제자를 키워주고 싶었던 그의 마음을 늘 잊지 않고 감사한다. 1976년 내가 화란 유학에서 돌아와서 총신대 조교수로 다시 복직된 후, 나는 이원설 박사와 함께 '하가이 인슈튜트(Haggai Institute)'에 회원이 되어 함께 일했다. 회원 중에는 각계각층의 학자들이 함께 모여 기독교 세계관으로 발표하고 논의하는 것이 큰 추억이었다. 1980년대 초 내가 총신대 총장으로 있을 때, 이원설 박사는 국제 하가이 컨퍼런스에 나를 초청해 주었다. 미국 조지아주, 애틀랜타 시내에 있는 마리오트(Mariotte) 호텔 볼룸에서 국제 대회가 열렸다. 그때 이원설 박사는 나를 또다시 하가이 박사에게 추천하면서, 한국을 대표해서 5분 동안의 스피치를 하도록 했다.

그 당시 나의 어눌한 영어 실력으로 세계인이 모인 자리에서 스피치를 하도록 나를 추천해주고 띄워주신 이원설 박사의 제자 사랑과 그의 도량을 늘 감사하게 생각한다. 스피치를 마치고 내려오자, 하가이 박사는 나를 향해서 "당신은 우리 미국 사람보다 영어 발음이 더 정확합니다."라고 칭찬해 주었다. 역시 그도 관용과 포용의 세계적 대지도자였다. 내가 1990년대에 총신대 총장 대행을 할 때도 꽃을 보내시고 친히 총장실을 방문하고 축복해 주었다.

이원설 박사가 한 말 가운데 아직도 잊어지지 않은 명언 하나가 있다. "바쁜 목사는 나쁜 목사이다."

목회자들에게 주는 따끔한 한마디였다.

나의 스승, 국제맨, 한국의 모범적 기독교 평신도 지도자, 역사학자이자, 기독교 세계관으로 역사와 세상을 바꾸고 교육하려던 이원설 박사를 다시금 추억한다.

15

목사와 여성도

화란의 위대한 대칼빈주의자이고 대설교자, 목회자이자, 대정치가였던 아브라함 카이퍼의 이야기를 나누고자 한다.

카이퍼는 25세에 명문 라이덴 대학교에서 문학과 신학을 공부하고 신학박사(Dr. Theol) 학위를 받았다. 그리고 26세에 목사로 안수 받고 시골 베이스트(Beest) 교회로 목회하러 갔다. 베이스트 교회는 비록 시골 교회이지만 설립한지 300년이 넘은 개혁교회였다. 특히 베이스트 개혁교회는 칼빈의 종교 개혁 신학과 신앙을 제대로 계승한 정통 교회였다. 특히 1619년에 돌트총회에서 결정된 칼빈주의 5대 교리를 철저히 믿는 개혁교회였다. 그런데 젊은 목사 카이퍼는 비록 신학 박사 학위를 받은 학자 출신의 목사지만 목회는 처음이었다. 특히 카이퍼는 당시 라이덴 대학교의 신학의 분위기의 영향으로 자유주의자였다.

특히 카이퍼의 스승은 당대의 자유주의 대신학자인 스콜턴(Scolten) 박사였다. 비록 카이퍼의 아버지 얀 카이퍼 목사는 훌륭한 정통 신학과 신앙을 가진 목회자였고, 카이퍼는 아버지의 신앙을 그대로 물려 받았지만, 당시의 라이덴 대학의 자유주의 신학의 물을 많이 먹었다. 당시 유럽의 교회는 모두 국가 교회로서 인본주의, 합리주의, 계몽주의 사상이 지배하였다.

카이퍼 목사는 당대의 최고의 칼빈 신학자이자, 젊은 목사로서 첫 설교는 당당하고 웅변적이었다. 하지만 그 교회 성도들은 카이퍼 목사의 설교에 냉담했다. 카이퍼의 첫 목회는 큰 시련이 다가왔다. 특히 당시 젊은 여전도회 회원 가운데 발투스(Baltus)란 분이 있었다. 발투스는 철저한 전통적 칼빈주의 신앙을 가진 여인이었다. 그 교회 모든 성도들은 모두가 역사적 개혁신학을 지키는데 똘똘 뭉쳐있었다. 카이퍼는 예배 후에 성도들과 악수례를 했다. 그러나 발투스만은 목사의 손을 거절했다. 목사로서 카이퍼는 참으로 민망하고 속이 상했다.

카이퍼는 교회의 분위기를 바꾸기 위해 온갖 노력을 다했으나 만만치 않았다. 그래서 카이퍼는 드디어 발투스 댁에 심방을 갔다. 하지만 발투스는 카이퍼 목사에게 싸늘하고 냉담했다. 하지만 카이퍼 목사는 인내를 갖고 계속해서 대화의 물고를 트자, 발투스는 카이퍼 목사에게 이렇게 충고했다.

"카이퍼 목사님! 우리들은 카이퍼 목사님의 설교에 만족하지 못합니다. 목사님의 신앙 사상은 칼빈의 역사적 개혁주의 정신과 맞지 않은 현대 자유주의자의 사상과 같습니다. 그래서 우리는 목사님이 철저한 칼빈주의 사상으로 돌아오기를 바랍니다."라고 했다.

평신도가 박사 목사에게 당돌하게도 목사의 아킬레스건을 건드렸다. 발투스의 지적대로 카이퍼 목사의 설교가 현대주의적이고 자유주의적이라고 지적한 것은 지금 생각해도 도전적이었다. 그때나 지금이나 목사가 평신도의 충고를 듣는 것은 유쾌한 일은 아니다. 그러나 카이퍼 목사는 겸손하게 그 자리에서 발투스의 충고를 받아들였고, 카이퍼 목사는 발투스의 진심어린 충고로 자신의 부족을 깨닫고, 설교에 놀라운 변화의 역사가 일어났다.

물론 카이퍼는 박사 학위 논문으로 "칼빈과 라스코의 교회론 비교 연구"란 제목을 썼다. 그래서 카이퍼는 당대에 칼빈 연구의 대가였다. 이미 그는 학생 시절에 "칼빈과 라스코"라는 논문으로 당대 최고의 금상을 받았다. 그러나 그때까지 카이퍼는 칼빈 연구의 대가였지만 칼빈주의자는 아니었다. 그런데 이 사건으로 말미암아 카이퍼는 합리적이고 인본주의적 자유주의 사상을 버리고 정통 칼빈과 칼빈주의 사상으로 완전히 돌아섰다.

지금도 세계 많은 학자들 가운데 칼빈 연구의 대가들이 많지만, 그들이 모두 칼빈주의자는 아니다. 그냥 학문적으로 칼빈의 개인과 그의 신학을 연구하는 사람이 많다. 목사님들 중에도 설교 때마다 칼빈을 말하거나 개혁주의를 외치기도 하지만, 실제로는 그렇지 않은 분들도 더러 있다. 결국 카이퍼 목사는 자기가 목회하는 교회의 여성도의 충고를 듣고 정통 칼빈주의 사상으로 돌아섰다. 그래서 카이퍼는 19세기 칼빈주의 부흥 운동의 위대한 인물이 되었다. 카이퍼는 '평신도가 말하는 충고'로, 목사는 복음 곧 성경만이 신앙과 생활의 표준이라는 역사적 개혁주의 사상으로 돌아섰다. 그의 칼빈주의 사상은 칼빈의 신학 사상을 그대로 인정하면서도, 삶의 모든 영역에 하나님의 영광과 주권을 높였다. 특히 그는 하나님의 주권은 교회당 안에서만 머무는 것이 아니라 정치, 경제, 사회, 문화, 예술 등 삶의 모든 영역에 하나님의 주권을 세우는 칼빈주의 운동을 전개했다.

당대의 명문 라이덴 대학에서 신학 박사 학위 소지자인 카이퍼 목사에게 당당히 진심으로 충고했던 발투스를 생각해 본다. 카이퍼는 그의 일생 동안 그에게 그리스도 안에서 아름다운 충고를 해 주었던 발투스를 끝까지 잊지 않았다. 여성도의 충고를 가장 겸손한 마음으로 받아들인 카이퍼를 하나님께서 마음껏 높이시고 크게 쓰신 것이다.

오늘의 한국 교회 목회자들은 복음에서 멀어진 설교, 자율주의적 설교, 심리적 설교, 비성경적 설교, 인본주의적 설교, 자유주의적 설교에도 아무 탈 없이 잘 넘어가는 것이 참으로 걱정이다. 목사님들은 성도들에게 언제나 무조건적인 순종을 강요하여, 자신의 사상과 경험에 동참하도록 한다. 그리고 그것을 곧 부흥이고 성공이라고 우기고 포장한다.

교회는 말씀과 성령으로 끊임없이 개혁되어 가야 하는 것은 그때나 지금이나 마찬가지이다. 젊은 여성도 발투스의 충고를 듣고, 철저한 개혁주의자로 방향을 바꾼 아브라함 카이퍼 목사를 깊이 생각한다.

16

돼지머리 앞에 절할 수 없다

지금부터 50년 전 나는 보병 26사단 76연대 군목이었다. 당시는 북한 124군부대 김신조 일당이 청와대를 습격하려다가 미수에 그친 사건 때문에, 나는 군종 장교가 되는 것이 참으로 힘들었다. 당시 시골 개척 교회를 목회하다가 논산 훈련소, 하사관 훈련, 육군 보병학교, 육군 행정학교 등… 고된 훈련을 거쳐 중위로 임관 후 자대에서 근무하게 되었다. 당시 우리 부대장은 육사 11기생이요 가장 잘나가던 김복동 연대장이었다. 그는 육사 시절 생도대장이었고 후일 군의 요직을 두루 거친 장군으로 육사 교장, 그리고 국회 의원으로, 노태우 대통령의 처남으로 말 그대로 나는 새도 떨어뜨리는 실력자였다.

나는 목사로서 초임 장교 시절, 연대장 김복동 대령을 도와 우리 부대를 전군 신자화 운동의 선봉대로 만들었다. 그때 나는 한국군 역사에 최초로 '포켓 야전 찬송가'를 만들고 '야전 성경통신학교', '진중대학'을 개설해서 군인 가족의 교양과 교육을 실시했다. 김복동 연대장은 비록 불신자였으나 나를 '아이디어 뱅크'라고 치켜 세우고 나를 잘 도왔다. 그리고 나는 부대 밖에 교회를 지어 그 이름을 '산호교회'라 하고 군인과 일반인들이 함께 참여하도록 했다. 그 결과 교회가 크게 부흥했다.

우리 교회에는 장교, 하사관, 병뿐만 아니라 민간 성도들 중에 장로와 집사들도 여럿 있었다. 그 중에도 2대대장인 정용갑 중령 가족이 신앙생활을 하면서 나의 종군 목회를 돕고 있었다.

나는 오늘 정용갑 중령 이야기를 해 보려고 한다. 그는 평안북도 철산 출신이다. 그의 장인은 목사로서 평양 신학교 출신이었다. 그는 군에서 감찰관으로 깨끗했고, 오직 하나님의 영광과 주권을 높이는 제대로 된 성도이자, 원리 원칙을 지키는 군인이었다. 그 시절 우리 부대는 진지 공사를 마쳤다. 김복동 연대장은 진지 공사를 마친 것에 기분이 좋아 예하 장병들을 위로하고, 공식적으로 진지 공사 완료를 자축하는 자리를 열었다.

1대대에서 3대대까지 대대장들과 장교, 하사관, 장병들이 참여했다. 연대 참모들도 모두 참석했다. 그런데 그날 부대는 돼지머리를 상에다 놓고 신고하고 절을 하는 고사 순서가 있었다. 지금까지 모든 관공서, 기업들이 공사를 마친 후 돼지머리에 고사 지내는 것은 관행이었다. 드디어 일대대장이 돼지머리 앞에 절을 했고, 두 번째는 2대대장이 절을 할 차례다. 그런데 정용갑 대대장은 꼿꼿한 자세로 서서 '나는 돼지 머리에 절할 수 없습니다!'라고 큰소리로 당당하게 대답했다. 김복동 연대장과 참모들과 대대장들과 장병들은 갑자기 납덩이처럼 굳었다. 특히 당시 최고로 잘나가던 지휘관이요, 막 주월 군사령부 보안사령관을 마치고 온 김복동 연대장은 얼굴이 굳어지고 낯이 벌겋게 달아올랐다. 막 폭탄이 터질 듯한 분위기였다.

연대장은 고함쳤다. "2대대장! 왜 절하지 않나. 실시!" 그래도 정용갑 대대장은 꼿꼿이 서 있었다. 연대장은 다시 불호령을 내렸다. '절하지 않는 이유가 뭐냐?' 그때 정용갑 대대장은 확신 있게 이렇게 말했다. "첫째, 나는 그리스도인으로서 돼지머리 앞에 절할 수 없습니다. 둘째, 우리 2대대 장병들은 내가 예수 믿는 것을 다 알고 있는데, 내가 지금 돼지머리 앞에 절한다면, 그들에게 마음에 큰 상처를 줍니다. 그래서 나는 돼지 머리 앞에 절할 수 없습니다." 라고 했다. 온 부대는 전율이 일어났고 김복동 연대장은 분을 참지 못하고 지휘봉을 힘껏 두들기고 자리를 떴다. 연대장의 지휘권이 처참하게 무너지는 순간이었다. 그날 행사는 엉망진창이 되었고 일종의 하극상의 사건이요, 전 장병들 앞에서 대대장이 연대장의 명령에 불복하는 것이므로, 명령 불복종으로 대대장을 영창에 보낼 수도 있고, 당장 예편도 해버릴 수 있었다. 당시는 '군, 관, 민'의 시대로 군인의 시대였다. 온 부대가 찬물을 끼얹은 듯 한국군 역사에 처음 있는 일이었고 참모들과 장교, 하사관들은 어쩔 줄 몰라 전전긍긍하고 있었다. 물론 정용갑 대대장은 자신의 성경적 신앙을 지키려고 한 생명을 건 행동이었다.

그런데 일주일 후 나는 연대장실을 찾았다. 참으로 어색하게 겨우 그 자리에 앉았다. 그때 김복동 연대장은 진지한 얼굴로 내게 말했다. "목사님! 정용갑 2대대장 정도의 신앙을 가진 분이라야 진짜 그리스도인이 아니겠습니까!"라고 했다. 나는 눈물이 콱 쏟아졌다. 연대장은 참 그리스도인이 어떤 것인지를 깨달았다. 나는 일제 강점기에 신사 참배 반대나 공산군에 저항하여 신앙을 지키다가 순교한 사람들이 있었다지만, 서슬 퍼런 계급 사회에서 생명 걸고 믿음을 지킨 정용갑 대대장의 신앙의 승리를 말하지 아니할 수 없다.

후일 하나님의 은혜로 정용갑 대대장은 오히려 대령으로 승진하고, 월남에 연대장을 거쳐 예편했고, 장로님이 되어 캐나다로 이주했지만 지금도 나와는 그리스도 안에서 아름다운 교제를 하고 있다.

오늘날 성도들이 자신의 영달과 유익을 위해 신앙의 정조를 팔아먹는 세속적 신앙이 만연한 이때, 신앙으로 승리한 이 사실을 만천하에 알리고 싶다.

17

기독교 양반

내 어머니는 안동의 온혜 마을에서 장녀로 태어났다. 외할아버지는 퇴계 학파의 선비로서 1950년대 초에 퇴계 선생님이 세우신 도산서원의 원장을 지내기도 했다. 내 외조부는 평생을 온혜 마을 서당에서 글을 가르친 선비였다. 그러니 어머니도 비록 가난하게 살았지만 양반집 규수의 풍모를 지녔다. 어머님이 예수는 늦게 믿었지만 나중에는 거의 교회당에서 살다시피 내가 학문의 길을 잘 달려가도록 결사적으로 기도하셨다. 그런데 어머님이 내게 하신 교훈 중에 아직도 기억에 생생한 것이 있다.

"양반은 아무리 어려운 역경이 온다고 해도 절대로 술수를 쓰지 않는다."고 하시면서 "언제나 정도를 가라"고 했다. 가령 양반 곧 선비는 다른 사람의 모함을 받거나 임금의 진노를 사서, 원치 않는 장소로 귀향을 간다고 해도 대궐을 향해 사배하고 임금의 뜻을 조용히 기다린다. 그것이 선비의 도리였다.

독자들은 오늘과 같은 광명한 천지에 뭔 케케묵은 이조 시대의 말을 하는 가 할 것이다. 대한민국은 민주 공화국이요 자유와 민주, 평화를 최고의 가치로 알고 사는 나라이다. 더구나 우리는 하나님의 은혜로 거듭나고 구원의 기쁨을 누리고 사는 시대를 살고 있다. 한 때 우리는 본래 허물과 죄로 죽었던 사람들이요, 소망이 없었던 자들이지만, 예수 그리스도의 값없는 은혜로 죄 사함 곧 구속함을 받았고, 예수 그리스도의 사람 곧 크리스천이 되었다. 말하자면 우리는 변하여 새 사람이 되었다. 새 사람은 단지 성령으로 거듭났을 뿐 아니라 우리들의 세계관, 인생관, 우주관, 역사관도 바뀌어진다.

그럼에도 오늘의 그리스도인들은 교회에서 봉사도 잘하고, 신앙생활에 익숙해졌지만, 하나님의 사람으로 그리스도인으로서의 인격을 갖추지 못한 경우가 대부분이다. 즉 그리스도인으로서의 정체성이나 자존심이 없는 경우가 많다.

옛말에 '양반은 물에 빠져도 개헤엄은 안 친다'는 말이 있다. 그것은 아무리 위기에 처해도 양반으로서의 자존심과 체통과 정체성을 지킨다는 뜻이다. 부정적인 시각에서 본다면 양반과 선비들의 이중인격과 위선을 문제 삼을 만하다. 이조가 멸망한 것은 유교 사상에 갇혀 있는 양반 곧 선비들의 타락이 문제였다.

그런데 중생의 체험을 가진 그리스도인은 변하여 새 사람이 되었기 때문에 천국 백성이 되었다. 어떤 의미에서 하나님의 백성은 하나님을 중심으로 하는 새로운 그룹 곧 천국 양반, 천국 선비가 아닐런지?

우리는 신분이 달라졌다. 우리는 비록 세상에 발붙이고 살지만 세상에 속한 자는 아니다. 어느 경우든 우리는 하나님의 자녀로서 천국 백성으로서의 자존심과 천국의 법도와 양심에 부끄럽지 않게 살아야 할 것이다. 우리의 정도는 하나님 앞에서(Corem Deo)의 삶이어야 한다. 요즘 우리 사회는 지나치게 자유를 많이 부르짖고, 프랑스 혁명이니, 동학 혁명이니, 4·19니 5·18이니 촛불혁명, 민중혁명을 부르짖으며 위도 없고, 아래도 없고 표준도 없는 제멋대로의 사회가 되어 버렸다. 이는 마치 19세기 서 유럽에서 계몽주의, 인본주의, 자유주의 무신론 사상이 팽배할 때 당시 구호가 '하나님도 없고 주인도 없다'(No God, No Master)라고 외쳤던 것과 아주 흡사하다.

오늘날은 제2계몽주의 시대이다. 위도 없고 스승도 없고 선배도 없는 세상이 되었다. 세상이 이렇게 되자, 교회의 메시지도 가난한 자, 병든 자, 소외된 자, 억울한 자를 위로 한답시고 오늘의 한국교회에 던져지는 메시지는 세상에서 잘 먹고 잘 살고 즐기자는 아주 부끄럽고 천박한 기독교가 되어 버렸다.

아무나 은혜 받으면 목사가 될 수 있다고 하여 수백 개의 신학교에서 경쟁적으로 매년 수천 수만의 목사를 찍어 내고, 신학적으로 교리적으로 인격적으로 정리되지 못한 자들이 주의 이름으로 일컬음을 받고, 요상한 방법과 술수로 듣기가 민망한 세속적인 이야기를 뱉어 내어도 '할렐루야 아멘' 하는 시대이다.

우리는 천민 민주주의가 되어도 안 되지만, 천한 기독교, 천한 교회가 되어서도 안 된다. 유교적 사상에 매몰된 양반 선비도 체통을 지키고 그의 정체성을 지키려고 몸부림쳤다면, 생명의 복음을 받은 그리스도인의 삶은 어떻게 해야 할까? 전도도 좋고, 선교도 좋고, 부흥도 좋지만, 거기 매몰되어 수단과 방법이 좋은 사람이 성공하는 시대가 되었다. 하지만 우리는 적어도 천지 만물을 지으신 창조주 하나님, 구속주 하나님의 부름 받은 영적 양반으로 지조와 체통을 지켜야 하지 않을까?

오늘의 한국 교회는 기독교 무당도 많고 기독교 상놈도 많다고 들었다. 얼굴이 뜨겁다. 참된 개혁주의적이고 복음적인 교회, 진리를 위해서 생명을 바쳤던 과거 기독교의 수많은 순교자의 삶이야말로 당당한 진정한 기독교회의 양반이자 선비였고, 세상을 바꾸는 변화의 주체가 아닐까?

18

유치원에도 유급이 있더라

    1970년대 초에, 나는 식구들을 데리고 화란 암스테르담에 유학을 하고 있었다. 그래서 아이들이 화란 유치원, 즉 클레이틀 스쿨에서 공부했다. 그때 받은 인상이 참 좋아서 소개했으면 한다.

    화란 유치원은 2년제이다. 5세에서 6세까지다. 한 클래스에 보통 10명에서 12명의 아이들이 한 선생님 아래서 배운다. 구체적으로 아이들이 무슨 지도를 받았는지 어깨너머로 본 것뿐이지만 특이한 것은 이렇다. 그 나라의 유치원 교육은 2년 동안, 그냥 민주시민으로 가져야 할 기본 교양을 훈련 받는다. 그러나 선생님은 말로 하는 것이 아니라, 삶의 실천을 통해서 아이들이 스스로 깨우치도록 한다는데 있다. 우리처럼 무엇을 외우게 하거나 일방적으로 강요하는 것은 없다.

예를 들면, 선생님은 동물을 사랑해야 한다고 가르치기보다는, 아이들에게 각자 집에서 먹다 남은 빵 조각을 가져오게 하고, 아이들을 공원에 데리고 가서 오리들에게 그것을 나누어 주며 즐겁게 노는 것이다. 잘 놀게 하는 것은 참 좋은 교육이다. 교육이라야 방에 들어갈 때 반드시 노크를 해야 한다거나, 여러 사람에게 서로 배려하고 양보하는 훈련을 한다. 또 남의 말을 먼저 듣는다든지 하는 것을 놀이를 통해서 배운다. 그리고 자기가 갖고 놀던 장난감은 반드시 정돈하는 훈련, 그 쪽 말로는 '오쁘라이밍'이라 하여 계속 반복 훈련을 한다. 뭐 이런 것들은 우리 유치원과는 크게 다르지 않다고 생각한다.

그런데 어린이들은 2년이 지난 후 초등학교로 올라가는데, 담임 선생님이 학부형을 불러서 상담한다. 보통은 초등학교에 모두 올라가지만, 어떤 때는 담임 선생님이 아무개는 일 년 더 유치원에서 생활해야 한다고 유급 결정을 내린다. 왜냐하면, 선생님의 판단으로 이 어린이는 장차 민주 시민으로서 훈련과 소양이 부족하니, 한 해를 유치원에서 더 훈련 받아야 한다는 것이다. 그런데 이 결정을 들은 학부형은 아무런 이의 없이 선생님에게 동의하여 자기 아이를 일 년 더 훈련하도록 한다. 대학 교수의 권위도 중요하고 초등, 중등, 고등 학교 선생님의 권위도 중요하지만 유치원 교사의 권위도 존경되어야 한다.

만에 하나, 한국의 유치원 교사가 이런 결정을 했다가는 학부모로부터 교사의 머리카락이 남아날까 생각해 본다. 엄마들은 내 아이가 뭐가 부족해서, 당신이 뭐가 잘나서, 내 아이를 유치원에서 유급시키냐고 대들 것이다. 아마 법적 소송도 불사할 것이다.

오늘 한국 사회와 한국 교육은 무슨 수를 쓰던지 좋은 학원, 좋은 유치원, 좋은 상급 학교, 좋은 대학을 들어가려고 온갖 편법, 불법도 마다하지 않는다. 오늘의 한국 교육을 보면 교사가 학생에게 고발당하고 두들겨 맞는 시대이다. 조기 교육도 좋고, 예능 교육도 영어 교육도 좋지만, 어린 시절에 교양 있는 한 인간으로, 민주 시민으로서 덕과 소양의 기초를 닦아야 되겠다. 지금 한국은 자녀 사랑, 자녀 교육에 올인 한 나머지 수단 방법을 가리지 않고, 어거지로 스펙을 만들고, 금수저니, 은수저니, 흙수저니로 편 가르기를 하여 자녀들이 장성해도 덕과 교양 있는 민주 시민이 될 수 없다. 오늘날 한국 사람은 공부도 많이 했고, 돈도 있지만 아주 천박하고 탐욕스런 이기주의자들이 되었다.

한국 사람은 이웃에 대한 배려도 매너도 없다. 정말 우리나라가 세계 10위권 정도의 경제 규모에 걸 맞는 교양과 인품이 있는 국민인가 생각해 본다.

오늘의 한국 사람들은 모두 눈이 시뻘겋게 탐욕과 불법이 통용되는 사회가 되었다. 미래의 사회는 결국 교육이 책임져야 하는데, 교육 당국은 포스트모던 사상이나 뉴에이지 사상으로 학생 인권만 부르짖다가 버릇없고 교양 없고 이기주의 인간들만 생산했다. 교육이 송두리째 무너졌다. 한국의 교육은 돈만 있으면 되고, 권력만 있으면 되고, 명예만 있으면 된다는 유물주의적 세계관이 지배하고 있다.

이런 시기에 유치원에도 민주 시민으로 기본 교양을 갖추지 못하면 유급을 시키는 그 나라의 선생님, 그것을 긍정적으로 믿고 선생님의 권위를 따르는 화란의 유치원 부모를 생각해 본다. 교사의 권위가 땅에 떨어진 오늘, 한국의 교육을 보면서 이 글을 쓴다.

19

일본 국회를 초토화시킨 박관준

　일제 강점기에 나라의 독립을 위해 투쟁한 항일 운동과 애국 운동의 지도자들이 많았다. 예컨대 사람들의 기억에는 안중근, 유관순, 윤봉길, 이봉창 등을 비롯해서 기독교적 인물 중에는 순교자 주기철, 손양원, 이기선, 한상동 등을 기억하는 분들이 대부분이다. 그러나 박관준은 일반인들은 잘 모른다. 박관준은 일본의 신사 참배 반대 운동의 선봉에 선 애국자이며 순교자이다.

　나는 박관준의 일본 중의원 잠입과 삐라 투척 사건의 과정을 잘 알고 있다. 왜냐하면 박관준이 일본 중의원에 잠입하고 뒤집어엎은 사건은 박관준과 함께 했던 그의 아들인 박영창(당시 20세) 목사와 당시 신사 참배를 생명 걸고 반대했던 일본어 통역관 안의숙 선생을 잘 알기 때문이다. 순교자 박관준의 그 역사적 사건은 현장에서 함께 했던 박영창 목사가 쓴 『정의가 나를 부를 때』라는 책에 자세히 나와 있다.

나는 여러 해 동안 박영창 목사님을 아버님처럼 모셨다. 내가 총신대 교수 겸 총신대학교회를 섬길 때 박영창 목사님이 미국에서 한국에 올 때마다 꼭 강단을 맡기고 설교하도록 하였고 애국 강연도 주선하였다. 또 총신대 총장 시절(1980년대 초에는 학장으로 불렸다.) 박관준 장로의 순교기념비를 사당동 총신대 동산 중앙에 세워 드렸다(당시 나는 기독교 순교자 유족회 고문이기도 했다.). 그리고 박영창 목사님은 1993년 우리 집을 방문해서 선친 박관준 장로가 순교하기 전에, 죽을 '死'자 12자를 넣어서 쓴 한 시를 써 주시고 내 아호를 '賢岩'이라고 지어 주었다.

뿐만 아니라 박관준 장로의 손자 박영남은 나와 56년 전에 박윤선 목사님이 세운 동산교회를 섬길 때 나는 중·고등부 전도사, 그는 교사로 함께 일을 했다. 그는 서울대학교 종교학과를 졸업했고, 아브라함 카이퍼의 『칼빈주의 강의』를 최초로 우리말로 번역했던 분이다. 그는 후일 프린스턴 신학교를 졸업하고 목사가 되어 L.A에서 사역했다.

또 나는 박관준과 함께 일본 중의원 회의에 잠입하고 폭탄 선언을 하는 사건에 동행했던 안의숙 선생도 알고 있었다. 그녀가 쓴 책 『죽으면 죽으리다』의 육필 원고도 현재 내가 소장하고 있다. 나는 L.A에서 안의숙을 만나 당시 이야기를 함께 나누었다. 그래서 그날의 사건을 좀 더 상세히 말해 보려 한다.

박관준은 의사였다. 그는 젊은 날 방탕자였으나, 복음을 깨닫곤 철저한 신앙의 용장이 되었고, 교회를 세운 장로였다. 그는 애국자요, 신앙의 사람인데다, 용감하고 정의감이 투철하고 배짱이 두둑한 강골이었다. 그는 1935년 '우가키' 총독에게 일본이 신사 참배를 한국 교회 성도들에게 강요하는 것은 부당하다는 탄원서를 보냈으나 무위로 돌아갔다. 또다시 1938년 미나미 총독에게 '신사 참배를 철회하지 않으면 대일본 제국은 하나님의 진노를 피할 수 없을 것'이라고 당차게 경고했다. 그러나 미나미 총독은 이를 무시했다. 이에 격분한 박관준은 1939년 2월 아예 직접 일본 동경으로 건너가 일본 국회인 중의원 회의에 잠입하기로 결심하고, 같은 뜻을 가진 동역자 안의숙과 당시 동경신학교 학생인 박영창을 대동하고, 모두 귀족들이나 입는 연미복을 빌려 입고 중의원에 방청객인 것처럼 가장해서 잠입했다.

1939년 3월 24일 제 74회 일본 제국 국회에는 약 400여 명의 중의원 의원들이 종교법을 의결하려 했다. 의장이 개회 선언을 하고 막 회의 시작을 할 무렵, 2층 방청석 가운데 앞줄에 있던 박관준은 좌우에 각각 안의숙과 박영창을 끼고 회의장을 향하여 벼락 치듯 고함쳤다. '여호와의 대명이다. 대일본 제국은 반드시 패망하리라'고 외치고 또다시 안의숙의 쩌렁쩌렁한 일본어로 통역하는 순간 2층에서 준비한 현수막 두루마리를 길게 늘어뜨리고 준비한 삐라를 회의장 가운데로 뿌렸다. 회의장은 아수라장이 되었고, 의원들은 삐라를 줍느라고 우왕좌왕했고 회의는 쑥대밭이 되었다. 그 순간 일본 경호 경찰이 그 셋을 모두 덮쳤다. 그리고 박관준은 체포되어 6년 동안 갖은 옥고를 치르다가 해방을 불과 몇 달 앞두고 순교했다. 죽음을 예견했던 박관준 장로는 하나님의 열혈 군사로 한국의 엘리야였다.

1938년 장로교 총회가 신사 참배를 가결하고 예비 검속에 풀려난 박관준은 한시(유시)를 남겼다. 이 시는 신사 참배 반대 운동의 동지였던 이인재 전도사(목사)에게 써 준 것이다(나는 51년 전 이인재 목사에게 목사 안수를 받았다). 그 내용은 다음과 같다.
"사람은 한 번 죽을 때가 있나니, 어찌 죽을 때 죽지 않으리. 그대 홀로 죽을 때 죽으면, 길이 죽어도 죽지 않으리. 때가 와 죽을 때 죽지 않으면, 살아서 즐김이 죽음만 못하리라. 예수 나를 위해 죽었으니, 나도 예수 위해 죽으리다."라는 시를 남겼다.

오늘처럼 한일 무역 전쟁이 심각한 이때 애국자요, 순교자인 한국의 엘리야 박관준의 신앙과 용기, 담대함, 배짱을 생각한다.

우리는 지금 일본과 무역 전쟁 중이다. 이는 21세기형 한국에 대한 일본의 침략 전쟁이다. 그러나 그보다도 무역 전쟁은 한일 간의 영적 전쟁이기도 하다. 일본은 신사를 만들어 천황을 받들고 찬양하며 태양신을 섬기는 우상의 나라이다. 오늘도 복음을 들고 일본인의 영혼을 사랑하며 선교하는 한국의 영적 전사들이 거기 있다. 모두 그들은 박관준의 후예들이다.

20

바돌로매의 밤

2009년 프랑스 파리의 '예수 마을'에 한국 교회 여러 선교 단체들의 여름 수련회가 열렸다. 그 해는 칼빈 탄생 500주년의 해로서, 세계 각국 교회에서 칼빈 탄생 500주년을 기념해서 여러 모양으로 종교 개혁 곧 교회 개혁의 의미를 되새기는 모임이 많았다. 나는 그 해 참으로 바쁜 일정을 보냈다. 국내에 여러 교회와 신학대학에서 특강을 했다. 필리핀의 장로회신학대학에 특강, 몽고의 울란바토르 신학교 특강, 그리고 미국 시카고의 한인교회 연합회에서 칼빈과 칼빈주의에 대한 특강이 있었다. 그러다가 칼빈의 고국 프랑스 파리에 특강 차 오게 되었다.

프랑스에 머물고 있는 한국 목사 한 분이 파리의 근교의 한적한 마을, 낡은 농장 건물을 수리해서 '예수 마을'이라는 수양관을 만들고 제 1회 유럽 선교의 교두보를 확보하기 위해서, 이 수양회를 개최했는데 한국을 비롯해서 유럽과 파리의 복음적 신앙을 가진 한국 청년들과 목회자들이 몰려왔다. 약 100여 명의 지도자들이 모여 아프리카의 불어권 지역에 어떻게 선교할 것인지를 발표했고, 나는 칼빈 탄생 500주년을 맞아 칼빈의 사상과 삶, 그리고 종교 개혁의 의미, 칼빈주의 사상 등을 두 번에 걸쳐서 강의를 했다.

나는 이 강의에서 특별히 1572년 8월 24일 성 바돌로매 축제일에 있었던 로마 가톨릭의 위그노파 대학살에 대해서 큰 소리로 고함치며 강의했다. 즉 칼빈은 프랑스가 낳은 위대한 교회개혁자로서 1536년 27세의 나이에 불후의 명작『기독교강요』를 출판했지만, 도리어 프랑스는 칼빈에게 사형 언도를 내렸고, 칼빈은 도피처로 스위스 제네바로 피난 갔었다. 그런데 프랑스에서는 칼빈의 개혁주의 신학과 신앙, 그의 사상을 따르는 무리들이 많았다. 그들을 가르쳐서 위그노파(Huguenote)라고 한다. 위그노파 성도들은 로마 가톨릭교회의 거짓된 교리와 타락에 항거하면서 개혁자 칼빈의 신앙을 추종하였고, 점점 그 숫자가 많아졌다. 그 중에 위그노파의 총지도자는 해군 제독이면서 장로였던 콜리니 장군이었다. 콜리니 장군과 위그노들은 부패한 프랑스 왕실과 가톨릭의 저항 세력이었다.

1572년 8월 24일 이른바 성 바돌로매(St. Bartholomew's day) 축제일 밤에, 가톨릭의 위그노 대학살 작전이 계획되었다. 생제르망 더 프레 성당의 종이 울리고, 위그노파 성도들이 구름처럼 몰려오는 시점에 로마 가톨릭의 전위 부대인 이그나시우스 로욜라(Ignatius Loyola)가 만든 예수회(Jesuit) 행동 대원을 앞세워, 콜리니 장군(Gaspard de Coligny)을 체포해서 그의 배를 갈라 창자를 꺼내어 성당 창문에 걸고, 예수회의 악한 무리들이 그날 모인 위그노파의 목을 치거나, 배를 가르거나 해서 그날 밤에만 3,000여 명을 살해했다. 말 그대로 파리의 세느강을 피로 물들였다. 교회 역사뿐 아니라 세계사에 이 같은 비극은 어디서도 찾아볼 수 없을 것이다. 그 후에도 약 4개월 동안 프랑스 모든 지역에 7만 명의 위그노 성도들이 살해되었다. 로마 가톨릭이 공개적이고 계획적으로 칼빈의 신앙을 따르는 개혁주의자들을 무참히 학살한 사건이다.

나는 이 대목을 강의하면서 벼락 같이 고함치며, 프랑스 가톨릭이 아직도 이 악행을 회개치 않고 역사에 묻어 둔다면 하나님의 진노와 징계가 있을 것이라고 외쳤다. 그런데 내 강의를 몰래 통역을 통해 들었던 프랑스 신부님 한 분이 있었다. 마지막 날 그는 강의대 앞으로 걸어 나와 말했다. "여러분, 저는 추기경도 아니고, 프랑스를 대표할 만한 신부도 아닙니다. 하지만 우리들의 죄를 용서해 주십시오."라고 했다.

그때 청중의 앞줄에 앉았던 나는 강의대 앞으로 나가서 기도했다. "전능하신 하나님 우리 아버지, 이들의 죄를 용서해 주십시오. 그리고 우리 프로테스탄트의 죄도, 한국 교회의 죄도 용서해 주십시오. 개혁주의자들이 솔라 스크립투라(Sola Scriptura), 오직 하나님의 말씀으로 살리라 하고 그 가톨릭에서 나왔으나, 우리 한국 교회는 지금 성경대로 살지 못하고 있습니다. 솔라 피데(Sola Fide), 오직 믿음으로 산다고 가톨릭의 행위 구원을 성토하고 나왔지만, 실제로 우리 한국 교회는 믿음을 잃어버렸습니다. 솔라 그라티아(Sola Gratia), 오직 은혜로 구원 받는다고 했지만, 실제로 우리는 하나님의 은혜에 대한 아무런 감격이 없습니다. 오직 하나님의 영광(Soli Deo Gloria)을 부르짖었으나, 실제로 한국 교회는 하나님의 영광을 짓밟고 사람의 영광을 찬양하고 있습니다. 하나님 아버지, 우리들의 죄도 용서해 주십시오."라고 기도했다. 기도가 끝나자 성령의 강한 역사가 일어났고, 온 회중은 여기저기 울부짖는 통회와 자복이 일어났다.

나는 그 날을 잊을 수가 없다. 한국 교회 목사님들은 칼빈주의자들인 위그노의 순교, 이 역사적 사건을 모르기도 하고, 제대로 가르치지도 않는다는 것이 매우 아쉽다.

'1572년 8월 24일 생 제르망 더 프레 성당 앞마당에서 위그노를 학살하는 장면'

21

일본의 항복 문서

1945년 8월 15일 모든 미국 신문들은 'Japan Surrender'(일본 항복하다)를 머리기사로 뽑았다. 일본의 항복은 제2차 세계 대전의 종전이요 미국을 비롯한 연합국의 승리이자, 우리 민족에게는 일제의 강압과 통치에서 풀려나서 자유와 해방을 맞는 기회가 되었다. 하와이 진주만에 가보면 일본의 폭격으로 가라앉은 배를 볼 수 있도록 만들어 놓아 유명 관광지가 되었다. 그런데 안내자의 말에 의하면 그 관광지에는 일본 사람들이 거의 오지 않는다고 한다. 혹시 몇 사람이 온다고 해도 굳은 얼굴로 말을 하지 않는다고 했다. 그것은 그들의 부끄러움 때문인지 아니면 콤플렉스 때문인지 알 수는 없다.

일본은 세계 정복의 야망으로 한국을 위시해서 아시아를 집어먹고, 미국의 콧등에다 폭탄을 쏟아 부은 것이다. 그것은 일본의 야망과 착각이었다. 그로 말미암아 히로시마와 나가사키에 폭탄 세례를 받고서야 드디어 항복하게 된다. 히로시마의 원폭 지역에 가보면 당시 폐허가 된 건물들의 잔해가 아직도 그대로 있다. 그러면서 히로시마는 평화를 노래하는 도시가 되었다.

일본은 전범 국가이자 패전 국가이다. 그들은 한국 전쟁으로 크게 부흥하였다. 나는 일본의 항복 문서(팩시밀리판)를 모두 가지고 있다. 그것을 잘 살펴보면 일본의 항복은 연합국에 대한 항복이었지 한국에 대해서 항복한 적은 없다. 그들의 마음속에는 비록 연합국에 대해서는 항복했지만 과거 한국의 식민지 통치 시대를 늘 추억하고, 그리워하는 듯하다. 또 실제로 일왕의 패전 방송에는 항복이니 사과란 말은 단 한마디도 없다. 그래서 일본은 아직도 독도도 그들의 섬이라고 주장하고, 종군 위안부도 부정하고, 마치 한국이 일제 강점기 시대처럼 착각하는 정치가와 일반 국민들이 아직도 많은 듯하다.

그런데 한국은 자유 민주주의 국가로 여러 번 아픔을 겪으면서 끊임없이 성장 발전해서 일본의 턱 밑에 왔거나, 어떤 분야는 앞서가고 있다. 그래서 최근 아베 총리는 한국 대법원의 판결에 이의를 제기하고 한국에 경고하려고 경제 제재란 초강수를 뒀다. 하지만 한국인은 일제 불매 운동과 일본 여행 중단으로 일본에 큰 충격을 주고 있다. 그럼에도 일본인들은 아베 정부의 하는 일에 계속 지지를 보내는 것을 보면 아직도 일본인들에겐 한국을 식민지 국가로 보는 정서가 남아있는 것 같다.

이제 우리도 진정한 의미에서 과거 일제 강점기에 지은 죄에 대해 일본의 항복을 받아내야 할 때이다. 일제 강점기 동안 수많은 애국자들, 순국자들, 순교자들이 생명을 바쳐 나라의 독립을 위해 싸웠다. 하지만 일본은 연합국에는 항복했지만 우리 민족에게 항복하지 않았다.

70여 년이 지난 후에도 아직도 그들은 우리를 한 수 아래의 국가로 보고 있다. 하기는 우리는 독립운동만 했을 뿐이고 독립 전쟁은 못했으니, 우리가 항복을 받아낼 방법은 없다. 일본은 우리보다 한 세기 전에 깨어서 서양 문물을 받아들인 것은 맞고, 우리보다 앞선 것은 사실이다. 하지만 이승만 박사가 세운 자유 대한민국은 그동안 역경과 환난 중에도 놀라운 성장 발전을 이루어 세계 10대 강국으로 발돋음했다.

그러나 아직도 일본이 계속해서 독도 영유권을 주장하고, 종군위안부를 인정하지 않는 것은 한국을 식민지로 보는 망상에 빠진 것과 같다. 일본의 항복 문서에는 한국에 대한 것은 없었다. 한국의 광복은 선열들의 눈물과 땀과 피로 되었지만, 그보다는 연합국의 승리로 해방되었으니 기독교식으로 말하면 우리는 전적으로 하나님의 '거저 주시는 은총의 선물'을 받은 셈이다.

우리가 일본에 요구하는 것은 항복이 아니고, 우리에게 진심으로 용서를 구하고 사죄하는 것이다. 일본의 우익들은 역사를 거꾸로 돌려 아직도 욱일기를 펄럭이고 그들의 죄상을 모르고 있다. 그럼에도 불구하고 내 경험으로 보면 일본에도 진실하고 양심적인 그리스도인도 있다. 내 친구 동경 성서그리스도교회 오야마레이지(尾山令仁) 목사님, 동경 고백교회의 목사이자 칼빈 학자인 노부와 와타나베(渡辺信夫) 박사, 야마쟈키 준치(山崎順治) 목사, 전 고배신학교 교장 류조 하시모토(矯本龍三) 목사, 야마모토 에이지(山本榮一) 교수, 하루나 슈미토(春名純人) 교수 등은 나에게 항상 일제의 식민지 지배와 신사 참배 강요를 늘 사죄하고 부끄럽게 여기는 신앙인이자 지식인들이다.

하지만 군국주의 일본을 예찬하는 일본인들은, 미국과 연합국에만 항복하고 우리에게는 항복이나 사죄할 의사가 전혀 없는 듯하다. 일제는 한국 기독교를 말살하려 했고 신사 참배 반대자를 모질게 고문했다. 그럼에도 우리나라는 고난의 나라였지만 하나님의 은혜로 감사하게도 선교 대국이 되어 전 세계 2만 5천 명의 선교사들을 파송했다. 그 중에 일본에서 선교하는 주의 일꾼들은 1500명이나 된다. 흔히 일본이 가깝고도 먼 나라라고 말하지만, 앞으로는 복음으로 용서와 화해가 이루어져서 가깝고도 가까운 나라가 되기를 기도할 뿐이다.

22

그래도 오직 한국 교회가 희망이다

　온 세계가 코로나19로 말미암아 무너지고 있다. 한국을 비롯한 미국, 영국, 독일, 프랑스, 스페인, 이탈리아 등 모든 나라들은 이전에 한 번도 경험하지 못한 상황을 맞으면서, 눈에 보이지 않는 세균과의 전쟁에 속수무책으로 당하고만 있다. 모든 국가들은 코로나19와의 전쟁의 승패로 국력과 국격(國格)의 명암이 갈리고 있는 중에, 선진국들이 한국의 발 빠른 대처에 칭찬하고 이제는 한국을 모방하고, 한국을 모델로 하고 싶다는 말이 연일 보도 되고 있다. 한국이 코로나19에 신속한 대처와 과학적, 민주적 방법을 두고 세계는 지금 입에 침이 마르도록 칭찬하고 있다. 하지만 한국은 코로나19 이후가 더 큰 문제다. 경제가 무너지고 민심이 흉흉하고 돈을 푸는 것밖에는 달리 대안이 없는 듯하다.

　한국이 금번 코로나19 대처에 성과를 낸 배후에는, 지난 한 세기 동안 무엇이 대한민국의 정치, 경제, 사회, 문화, 과학, 예술 등에 영향을 끼쳤는지 그 배경을 알아보는 것도 중요할 듯하다. 어떤 이는 한국인의 DNA가 남다르다고 하는 이도 있고, 또 다른 이는 한국은 위기 때마다 그것을 잘 극복하는 특징을 가지고 있다고 한다. 또 한국인은 상부상조하는 전통이 있고, 이웃을 배려하는 성품이 남다르다고 했다. 모두 틀린 말은 아니지만, 이조 말기에서부터 일본의 침략으로 나라를 빼앗기고, 북한 공산당의 6·25불법 남침으로 온 국토가 초토화되고 세계에서 가장 가난한 나라에서, 오늘날 산업 사회에 가장 획기적인 발전을 거듭한 대한민국의 정신적 배경은 무엇일까?

27년 전에 필자는 모스크바에서 열린 '한국학 국제 대회'에 참석했었다. 그때의 주제는 '한국의 근대화는 어떻게 이루어졌는가'였다. 모든 학자들이 말하기를 한국의 근대화는 '한강의 기적'이라고 했고, 어떤 이는 '새마을 운동' 또는 '유교의 전통'이라 했다. 그러나 나는 확실하게 한국의 근대화 발전은 바로 기독교 때문이고, 특히 '기독교의 복음' 때문이라고 힘주어 말하였다. 당시 내 주장은 모스크바 국영 방송으로 송출되었다.

이렇게 한국의 근세사는 기독교회를 빼고는 말할 수 없다. 사실 1800년대 말, 한국은 이 지구상에서 가장 희망이 없는 가난하고 가련한 어두움의 나라였다. 당시 한국은 세상과 담을 쌓고 외톨이가 되었을 뿐 아니라, 대부분의 민초들은 실제적으로 노비였고,

일부 왕족과 귀족인 양반 계급이 백성들을 등치고 수탈함으로, 우리는 이 지구상에서 가장 희망이 없는 나라였다. 종교라야 유교와 불교 등이 있었지만 이들 종교들에겐 아무런 희망을 찾을 수 없었다. 오히려 샤머니즘의 발달로 무지한 백성들은 운명론에 사로잡혔고, 허무주의와 염세주의가 이 나라의 정신세계를 지배하고 있었다. 누구 하나 나라의 장래에 바른 이정표를 제시하는 지도자도 없었고 기관도 없었다. 이조 500년 동안 오직 국왕을 이용해 먹은 대신들의 부정부패는 하늘을 찔렀다. 이렇게 칠흑 같이 어두운 우리나라에 한 줄기 빛이 보였다. 그것은 바로 미국 선교사들이 들고 온 하나님의 말씀 곧 '복음의 빛'이 대한민국에 비추어 진 것이다. 강단을 맡은 목회자들의 설교에서 복음은 바로 생명이고, 변화와 개혁이고, 역동이고, 새로움이고, 은혜이고, 축복이자 사랑이었다. 그리고 복음은 능력이자, 창조이고, 문화 창달이요, 교육이고, 진취적이요, 세계관이었다. 또한 설교에서 전파된 복음은 역사의 배후에 하나님이 계신다는 것을 깨우치고, 인간 죄악의 비참함과 구원을 가르치고, 새로운 역사를 만들기 위한 역동적인 힘을 제공했다. 목사들이 전한 복음은 한국의 반만년의 역사에 한 번도 경험하지 못했던 가난한 백성들에게 광명의 길을 제시했다. 복음은 이 세상과 영원한 세상을 연결하는 다리였고, 영적인 문제뿐만 아니라 육신의 문제도 해결된다는 피부에 와 닿는 새로운 동력이 되었던 것이다. 선교사들은 교회와 학교를 세우고 병원을 만들고 고아원을 만들어 세상을 바꾸어 갔다.

이처럼 복음은 가난하고 희망 없는 우리 민족을 새롭게 만들었고, 강단의 설교를 통해 백의민족을 잠에서 깨어나게 했고, 전도자들과 목회자들과 평신도 지도자들은 구원의 진리를 전하는 것은 말할 것도 없고, 민족 계몽과 개조의 선구자가 되었다. 또한 1900년대를 전후로 출판된 기독교 책들은 순 한글로 출판되어 양반들보다 민초들을 처음으로 밖의 세계에 눈을 뜨게 했고, 영원한 세계를 바라보게 해 주었다. 사실 한국 교회가 세워지게 된 것은 그 자체가 민주주의의 토양이 된 셈이다. 1901년 '조선예수교장로회 공회', 1907년 '평양 장로회 신학교 설립', 1912년 '조선예수교장로회 총회'가 만들어짐으로 이 땅에 처음으로 서구적 민주화의 조직을 만든 셈이다. 같은 기간에 감리교, 성결교, 침례교도 민족 교회 설립에 최전선에 섰다. 특히 1907년 길선주 목사를 중심으로 일어난 '평양 대부흥 운동'은, 감리교 하디 선교사의 진심어린 회개 운동에서 출발했고, 또 길선주 목사의 회개 운동이 장로교, 감리교, 침례교 목사들의 설교를 통해 민초들에게 옮겨 붙었다. 이 평양 대부흥 운동은 전국을 성령의 도가니에 잠기게 했고, 세계 선교 역사에 위대한 거보를 내딛게 할 뿐만 아니라, 민족성 개조의 견인차가 되었다.

그 후 일제가 한국을 찬탈하자, 반일과 독립운동에 앞장선 사람들은 거의 대부분이 복음으로 먼저 깨어난 기독교인이었음을 오늘의 역사가 증명하고 있다. 그 혹독한 일제의 탄압에 맞설 수 있는 집단도 결국 교회밖에는 없었다. 물론 한국 교회는 일제의 신사 참배 강요로 어쩔 수 없이 신앙의 정조를 지키지 못한 굴욕적인 아픔의 상처도 있었지만, 그래도 50여 명의 목회자들과 평신도들은 신사 참배에 반대 운동을 하다가 순교하거나, 6-7년 옥중 생활을 통해 그나마 꺾이지 않는 신앙의 절개를 보여 주었다. 해방 정국에도 모든 기독교인들이 건국에 앞장섰지만, 그 중에서 우남(雩南) 이승만 박사가 평생 독립운동을 하다가 귀국하여 1948년 8월 15일 자유 민주주의 대한민국을 세웠다. 그리고 그가 유학 가서 미국 워싱턴 D. C의 정통 장로교회인 언약도 교회(Covenanter Church)에서 세례를 받고 신앙훈련을 받은 데로, 또한 프린스턴 대학교에서 정치학 박사를 받기 전, 처음 일 년간 프린스턴 신학교에서 공부하면서 B. B. 월필드(Warfield)와 페튼(Francis L. Patton)의 영향을 크게 받았다. 당시 프린스턴 신학교의 분위기는 화란의 아브라함 카이퍼(Abraham Kuyper) 박사의 영향으로, 삶의 모든 영역에 '하나님의 영광과 주권'을 높이는 칼빈주의 사상을 그대로 물려받았다. 그래서 이승만의 꿈도 대한민국을 세울 때 '기독교 입국'을 하리라는 꿈을 가슴에 품고, 그는 한국이 세계 최초로 기도로 세워진 나라가 되도록 했다. 하나님이 오늘의 한국 교회에 복을 부어 주신 것은 곧 대한민국을 축복한 것이 되었다.

그동안 이러저러한 일들로 한국은 전쟁과 혁명과 정변이 많았지만, 그 와중에서도 하나님은 1970년대에서 1980년대까지 대형 부흥 운동을 중심으로 영적 부흥이 일어나 한국 교회는 세계에서 가장 크게 부흥한 성공 사례가 되었다. 그리고 한국 교회의 부흥은 한국의 산업화와 맞물려 있었다. 지금 한국의 모든 정부 기관에는 기독교 신우회가 있다. 군대에는 군목이, 경찰에는 경목이, 형무소에는 형목이 있다. 또 모든 회사에 신우회가 있는가 하면, 정부와 국회와 법조계에도 숨은 그리스도인들이 있어서 한국을 지키기 위한 선두주자로 일하고 있다. 그 평신도들은 모두가 한국 목회자들이 가르쳐준 성경적 세계관에 잘 훈련되었기 때문이다. 강단에서는 늘, 빌립보 4장 13절(King James Version) "내게 능력 주시는 그리스도 안에서 내가 모든 것을 할 수 있느니라."는 말씀이 선포되었는데, 이 말씀은 대한민국 국민들을 그리스도 안에서 모든 것을 해 낼 수 있다는 긍정적 생각과 창의성을 키웠다. 그래서인가 한국인은 세계에서 가장 적극적이고 창의적 인물들이 벌떼처럼 일어났다.

그런데 근래에 이르러 공산주의 사상, 사회주의 사상으로 무장된 인사들이 사회주의 건설에 최고의 걸림돌과 방해자가 기독교라고 생각하고, 기독교회를 박멸하기 위한 반기독 세력들이 되어 교회를 비판하면서, 마치 교회가 범죄 집단의 온상이듯이 몰아가고 있다. 특히 언론과 식자층의 인사들이 기독교회를 개독교라는 프레임을 만들어 업신여기고, 교회를 파괴하려고 공공연히 여론몰이와 언론 플레이를 하는 자들도 없지 않다. 심지어 최근에 이르러 어느 정부 인사는 기독교회를 반정부 세력으로 호도하면서, 대놓고 박해를 가하고 위해를 가하는 일도 있었다. 물론 우리 한국 교회도 사람들이 모이는 곳이므로 윤리 도덕적으로 비판받을 만하고, 교회끼리 반목질시하는 일도 있어 참으로 부끄럽다. 그러나 그것은 교회의 사명과 선교를 위해 일하다가 생겨난 성도들의 부작용이고 흠일 뿐이지, '기독교 복음'이 잘못되거나, '교회의 본질'이 매도당해서는 안 된다고 본다.

오늘날 거짓된 종북 좌파 이데올로기와 싸울 수 있는 세력은 유일하게 기독교회밖에는 없다. 하기는 신앙이 있다면서 좌파 성향을 띤 기독교 이름을 가진 단체도 많다.

복음을 사수하고자 헌신한 참된 그리스도인은 잠에서 깨어나야 한다. 그리스도인은 자유 민주주의 한국을 지킬 책임과 의무가 있다. 한국은 미국 다음으로 전 세계에 가장 많은 선교사를 보낸 나라이다. 사실 선교사들은 민간 외교관이기도 하다. 지금 세계 교회를 도울 수 있는 교회는 한국 교회가 거의 유일하다. 지금은 아시아 아프리카뿐 아니라 유럽도 우리의 선교 대상국이다.

'국력과 국격은 곧 선교의 기초이다.' 한국은 21세기의 온 세상을 이끌어가는 선교 대국이다. 전 세계 모든 나라에 우리 선교사가 들어가 이름도 없이 빛도 없이 그 백성들의 영혼을 위해서 헌신하고 있다. 한국은 코로나19라는 괴질을 잘 극복해서 선진국이 되기보다, 이 마지막 때에 한국 교회는 세계를 향한 선교 대국으로 우리 대한민국이 선진국이 되기를 간절히 기도한다. 한국의 장래가 불투명하고 아직도 북한의 침략의 야욕이 멈추지 않고, 이 땅에 여기저기 종북 세력이 날뛰고 있는 것도 사실이지만, 그래도 이 시국에 정치, 경제, 사회, 문화, 예술 분야까지 모두 사회주의 종북 세력을 막아내고, 자유 민주주의 대한민국, 시장 경제, 한미 동맹을 지켜 내는데 대한민국의 유일한 힘과 희망은 교회뿐이다.

23

人海戰術

    6.25전쟁 당시 유엔군과 국군의 반격으로 압록강까지 올라가 남북통일이 눈앞에 있었다. 그러나 중공군 즉 중국 공산당은 130만 명을 파병해서 북조선을 도와 이른바 '인해 전술'로 밀고 내려와 대한민국 군은 남북통일의 꿈을 꺾고 천추의 한을 남기고 후퇴하였다. 중국 공산당은 우리의 공적(公敵)이지만 세월이 흘러 국교가 이루어지고, 한·중 무역이 확대되면서 서로의 이익을 창출하는 동반자처럼 되었다. 시진핑의 중국몽(中國夢)은 헛된 꿈이지만, 한국의 정치가들은 그 중국몽을 함께 꿈꾸고 친중 정책을 쓰고 있다. 그러나 중국과 북한은 엄연히 우리의 주적이다. 요즘 나라나 개인이나 모두 돈이 되면 친구이고, 돈이 안 되면 원수가 되는 세상이다. 서로 이용해 먹으면 된다는 것이다.

    나는 1962년에 총신대학교 도원동 기숙사 3층 4호실에 기거하고 있었다. 4호실은 아래층의 화장실 냄새가 올라와서 항상 퀴퀴한 냄새가 나곤 했다. 장점이라면 방이 넓어서 좋았고 나 외에 3명의 학생들은 모두가 나이가 지긋하게 들었고 내가 제일 어렸다. 나이든 학생들은 저마다 특별한 경력이 있었다. 그 중에 김재영 씨가 있었다.

그는 나보다는 20년이나 더 많은 연장자였는데, 그분은 독립운동가의 자녀로 중국 상해에서 중·고등학교를 나왔다. 그래서 우리말과 중국어에 능통했다. 그는 당시 J. P와 함께 육군 정보 장교 대위로 판문점 휴전 협정 당시 우리 측 중국어 통역 장교로 일했었다. 그는 문필가요 소설가에다, 신학, 철학, 문학 등 아주 다양한 분야에 식견을 가진 분이었다. 그가 내게 말하기를 "한국이 통일을 눈앞에 두었는데 중공군이 물밀듯이 전선에 투입되어 밀고 들어오는 바람에, 미군과 아군이 후퇴하여 전선이 무너지고 겨우 오늘의 휴전선까지 왔다."는 것이다. 중국은 역사적으로 우리나라에 단 한 번도 도움이 된 적이 없는 나라였다. 중국은 번번이 우리를 자기네 한 성(省)쯤으로 생각하고 조공을 바치라 했고 지금까지 고압적으로 한국을 멸시했었다. 뿐만 아니라 지금은 중국 동포들이 100만 명이 들어와 있는데, 이들이 한국 정치에 개입하고 여론 몰이를 하고 있다고 한다.

그럼에도 불구하고 우리 지도자들 중에는 중국을 섬기지 못해 안달하는 자들이 왜 이리도 많은지 모르겠다. 그때 국방부에서는 이러한 중공군이 파도가 밀물처럼 밀려오는 이런 전술은 듣도 보도 못한 것이었는데, 당시 통역 장교인 김재영 씨에게 "이런 것을 뭐라고 하면 좋겠느냐?"고 묻자 김재영 씨는 이를 '人海戰術'이라고 부르면 된다고 대답했다고 한다. 그래서 그때부터 인해전술이란 말이 생겨나게 되었다.

참으로 '인해 전술'은 전술이라기보다, 그때나 지금이나 인명을 경시하는 무지막지한 중국 공산당식 방법이었다. 사람을 총알받이로 삼고, 파도처럼 밀려오고, 밤에는 산 뒤쪽에서 북과 꽹과리를 치면서 아군의 심기를 건드리고 공포감을 일으키는 전술이었다. 사실 지금처럼 무기가 발전된 시대에는 이런 전법은 전혀 먹혀들지 않았을 것이다. 당시 인해 전술에 동원된 병사들은 한족들이 아니고 주로 우리 조선족들이 많았고, 기타 몽고 지역의 병사들을 총알받이로 삼은 것이라고 한다.

어쨌거나 김재영 씨는 '인해 전술'이란 말을 만들었고, 나와는 참으로 질긴 인연으로 오랫동안 함께 했다. 그는 후일 브라질로 이민 갔었다. 결정적인 사건은 그가 나의 중매쟁이였다는 사실이다. 그는 다재다능했지만 이야기꾼으로 평안도 억센 사투리로 말할 때는 상대를 제압할 정도였다. 지금부터 52년 전, 하루는 그가 내게 말하기를 "정 조사 장가를 가야지."라고 했다. 나는 그의 말에 별 뜻 없이 "네, 가야지요" 했다. 그때 나는 석사 학위 논문을 쓰느라고 정신이 없었고, 12월에는 목사 안수를 받아야 할 판이었다. 김재영 씨는 말했다. "내가 소개하는 여성은 김지미를 뺨칠 정도의 미모의 처녀니 만나 보라"고 했다. 나는 그의 말을 듣고 도봉산 어느 제과점에서 생전 처음 맞선이라는 것을 봤다. 과연 눈이 부신 미모의 처녀였으나 나는 그 당시 열악한 개척 교회 목사요, 교회당은 시멘트 블록을 쌓아 올린 천정도 없는 건물에 가마니를 깔고 예배하는 20평 정도의 건물이었다. 그 교회는 전기도 없는 곳이므로 경유 램프를 달고 예배하고 있었고, 나는 겨우 5,000원의 사례금에 쌀 한 말을 받는 가장 비참하고 어려운 개척 교회 교역자였다.

그래서 나는 그 처녀에게 솔직히 말했다. "나는 배경도 없고 찌들게 가난한 사람이오, 내가 가진 것은 아무것도 없소. 사택이란 것도 부엌 한 칸, 방 한 칸의 오막살이오. 그러나 나는 꿈 하나는 대단하오. 나는 머지않아 화란 암스텔담 자유 대학교로 유학을 갈 것이고 그 후는 한국 교회를 위해 크게 일 할 사람이오. 그러니 내가 농촌 개척 교회에서 얼마나 어렵고 비참하게 사는지 직접 와서 눈으로 보고 확인 하시오."라고 했다. 나는 가리울 것도 내 놓을 것도 없는 사람으로 찌들게 가난했지만, 내 꿈이 그러하다는 것을 말했을 뿐이다. 하지만 그 당시 나는 유학 시험을 본 것도 아니고, 입학 허가를 받은 일도 없었다.

며칠 후 그 처녀는 버스도 다니지 않는 50호 밖에 살지 않는 농촌 마을에 직접 나를 찾아 왔었다. 사택이라고는 새까만 부엌, 조그마한 방에 사과 궤짝에 신문지를 깔고 책을 꽂아 논 것이 전부였다. 그것을 살펴본 그 처녀는 한 번 해보겠다고 결심하고 용기를 내었다. 그녀는 나의 겉껍데기보다 꿈을 귀히 보았던 것이다. 그 후 한 달째 되는 월요일에 박윤선 목사님의 주례로 결혼을 했다. 결혼식 후에 돈이 없어 친구 목사에게 신혼 여행비를 빌려서 갔다.

그처럼 어렵게 결혼 생활을 시작했지만, 그 후 나는 그 꿈이 이루어지고, 유학 후 총신대학교의 교수가 되고 총장이 되었고 어느덧 반세기가 넘었다. "처음은 미약했으나 나중은 창대 하리라"는 말씀대로 되었다.

오늘날은 세상 정치도, 교회도 너무 물량적이고 숫자적이고 외형적이다. 4·15 선거가 끝났다. 한국의 정치도, 선거도, 결국은 '인해 전술'이다. '인해 전술'을 쓰기 위해 언론을 통해서 선전 선동하고 은밀하게 프레임도 만든다. 오늘의 한국 교회도 수단 방법을 가리지 않고 사람을 많이 모으는 '인해전술'을 쓰고 있고, 그것이 하나님의 뜻이라고 하여 정의가 되고 있다. 오늘날은 돈과 사람의 숫자로 밀어 붙이고, 건물의 크기와 사람의 숫자가 목회 성공이 되고, 사람의 지지 숫자로 '인해전술'을 쓰는 정당이 이기고, 정의가 되는 세상인데, 나 같이 미련한 사람은 가장 낮은 데서 가장 적은 수의 농촌 개척 교회에 매달리며 꿈을 가지고 역사를 이루었으니 후회가 있을 리 없고 그저 하나님의 은혜를 생각할 때 감사할 뿐이다.

'인해전술!' 그것은 일시적으로 성공할 수 있을지 몰라도 반드시 정의와 진리가 될 수는 없다.

24

순교자(殉敎者, The Martyred)

　1965년 나는 소설 『순교자』를 써서 노벨상 후보에 올랐던 재미 교포 리챠드 킴(Richard Kim) 즉 김은국 씨를 만났다. 1964년 이 소설이 발표되자 미국에서는 20주 연속 베스트 셀러에 올랐고, 드디어 서울대학교 장왕록 교수에 의해서 우리말로 번역되었다.

　나는 리챠드 김이 한국에 온다는 소문을 듣고 소설 『순교자』의 집필자와 번역자인 장왕록 교수를 만나러 발표장에 갔었다. 그때 나는 총신대학교 신학대학원 2학년생이었다. 그때까지 나는 그 소설을 읽은 적도 없고, 다만 그 소설이 인간의 내면적 양심의 소리와 신앙 사이, 그리고 공산주의와 기독교 신앙 등의 문제를 다루면서 휴머니즘을 다루었다는 말을 들었다. 모임의 장소는 하도 오래되어 기억이 나지 않지만, 대강당에 문학도들이 가득 모였고, 나는 어쩌다가 리챠드 김과 장왕록 교수와 가장 가까운 앞자리에 앉아서 방청 하게 되었다. 리챠드 김은 약간 어눌한 한국말이지만 외모가 알베르 까뮈를 닮았다는 인상을 받았다. 번역자 장왕록 교수가 소설 '순교자'의 의미와 번역 과정을 설명했고, 리챠드 김이 소설을 쓰게 된 배경을 설명하였다. 그리고 마지막에는 질문 받는 순서가 있었다. 나는 문학에 대해서 잘 모르지만 리챠드 김에게 이런 질문을 던졌다.

"내가 알기로는 선생님의 소설 '순교자'에서 휴머니즘의 승리를 다루었다고 하는데 그것은 순교자의 정신과 맞지 않다고 생각합니다."라고 했다. 나는 그 당시 신학생으로 또는 칼빈주의 세계관을 가진 나로서 질문했지만, 사실 소설 순교자의 의도와 목적과는 초점이 맞지 않는 생뚱맞은 질문이었다. 여기저기서 '이봐! 앉아!'라는 소리가 들렸다. 그래서 나는 슬그머니 앉기는 했지만, 지금도 나는 문학이나 예술이나 철학이나 모든 학문은 휴머니즘이 핵심적 사상이라고 본다. 즉 문학에서 노벨 문학상을 받으려면 반드시 휴머니즘의 승리를 말해야 된다. 그러니 나 같은 사람은, 일생 동안 '신본주의'와 '인본주의'의 대결을 삶의 지표로 살아온 나로서는 그 자리에는 별스런 존재였을 것이다. 그 후에 나는 '순교자'를 영화로도 봤고 소설도 읽었지만, 역시 내 질문은 우문이 아니었음을 알게 되었다.

이 소설 '순교자'는 6.25 동란 중에 아군과 공산군이 쫓기고 쫓기는 과정에서, 북한 공산당이 14명의 목사를 체포해서 북으로 끌고 가다가 그 중에 12명을 사살했고 그 중에 두 명은 살아 왔다는 것이다. 그 중에 한 명은 정신병자여서 살아 왔는데, 이 소설의 주인공인 '신 목사는 어찌해서 죽지 않고 살아남았는가?'라는 의문으로 시작한다.

그런데 이 소설에서 후일 국군이 북진해서 보니 12명이 죽고 두 명이 살아 있는 이유를 잘 모른 채 장 대령은 그 열두 명을 순교자로 처리해서 예를 다하고 한국 성도들과 국군에게 사기를 높이는 작업을 했다. 그러나 이 소설의 이 대위는 의심을 하고 사건의 전말을 파고든다. 그러다가 다시 국군이 북진하면서 당시 12명의 목사들을 총살했던 인민군 장교를 체포하고 심문을 하는 중에 사건의 전말이 백일천하에 들어나게 된다. 사실 공산군이 14명의 목사를 북으로 끌고 가면서 온갖 고문을 하면서 기독교 신앙을 비방하고 겁박을 했다. 그런데 12명의 목사들은 공산당에게 인간으로 할 수 없는 태도로 비열하게 '제발 목숨만은 살려 달라'고 애걸복걸했다. 그런데 반해서 신 목사는 당당하게 공산군 장교에 대어 들면서 '나는 내가 믿는 예수 그리스도를 결코 배신하지 않을 것이고, 죽일 테면 죽여 봐라!' 하고 공산군의 고문과 회유에 당당히 맞섰다. 그런데 인민군 장교는 비열하게 목숨을 구걸하는 12명의 목사들은 총살형을 처했고, 끝까지 신앙의 정조를 지키고 당당히 맞선 신 목사에게는 '이 정도의 배짱을 가진 목사, 끝까지 자기 하나님을 배신하지 않는 목사가 진짜다'라고 하면서 살려 돌려보냈다. 하지만 당시 사람들은 신 목사를 순교자가 못되고 배신했다고 했다.

그런데 신 목사는 끝까지 죽은 12명의 목사를 순교자의 반열에 이르게 하려고, 그 사건에 침묵하고 어려운 개척 교회를 한다는 것이다.

그런데 리챠드 김이 쓴 '순교자'에 나온 이야기는 소설의 허구(Fiction)가 아니고 실제 이야기를 다룬 것이다. 이 소설의 주인공인 신 목사는 리챠드 김의 고모부인 이학봉 목사의 이야기였다. 이학봉 목사는 죽은 열두 명의 신상을 침묵하다가 나중에 그 자신이 정말 '순교자'가 되었다. 이학봉 목사는 한국 교회의 김화식 목사와 동 연배로 평양의 유명한 목사였고 나는 그가 쓴 설교집 『거룩한 제단의 불』이란 책에서 그의 사상과 삶을 볼 수 있었다. 이학봉 목사님의 아들이 바로 한국 음악계의 위대한 별 테너 이인범이었다. 이인범은 화상을 입고도 일본과 한국의 최고의 성악가였으며, 연세대학교 음대 학장을 지냈고, 그 후 그의 딸 이봉숙 교수도 연세대학교 음대 학장을 지냈다.

최근에 한국 교회는 순교자를 억지로 만드는 일도 많다. 과거 일경의 총에 맞아 죽고, 공산당의 총칼에 맞아 죽었다고 모두 순교자라 할 수 없다. 당당하게 적과 맞서고 분명한 자기 신앙 고백을 한 후 생명을 잃었다면 그런 사람을 참 '순교자'라고 할 수 있다.

순교자는 아무나 되는 것도 아니고, 아무나 만드는 것도 아니다.

25

바이올린 메이커(Violin Maker)

    내가 운영하고 있는 '한국칼빈주의연구원'과 '칼빈박물관'은 벌써 35년이 되었다. 나의 평생 소원은 이 땅에 역사적 개혁주의 신학과 신앙을 보존하고, 후학들에게 물려주는 것이 나의 꿈이다. 칼빈 자료를 모으기 시작한 것은 벌써 반세기가 넘었다. 그런데 칼빈박물관에는 국보급에 해당하는 자료도 있다. 여컨대 1553년의 칼빈의 기독교강요 라틴어 원본을 비롯해서 칼빈의 성경주석 원본과 16세기 교부들의 원전 즉 폴리갑에서 어거스틴까지 모든 자료들이 소장되어 있다. 기타 종교 개혁 곧 교회 개혁과 관련된 자료들도 있다. 즉 마틴 루터가 1517년 종교 개혁을 할 때 95개조 인쇄물과 면죄부(Indulgency)도 있다.

    또 종교 개혁 이후에 화란과 스코틀랜드의 교회 자료도 많다. 좀 특별한 것은 1638년 2월 28일 영국과 스코틀랜드 국왕 챨스Ⅱ세가 공포하기를 '짐은 국가에도 머리이고, 교회에서도 머리'라고 칙령을 내리자, 스코틀랜드 장로교회의 언약도들(Covenanters)은 에딘버러 그레이 프레이어스 교회 앞마당에 모여 우리 장로교회의 신앙 고백을 하고, 죽음을 무릅쓰고 국왕의 잘못을 지적하면서 1200명의 대표자 200여 명이 친필로 서명해서 발표했다. 그로 말미암아 1200명이 지붕 없는 감옥에 갇혀 모두 순교의 잔을 마셨다. 그 신앙 고백과 서명은 칼빈박물관에 있다. 그래서 많은 전 세계 개혁주의 학자들과 목회자들이 칼빈박물관을 방문했다. 그렇지만 정작 지난 35년 동안 한국 교회 특히 보수주의 신학과 신앙을 부르짖는 교회에서는 참으로 무심했고 방문객도 별로 없고 아무런 협력이 없었다.

칼빈주의 박물관에는 칼빈주의 신학과 신앙이 어떻게 한국 교회에 뿌리내렸는지에 대한 자료도 있지만, 개혁교회와 음악과 관련된 자료도 있다. 예컨대 칼빈은 일찍이 스트라스 부르크에서 피난민 목회를 할 때 프랑스에서 온 궁정 시인인 클레멩 마로(Clement Marot)를 시켜서 시편 곡을 만들었다. 그 후 베자(Theodore Beza)가 후속 시편 곡을 완성해서 시편 찬송곡을 펴냈다. 그런 마로의 자료도 있다. 특히 그중에서 역사의 위대한 음악가들은 모두 교회를 중심에서 일어났음으로 '베토벤', '모짜라트', '하이든', '멘델스존' 같은 음악의 거장들의 육필 악보도 있다. 그런데 칼빈박물관에 있는 바이올린 중에는 바이올린의 원조인 1656년에 재작한 아마티(N. Aamti)의 바이올린도 있고, 1721년의 스트

라디바리우스(A. Stradivarius)가 만든 바이올린이 있는데, 울림판 뒤에는 Paganini라고 음각되어 있다.

혹시 바이올린 연주의 황재 Paganini의 것일지도 모르겠다. 나는 음악을 공부한 일도 없고 음악에 소양이 있는 것도 아니지만 16세기 이후에 교회의 성장과 교회 음악은 늘 같이 했음으로 관심을 가지게 되어 자료 차원에서 박물관에 몇 대의 바이올린이 비치되어 있을 뿐이다.

48년 전에 유럽으로 유학을 할 때도 너무 가난해서 홀트 양자회의 에스코트로 취직해서 단돈 9만 5천원으로 원웨이 티켓을 사서 갔다. 가기 전에 나는 광화문에 있는 '목각 훈련원'에 입학해서 목각 기술을 배웠다. 왜냐하면 유학 중에 경제적으로 너무 어려운 처지가 될 때 기술을 하나는 배워가자는 생각이었다. 내가 목각 기술을 배운 것은 소질이 있어서가 아니고, 몸이 약해서 노동을 할 수 없고, 그래도 목각을 배워두면 혹시 알바라도 할 수 있을까 생각했기 때문이다. 어쨌거나 나는 목사로서 목각 자격증을 땄다. 그래서 내 짐짝 속에는 20여 가지의 목각을 만들기 위한 도구가 들어 있었다. 그것은 꽤 무거운 것이었지만, 혹시 해서 비행기에 실었다. 지금 생각해보면 무모하기 짝이 없었지만, 그래도 아무도 나의 유학을 지원하는 자가 없었기에, 그런 기술이라도 의지가 되었다. 그러나 막상 유학을 가서는 단 한 번도 목각 알바를 한 일이 없었고, 한인 성도들의 아이들에게 '한글 학교'를 열어 약간의 도움을 받은 것이 전부였다. 그런데 아이들이 유치원에 다닐 때 아들 모세의 친구 아버지가 내게 관심을 가졌다. 여름에 여행을 갈 때, 우리 가족이 집을 지켜주는 대가로 넓은 정원에서 평안이 바캉스를 보낼 수 있었다. 그분은 바이올린 제작자(Violin Maker)였다. 어느 날 나는 그분에게 접근해서 바이올린 공방에 들어가 보고 싶다고 했더니 기꺼이 나를 초대해 주었다. 3층의 그 바이올린 공방은 엄청 컸다. 나는 그에게 "나는 바이올린에 관심이 많은데 혹시 만드는 법을 가르쳐 줄 수 있는가"라고 물었다. 그런데 그의 대답은 "기꺼이 가르쳐 줄 수 있지만, 나에게 배워서 바이올린을 혼자 만들 정도가 되기까지는 열심히 해서 꼬박 4년이 걸린다."고 했다. 나는 기가 죽었고, 나의 가벼운 말이 참으로 부끄러웠다.

유럽에는 모든 분야에 마이스터(Maister) 제도가 있는데, 이것은 이른바 일대 일의 도재식 교육 방법이다. 대학 4년과 맞먹는 것이다. 나는 내가 질문을 잘못한 것을 깨닫고 다른 질문을 했다. "그러면 선생님은 일 년에 바이올린을 몇 대나 만듭니까?"라고 했더니, 그분은 내게 "아주 컨디션이 좋으면 일 년에 하나 또는 두 대를 만들 수 있습니다."라고 했다. 나는 또 한 번 부끄럽기 그지없었다. 나는 그가 하루에 몇 대를 만들 것으로 착각 한 것이다. 내친김에 나는 또 물었다. "그러면 어떻게 생활을 합니까?" 했더니 "생계는 바이올린 수리로 먹고 삽니다. 바이올린 연주자만 예술가가 아니고, 바이올린 제작자도 예술가입니다."라고 했다. 나는 얼굴이 확 달아올랐다. 그 말을 듣고 그 날 나는 몰래 나의 목각 모든 도구 보따리를 그의 집 문에 두고 글 한 줄을 썼다. "This is all for you"라고 썼다.

세상의 모든 사람들은 소명을 받았음으로 모두 존경을 받아야 하고, 자기 분야에 하나님께서 주신 천부적 재능을 발휘하여 마이스터가 되어야 한다.

26

독도는 우리 땅인가?

    일본은 기회 있을 때마다 독도 문제를 건드리며 자기네 땅이라고 주장하고 있다. 특히 울릉도 공항 건설 완공이 1년 정도 남았다는 사실이 공개되면서, 일본은 전에 없이 독도를 자기네 땅이라고 우기는 해묵은 카드를 다시 꺼내 들고 있다. 일본의 어떤 인사는 한국과 전쟁을 해서라도 독도를 일본으로 가져가야 한다고 했다. 만약 울릉도 공항이 건설되면 항공 모함 한 척이 동해 바다에 배치되듯이 중국과 일본을 견제하는 것은 물론이고, 독도를 지켜내는 데 결정적 역할을 할 것으로 기대된다.

    독도 문제는 한일 양국이 양보할 수 없는 현안이다. 그런데 우리나라는 수십 년 동안 '독도는 우리 땅'이라고 노래를 불러왔다. 어느 가수가 이 노래를 불러서 초등학교 학생들로부터 청소년, 장년에 이르기까지 가장 귀에 익숙하고 함께 노래 부르는 국민가요처럼 되었다. 그동안 독도 홍보를 위해서 중·고등학교 학생이나 대학생들은 거리에서 이른바 플레시 몹(flash mob)으로 멋진 퍼포먼스를 만들었다. 참으로 아름답고 고마운 일이었다. 그래서 우리나라 사람들의 뇌 속에는 '독도는 우리 땅'이란 것이 머리와 가슴에 새겨져서, 독도는 당연히 우리 땅이라고 심겨져 있다.

그런데 나는 '독도는 우리 땅'이란 말을 쓰면 안 된다고 여러 해 동안 주장했었다. 물론 나는 독도 문제의 전문가가 아니다. 다만 나는 목사와 신학자로서 역사적 기독교가 어떻게 한국에 접목되고 안착되었는가를 연구하는 중에 자연스럽게 한국 근대사를 연구하게 되었고, 한국 근대사에 관심을 갖다 보니 일제 침략을 말하지 아니할 수 없고, 일제 침략의 상징적인 것은 바로 독도였다. 그래서 그동안 전 세계 고지도 전문 서적을 뒤지면서 독도와 관련된 약 60여 종의 한국과 일본과 같이 있는 지도를 구입했다.

사실 독도 문제를 두고 일본은 일본대로 자료가 많다. 그러나 그들은 한국에 유리한 지도는 수장고에 숨겨 놓고, 일본에게 유리한 자료만을 내어 놓았다. 우리 한국도 마찬가지이다. 독도 지도나 우리 문헌들은 우리가 유리한 자료로 승부를 보려 한다. 그러니 이 싸움은 끝이 보이지 않는다. 그런데 필자의 입장은 좀 독특하고 엉뚱했다. 가령 한국과 일본이 축구 시합을 하면 심판은 누가 볼 것인가? 로 시작했다. 당연히 축구 시합의 심판은 FIFA에서 볼 것인데 피파의 종주국은 영국, 독일, 프랑스 등이다. 그렇다면 1900년대 이전에 만들어진 영국 지도나 독일 지도나 프랑스 지도를 살펴보면 독도가 한국에 속해 있는지, 일본에 속해 있는지 분명히 알 수 있지 않을까 하는 생각을 했었다. 그래서 나는 이 지도를 연구한 결과 확신을 얻게 되었습니다.

그래서 2017년 8월에 TV 기자들과 중앙 일간지 기자들과 교계 신문 기자들을 모아 기자 회견을 했다. 그때 나는 분명히 '독도는 한국 땅이다'라고 현수막을 붙이고 기자 회견을 했지만, 나중에 신문사의 헤드라인을 보니 정성구 박사가 '독도는 우리 땅이다'라고 했다고 썼다. 나는 깜짝 놀랐다. 이것은 30년 이상 부른 노랫말이 의식화되어서 '독도는 우리 땅이다'로 인각되었기 때문이다. 그런데 독도는 우리 땅이 아니고 '독도는 한국 땅(Dokdo is Korean Territory)이라 해야 정확하다.

독도가 우리 땅이라고 말하고 노래하면 좋겠지만, 한국 사람들은 논리적인 근거보다 매우 감성적이다. 그런데 일본은 언제나 이성적이고 논리적인데 반해서 우리는 감성적이고 두루 뭉실하다. 그로부터 두 달 후 나는 KBS 아침마당에 초청되어 방송하면서 '독도는 우리 땅이 아니고, 독도는 한국 땅이라고 해야 한다'고 거듭 주장했으나, 지금까지 한국 사람들은 그냥 독도는 우리 땅이라고 계속 노래를 부르고 있다.

지난 동계 올림픽 때 북한의 가수 현송월도 '독도는 우리 땅'이라고 멋지게 불렀다. '우리 민족끼리', '열린 우리당' 등 남북을 하나로 묶는 이데올로기에서 보면 그럴 듯하게 보일지는 몰라도, '독도는 우리 땅'을 영어로 고쳐 놓으면 우스운 말이 된다. '독도는 한국 땅'이라고 해야 세계 사람들에게 설득력이 있다. 최근에 어느 기업에서 만든 '진단 키트'의 이름을 독도로 하자는 의견이 있었다지만 그 효과는 두고 볼 일이다.

언어에는 개념과 사상이 들어 있다. 사실 독도가 한국 땅이라는 것은 초대 이승만 대통령께서 당시 외무부 장관이었던 변영태를 시켜서 독도의 큰 바위 위에 '韓國領' 즉 '독도는 한국 땅'이라고 확실하게 새겨두었다. 그런데 초대 대통령 이승만 박사가 만든 '독도는 분명히 한국 영토라는 확증적 기념비'는 한 마디도 안하고 누가 그것을 만들었는지 말하는 자도 없고, 아직도 그냥 '독도는 우리 땅'이라는 노래만 부르고 있는 것이 참으로 안쓰럽다. 독도를 한국의 영토라고 주장하고 확실히 바위에도 새긴 이것을 의도적으로 무시하는 듯하다.

독도 문제는 영토 싸움이고, 지도 싸움이고, 그리고 논리 싸움이다. 그러므로 우리는 개념을 정확히 해야 된다. 일제가 패망하여 이 땅에서 물러가자 이승만 대통령은 일본의 찬탈로 빼앗겼던 국토를 다시 찾는 과정에서 독도를 확실하게 원상복구하고 선포한 것이다.

독도는 '韓國領' 곧 한국 땅이다!

독도는 우리 땅이 아니다. 독도는 한국 땅이다.

27

세계관 전쟁

    지금부터 51년 전, 나는 광주 육군보병학교에서 장교 훈련을 받고 있었다. 그때 소령 계급장을 단 멋진 교관이 단상에 오르더니 흑판에 '전쟁은 예술이다'란 제목을 크게 쓰고 나서 열변을 토해냈다. 하지만 나는 아직도 그가 말한 '전쟁은 예술이다'라는 말을 이해할 수 없다.

    이 세상에는 외교 전쟁, 무역 전쟁, 경제 전쟁, 문화 전쟁 등 다양한 전쟁이 있다. 그런데 나는 오늘의 사회에서 소리 없는 전쟁은 '세계관 전쟁'이라고 본다. 사람들은 소총으로 적의 심장을 향해 쏘고, 전투기와 탱크로 적의 군사 시설을 파괴하고, 미사일로 적진을 초토화시키는 것만이 전쟁이라고 생각한다. 그러나 오늘날 전쟁의 개념은 매우 다양하다. 특히 눈에 보이지 않는 심리전쟁도 있는가 하면, 근래에는 과학이 고도로 발달되어 굳이 전면전쟁을 하지 않더라도 미국 본토에서 컴퓨터를 이용해 무인 공격기로 적장을 간단히 처리하는 방법도 있다. 그 대표적인 예로 미국의 '이란 솔레마이니 장군의 제거'이다.

모든 나라들이 평화를 말하지만 실제적으로 아직도 이 땅에 평화는 없다. 평화 쇼를 멋지게 한다고 이 땅에 평화가 찾아오는 것은 아니다. MI소총 가스 마게 앞에 새겨진 PAX는 곧 평화이다. 즉 '평화를 원한다면 전쟁을 해야 한다'는 것이다. 어떤 전쟁이든 전쟁은 승패가 나기 마련이고, 전쟁에 패한 쪽은 엄청난 피해를 받게 되고 한 국가가 지도에서 사라지게 되는 경우도 있다. 역사적으로 보아도 영국과 청나라와의 아편 전쟁, 미국의 남북 전쟁, 1,2차 세계 대전, 태평양 전쟁, 중동 전쟁, 월남 전쟁, 6·25전쟁 등 헤아릴 수 없는 전쟁들이 많이 있었다. 아직도 세계에서 유일하게 전쟁 중인 나라가 있다. 바로 우리나라이다. 남북한은 지금 휴전상태가 계속되고 있을 뿐이다. 나는 70년 전 북한 공산당의 불법 남침으로 울산 방어진까지 피난길에 올랐고, 그때의 고생은 이루 말할 수 없었다.

그런데 전쟁 중에는 눈에 보이지도 않고, 만질 수도 없고 통제할 수도 없는 또 하나의 전쟁이 있으니 이른바 '세계관 전쟁'이라고 할 수 있다. 내가 이런 말을 하면 사람들은 '세계관 전쟁'이라니 무슨 잠꼬대 같은 소리냐고 들릴지 모르겠다.

세계관이란 단어는 영어에는 없다. 그냥 World View란 조어를 만들어 쓴다. 그러나 독일어는 세계관을 Weltanschauung이라 쓰고 있다. 최근 한국 교회 안에서도 세계관이란 말을 보편적으로 쓰고 있다. 세계관이란 한마디로 말하면, '사람이 세상을 보는 시각 또는 입장'이라고 할 수 있다. 즉 어떤 입장, 무엇을 기준으로 역사와 세계와 인간을 보는 가에 따라서 그 결과는 엄청나게 달라질 수 있다.

세계관은 실제로 우리의 삶의 가장 가까운데 있다. 이 세상을 사는 사람들은 모두가 자기만의 고유한 세계관을 가지고 있다. 문제는 인간이 그런 세계관을 가지고 있는 생각의 배경 즉 사상의 배경이 무엇인가에 따라서 삶의 결과도, 걸음걸이도 서로 달라질 수 있다는 것이다. 이 세상에는 아무것도 중립이란 것이 없다.

또한 사회적 분위기나 시스템이나, 정치 방향도 '세계관의 결정'이 핵심적 역할을 한다. 가령 사회주의적 생각에 물든 사람들이 소설을 쓰거나 영화를 만들면, 그 작품에서는 자연스럽게 사회주의적 세계관이 나오게 되어 있다. 최근에 한국의 영화들이 오스카상과 아카데미상을 석권했다. 참 대견하고 고마운 일이기는 하지만, 거기에 종사하고 있는 사람들 중에는 사회주의 세계관과 연관성이 있다고 들었다. 오늘날 문화, 예술가들은 그냥 소설은 소설로, 영화는 영화로 단순하게 보자고 한다. 그동안 한국에는 종북 소설도 많았고 사회주의적 영화도 많았다. 금번에 상영된 '기생충'이라는 영화에서도 사회의 양극화를 부추기고, '가난한 자가 식칼로 부자를 찔러 죽여도 된다'는 공산주의적 혁명의 사상을 심어 주었다. 그런데 이 영화가 유럽과 미국 영화계의 상을 휩쓸었고 세계적인 화제작이 되었다. 미국의 할리우드 영화계도 벌써부터 그 방향으로 기울어져 있었다는 증거이다. 영화 평론가들은 빈부격차를 다룬 문제작이라고 추켜세웠다.

나는 1980년부터 대학 총장의 책임을 졌기에 그때 상황을 잘 알고 있다. 한국 사회는 오랫동안 전교조 교육을 통해서 학생들에게 '우리나라는 태어나지 말아야 할 나라'라고 가르쳤고, 은근히 계급투쟁을 가르치고 있었다. 사실 그동안 수십 년간 북한의 세작들이 정치, 경제, 사회, 문화, 예술, 법조, 교육 등 보이지 않는 곳에서 끊임없이 청소년들과 대학생들에게 세뇌 교육을 했었다. 그런 교육을 받은 이들이 이른바 민주화의 깃발을 앞세우고 평등, 평화를 내세워 서서히 자본주의와 민주주의의 적폐를 부추기고, 중·고등부, 대학생, 청년들과 각계각층에 사회주의 사상이 문화와 예술이란 이름으로 파고들었다.

이런 것을 이른바 문화 맑스주의라고 한다. 그래서 우리 사회는 정치계, 교육계, 문화계 등 광범위하게 우리 자신도 모르게 '유물주의 세계관', '사회주의 세계관'에 물들어 버렸다. 그것들은 모두 하나의 종교이다. 지금은 사이비 종교적 신념을 굳게 믿는 자들이 세상을 지배하고 있다. 최근 코로나19 이후, 세상이 어떻게 변할 것인가를 두고 TV에서 많은 학자들이 미래를 전망했다. 어떤 학자는 촛불혁명의 위대함을 예찬하고, 미국식 민주주의와 자본주의를 비판하고 나섰다. 그리고 사회주의 체제의 우수성을 말했다. 그러나 아무리 유명한 교수라도 그가 비뚤어진 세계관에 붙잡혀 있다면 얘기는 달라진다. 그래서 오늘의 한국 또는 한국 교회는 이런 거대한 물결과 대항할 수 없는 위기에 놓여 있다.

이런 이데올로기와 대결할 수 있는 것은 오직 '성경적 세계관', 또는 '칼빈주의 세계관' 뿐이다. 그러기에 교회가 먼저 깨어나야 하고, 강단을 맡은 목회자들이 철저히 성경적 세계관 교육에 올인해야 한다. 하지만 지금까지도 한국 교회 강단은 오직 현세적인 행복만을 선포하는 낙관주의 세계관이 지배했고, 이 세상과의 '영적 전투의 의지'를 심어주지 못했다. 그러므로 이러한 영적 전투적 의지를 회복하기 위해서 우리는 '세계관 전쟁'에 바른 인식을 가져야 한다. 또한 '하나님의 창조', '인간의 죄로 말미암은 타락', '그리스도 안에서 재창조' 뿐만 아니라, 젊은이들에게 철저한 '기독교 세계관'을 갖도록 교육하고 노력해야 할 것이다. 우리는 성경의 교리적 교육은 두 말할 것도 없고, 젊은이들에게 영적 전사로서 세속적 세계관과 투쟁할 수 있는 역량을 길러주어야 할 것이다.

지금 우리는 세계관 전쟁 중이다. 물론 기독교의 핵심은 복음 그 자체이지, 이념이나 이데올로기가 아니다. 그럼에도 불구하고 하나님 중심의 신학과 신앙을 가진 자는 자연히 세계와 역사와 인생에 대한 확고한 성경적 세계관을 갖는 것은 지극히 당연하다. 그런데 오늘날은 예수 그리스도를 믿는다는 신자들 중에서도 사회주의 세계관을 가진 자들이 많아서 큰 걱정이다.

화란의 칼빈주의 대학자로서 정치가요, 신학자, 언론인이었던 아브라함 카이퍼(Abraham Kuyper) 박사는 하나님 중심, 그리스도 중심, 성경적 중심으로 모든 것을 포괄하는 기독교 세계관, 인생관이 필요함을 깨달았다.

코로나19 이후, 오늘날 한국 교회의 당면과제로 우리는 복음을 통한 영혼 구원은 말할 것도 없고, 삶의 전 영역 즉 정치, 경제, 사회, 문화, 예술, 교육 등 모든 영역에 침투된 유물주의적, 인본주의적, 사회주의적 세계관을 막아내고, 기독 청년들에게 하나님 중심, 성경 중심의 세계관을 정립하는 것이 급선무이다.

28

K 기독교

　우리의 것이 세계적이란 말이 있다. 최근에 한국의 것이 세계적으로 되는 것이 많아졌다. 예컨대 K팝, K푸드, K드라마, K리그, K화장품 등, 요즘 우리나라가 코로나19 사태를 잘 해결하고 마스크와 진단 키트 등이 세계로부터 주목을 끌면서 K방역이란 말까지 나왔다. 사실 우리나라 사람들은 대한민국이 얼마나 잘 살고 있는지 모르고 있다. 또 한국의 기술이 얼마나 세계에서 앞서 있는지도 모르고 있다.

　격동의 세월을 보내면서 무조건 외국의 것은 대단하고, 우리의 것은 별 것 아니라고 폄하하면서 이른바 엽전의식을 가져왔다. 그럴 수밖에 없었던 것은 그동안 우리는 전 세계의 최빈국에다 6·25전란으로 모든 국토가 완전히 파괴되어, 뒤죽박죽되었고, 3·15부정선거, 4·19의거와 5·16혁명과 10·26사건, 5·18광주사태 등등 민주화 과정을 겪어 오면서 지난 반세기는 그야말로 격동의 세월을 보냈기 때문이다. 그러다 보니 사람들에게는 자연히 허무주의가 짙게 깔려 있었고, 우리가 우리 자신을 폄하하고 서로가 서로를 불신해 오기도 했다. 그럼에도 불구하고 우리나라는 교육에 대한 열정, 민주주의를 지키려는 뜨거운 열망, '우리도 한 번 잘 살아보자!'라는 구호아래 새마을 운동을 거치면서 과학 기술과 산업을 발전시킨 숨은 일꾼들이 벌떼처럼 일어났다. 그런데 오늘날은 문화의 시대를 맞아 우리의 것을 최첨단 과학과 접목하면서, 우리의 멋과 우리 기술을 유튜브나 IT기술과 융합해서 세계 앞에 내어놓자, 최근에 세계는 한국에 열광하기 시작했다.

나는 이런 시국에 'K기독교'를 제창하고 싶다. 그동안 이른바 언론이나 글줄이나 쓰는 비판가들에 의해서 한국의 기독교는 융단 폭격을 당했다. 마치 한국의 기독교와 교회를 공격해야 지성인이 되는 듯이 우쭐대던 인사들도 많았다. 물론 이 땅의 교회가 모두 온전한 것이 아니고, 목회자라고해서 모두가 하나님의 말씀대로 설교하거나 옳게 목회하는 것도 아니라는 것을 인정한다.

신학 교육을 52년 동안 해왔던 필자도, 그동안 여러 언론 매체나 책을 통해서 오늘의 한국 교회의 개혁을 위해 수도 없이 글들을 써왔다. 그리고 수많은 강연과 설교를 통해서 한국 교회가 성경으로 돌아갈 것과, 교회 개혁자들이 그토록 힘주어 말했던 대로, 교회가 하나님 중심, 성경 중심으로 확실히 서야 할 것을 외쳤다. 물론 이는 한국 교회의 개혁을 위한 충심 어린 메시지였다.

필자는 북미와 남미, 유럽과 아시아, 아프리카 등, 세계 여러 나라를 돌아보고 마음에 크게 확신한 바가 있다. 우리 한국 교회가 하나님 보시기에 부족한 것이 많지만, 그래도 세계는 한국의 교회를 부러워하고 벤치마킹하려고 한다. 이는 곧 '한국 교회가 세계의 희망'이란 말이다.

사실 오늘의 대한민국의 근대화 과정에는, 한국 교회의 역할을 아무리 강조해도 모자람이 없다. 깊이 잠자던 민족의식을 깨워서 교육하고, 나라를 세운 것도 결국 기독교였다. 세계에서 가장 은둔 국가였고, 최빈곤의 국가였던 우리나라를 일깨운 것은 결국은 한국 교회의 역할이었고, 목회자들의 뜨거운 설교와 긍정적 희망적 설교는 사람과 사회와 국가를 완전히 역동적으로 바꾸어 놓았다. 독립운동의 중심도 기독교 지도자들이었고, 위대한 자유 대한민국의 기초를 놓은 것도 기독교인이었고, 기술과 과학, 산업화의 배후에는 조국을 위해 눈물 뿌려 기도하는 사람들이 있었음을 잊지 말아야 할 것이다.

그리고 80년대 폭발적인 교회 성장과 엄청난 부흥으로 교회 건축, 그리고 수많은 신학교의 무분별한 설립과 부실한 지도자 배출로 한국 교회가 비판의 대상이 된 것은 맞다. 그래서 반기독교 세력들은 기독교를 개독교라고 하면서 입에 거품을 물고 있다. 물론 교회가 사회에 대한 책임을 못했다면 그 비판을 겸손히 받아야 한다. 근래에 와서 교회가 침체된 것도 사실이다. 하지만 한국 기독교는 이러저러한 비판에도 불구하고 우리가 생각하는 것보다 놀랍고 위대하다. 한국 교회의 신학자들은 아시아의 모든 신학자의 수보다 많고, 세계 10대 교회 중에 한국 교회가 여럿 있다. 군 선교는 세계에서 보기 드문 사례이고, 병원 선교, 교도소 선교, 직장 선교는 세계에서 꿈도 못 꾸고, 김준곤 목사로부터 시작된 성시화 운동은 전 세계로 나아가고 있다. 어디 그뿐인가 한국 교회는 세계에서 선교사를 가장 많이 보낸 나라이다. 물론 숫자로 보면 미국이 많지만 인구 비율로 보면 우리가 선교사를 제일 많이 보낸 나라인 것이 분명하다. 지금도 한국의 선교사들은 5대양 6대주, 저 북방 얼음 산, 남방의 산호섬들까지 우리 선교사들은 눈물과 땀, 그리고 생명을 바쳐 복음을 증거하고 있다. 거기서 선교사들은 학교를 세우고, 병원을 세우며 나환자들을 돌보며, 불우한 이웃을 위해서 생명을 드리고 있다. 이처럼 한국의 선교사들은 모두 위대하다.

지금도 한국 교회를 비판하는 세작들이 기독교를 사회주의 건설에 장애물로 생각하고, 교회 분해 작전을 계속하고 있다. 세계 교회는 모두 W.C.C와 W.E.A 등이 종교 통합을 하려고 하고 있다. 다음 달 6월에는 헤이그의 평화 궁에서 세계종교통합대회를 개최한다고 들었다.

그럼에도 불구하고 한국 개혁교회는 여전히 살아 움직이고 있고, 세계 교회에서 개혁주의 신앙을 지키려하고 복음 증거의 견인차 역할을 감당하고 있다.

한국 교회는 성경과 기도로 부흥한 교회이다. 교회가 교회되는 것은 '말씀과 성령'으로 끊임없이 개혁되어 선교적 사명을 감당하는 것이다. 지금의 한국 교회는 세계 교회의 롤 모델이 되었다. 필자는 35년 전에 『한국 교회 설교사』를 썼고, 여기에는 초기 한국 교회 길선주, 김익두, 김화식, 주기철, 손양원, 이성봉, 박형룡, 박윤선, 한상동, 한경직 등 한국 교회의 복음적, 성경적 신앙의 맥을 이어온 분들의 설교와 삶과 사상을 정리했었다. 그런데 이미 25년 전에 이 책은 영어, 일본어, 대만어, 중국어, 러시아어, 루마니아어, 체코어, 헝가리어, 포르투갈어, 벵골어 등 10여 개 언어로 번역되었다. 나는 오늘의 한국 교회의 성장과 부흥의 배경을 순교자적 신앙을 가진 위대한 주의 종들의 설교와 삶을 살폈고, 세계 교회는 이를 벤치마킹하려 했다.

기독교는 한국의 것이 아니지만, 한국에서 뿌리내려 크게 부흥되었다. 한국 교회는 무디나 스펄전 못지않게 위대한 영적 지도자들이 많았기에 오늘의 한국 교회의 부흥이 있었고, 세계 교회에 복음적이고 개혁주의적 신앙의 모델이 되고 있다. 나는 이런 것을 'K 기독교'라고 부르고 싶다.

이제 한국 교회는 세계 교회에 꿈과 비전을 제시해야 한다. 모든 한국 교회 목회자들과 성도들은 코로나19 이후에 우리들의 사명이 더욱 커졌고, 세계 선교 운동에 더욱 박차를 가할 때라고 본다. 그렇다면 코로나19 이후에 교회가 아무리 재정적인 어려움이 있다고 해도, 결코 선교사들에게 보내는 선교비를 중단해서는 안된다. 선교비를 줄이는 것은 선교사의 목줄을 끊는 것과 같다. K팝, K드라마, K푸드, K리그, K방역도 좋지만 'K기독교'를 통해 전 세계 모든 사람들에게 희망을 주고 생명의 복음을 증거 하는 한국 교회이기를 소원한다.

29

복음의 유탄(流彈)

나는 목사로서 52년 동안 신학교 교수를 하면서도 여러 가지 일을 감당했다. 나는 농촌 개척 교회도 했고, 군목도 했고, 총신에서 교목도 했고, 총신대학교회를 개척해서 13년간 목회도 겸했었다. 특히 교수하면서도 사목(社牧)도 5년 가까이 했는데, '벽산그룹의 회장 김인득 장로님'의 초청으로 중앙 시네마에서 매주 토요일에 본사 사원들의 전도를 위해서 예배를 인도하고 설교를 했었다. 그 기간에는 용산의 '한국 스레트'와 영등포의 '동양물산'에서도 전도 설교를 했다.

1970년 중반에는 기업에서 예배를 드리는 것 즉 직장 예배를 드리는 것은 벽산그룹이 유일했다. 오늘날은 한국에 전국 직장 예배 연합회가 있을 정도이지만, 당시 벽산그룹의 예배는 직장 예배의 원조격이었다. 특히 승동교회 김인득 장로님의 부인 윤현의 권사의 열심으로 이 일이 이루어졌다. 그런데 이 사역을 전에는 C.C.C 운동의 윤남중 목사가 얼마간 도왔으나, 나의 귀국 후 총신 복직과 동시에 그 역할이 내게 맡겨지게 되었다.

지금부터 45년 전에 된 일이지만, 벽산그룹 사원들은 토요일 아침 출근 한 시간 전에 와서 예배부터 드리고 나서 업무를 시작하는데, 그룹 본사 직원들에게는 여간 부담스러운 일이 아니었을 것이다. 직원들은 그룹 회장의 지시 사항이니 어쩔 수 없이 울며 겨자 먹기 식으로 예배에 참석할 수밖에 없었다. 어느 모임이든지 믿음의 성도들은 5%내외인데, 신불신 간에 모두 예배에 참석하도록 하는 규정은 다소 무리가 있었지만, 당시에는 회장의 방침이니 누구든 감히 항명할 수도 없었다.

나는 총신대의 교수로서 그 일을 하면서, 불신자들에게 복음을 전할 좋은 기회를 얻게 된 것이 참으로 감사했다. 문제는 사원 대부분이 불신자들이지만 그냥 교양강좌 비슷하게 말할 수는 없고, 좋은 기회이니 그들에게 성경을 알아듣기 쉽게 강해했다. 누가 내 설교를 듣고 이해했는지는 모르겠지만, 나는 우직하게 복음을 그냥 전했다. 본사 직원들의 학력은 대부분 대졸 이상이어서, 거기에 맞춰 설교했지만, 영등포의 동양물산에는 당시에 이른바 단순노동자들이 모여 있는 데서도 나는 우직하게 성경을 전했다. 영등포의 이른바 공돌이 공순이(이 말은 그들을 폄하하는 것은 아니고 당시에는 그리 불렀다는 뜻이다) 앞에는 나의 총신의 제자인 이계자 전도사의 '특별 찬양자'를 대동하기도 했다. 그 찬양 중에는 '내일 일은 난 몰라요. 하루하루 살아요. 불행이나 요행함도 내 뜻대로 못해요'라는 가스펠 송이 먼저 그들의 심령을 움직였다. 나도 그들에게 듣기 좋은 말로 설교 할 수도 있었지만, 그리할 수는 없었고 오직 예수 그리스도를 증거 하는 수밖에 없었다. 왜냐하면 주 예수 그리스도만이 우리의 소망이며 위로자이기 때문이었다.

나는 성경대로 때를 얻든지 못 얻든지 불신자들에게 복음을 전했지만, 한편으로는 "이런 복음적 설교 방법이 불신자들 앞에 무슨 효과가 있을 것인가?" 하는 생각도 가끔은 하기도 하였다. 그런데 감사하게도 우격다짐으로 그룹의 회장의 지시 사항으로 직장 예배를 드리게 되었고, 나 같은 신학대학 교수가 설교하는데도 열매가 있었다는 사실이었다. 감사하게도 직장 예배에 참석하던 사람 중에는 나의 미련한 설교를 듣고 중생의 체험을 얻고, 후일 신학교에 들어가 목사가 되었고, 총회의 임원까지 지낸 분도 있었다. 참으로 희한한 일이 아닐 수 없다. 나는 그저 성경을 해석하여 가르쳤을 뿐인데, 그 변화의 뒤에는 성령께서 역사하셨던 것이다. 사실 나는 설교만 거의 60여 년 가까이 했었다. 내 메시지의 모두가 청중들에게 모두 먹혀들지는 않았을 것이다. 그러나 불신자들 앞에서 설교해도 100명 중에 몇 명은 정확히 그들의 마음 밭에 복음이 떨어져 큰 변화를 일으킨 것을 직접 보았다. 나는 이것을 '복음의 유탄(流彈)'이라고 부른다.

현대는 너무나 목회 기술이 발전되고, 설교자들 중에는 엔터테인먼트를 사용하여 청중들의 마음을 즐겁게 하고, 설교자 자신도 잘 모르는 철학적 연설을 하면서, 설교하려고 하는 목회자들이 적지 않다. 나는 평생 신학교에서 학생들에게 '설교는 쉬워야 하되 중학교 2학년 정도 수준의 말로 성경을 강해하고, 마치 생선 가시를 세심하게 발라 내듯이 본문의 뜻을 정확히 증거하고 성경을 하나님의 구속사적 안목에서 설교한다면 그 다음 몫은 성령께서 움직일 것이다'라고 가르쳤다. 지금도 나는 설교자가 먼저 '말씀의 포로', '성령의 포로', '은총의 포로'가 된다면 전도의 미련한 방법도 열매를 맺는다고 확신한다.

나는 오래 전에, 사당동 총신대학교 옛날 건물의 강당에서 '칼빈주의 사상'을 강의했다. 옛날 총신의 구관 강당은 복도에서 안으로 들여다 볼 수는 없었지만, 복도에서도 교수의 강의하는 목소리는 들린다. 나는 강의할 때 언제나 확신에 넘치는 말로 뜨겁게 강의했다. 마치 설교를 하듯 말이다. 진리를 증거 하는 데는 냉냉한 논리로 말할 수 없었다. 그런데 바깥 복도에서 내 강의를 몰래 듣던 청소부에게 성령의 역사가 일어났다. 그분은 말하자면 '복음의 유탄'을 맞은 셈이다. 몇 년 후에 어느 잡지에 실린 '한만영 전도사의 고백'을 여기 실어본다.

"할렐루야!
주님의 은혜를 감사합니다. 저는 청소부였습니다. 총신대학교 신학대학원에서 청소하던 중, 정성구 교수님의 강의를 우연히 듣게 되었는데, 어찌나 그 말씀이 달고 오묘했던지 그날 저는 '하나님, 저도 저런 강의를 들을 수 없나요?'라고 되뇌이면서 청소 일을 했습니다.

2년 후 수원신학교를 가게 되었고, 고 전윤기 목사님과 함께 봉사하다가 올해 새신자 심방 전도사로 임명 받게 되었습니다. 목사님 목회 아래 평신도 사역이 활발하게 이루어지고 있는 아름다운 용인제일교회에서 섬기게 하신 하나님께 감사드리며 순종하며 충성할 것을 다짐합니다."

오랜 후에 나는 그의 간증문을 읽고 '하나님의 말씀은 살아있고 운동력이 있다'는 말씀을 다시 깨달았다. 미련한 전도의 방법으로 성령께서는 지금도 일하신다.

선교사들에게 마스크를 보내자

나는 48년 전 화란 유학을 떠났다. 너무 가난해서 비행기 표를 살 수 없어서 홀트 양자회의 도움으로 12명의 고아를 데리고 암스텔담으로 갔다. 말하자면 나는 KLM의 에스코트로 취직해서 고아들을 비행기 내에서 돌보는 일이었다. 그때는 나도 처음 비행기를 탔지만 왕복 95,000원의 티켓으로 암스텔담까지 갈 수 있었다. 그래서 나는 지금도 외국에 흩어져 있는 한국 고아들에게 항상 애틋한 마음을 늘 가지고 있다.

사실 지금까지 한국은 전 세계 고아 수출에 일등국이었다. 한국 전쟁이 끝난 지 70여 년이 되었지만 아직도 고아들을 미국과 유럽에 보내는 것은 참으로 부끄럽고 민망스런 일이 아닐 수 없다. 이제 우리나라는 선진국이 되었고, 세계 10대 강국이 되었지만, 고아들을 한국 사회와 한국 교회가 돌보지 않고 외국으로 보내는 것은 오늘 한국의 민낯을 보는 듯하다.

    지금 온 세계는 코로나19로 말미암아 패닉 상태에 빠져 있다. 세계적 대유행병인 세균 때문에 돈 많은 부자 나라인 미국과 유럽, 그리고 일본이 영 맥을 못 추고 있다. 그러나 이와는 달리 한국은 처음 대구, 경북에서 신천지 집단의 무더기 감염 사태와 중국 우한에서 넘어온 코로나19로 말미암아 한 번도 경험하지 못한 큰 혼란을 겪었지만, 영웅적인 의사와 간호사들의 희생과, 질병본부의 민첩한 행동으로 말미암아 한국은 세기적 유행병인 코로나19를 극복할 수 있는 단계에 이르렀다. 이번의 성과로 집권 여당이 그 공로를 가져가서 총선에 유리하게 작용을 한 것은 맞지만, 실은 우리 대한민국 국민 모두가 한마음, 한 뜻으로 움직였고, 질병본부와 의사, 간호사, 소방관들의 영웅적인 노력과 헌신의 결과라고 봐야 할 것이다. 이들에게 무한한 격려의 갈채(喝采)를 보낸다. 특히 우리나라는 발 빠르게 진단 키트를 만들고, 최고로 질 좋은 마스크를 시기적절하게 국민들에게 전달함으로써 한국은 코로나19를 극복할 수 있었다. 이를 지켜본 세계 각국은 대한민국을 질병 관리의 세계적 모범 국가로 치켜세우고 있다. 모처럼 한국의 위상이 올라간 것이다.

    코로나19로 마스크 대란이 일어나자, 그렇게도 기술과 돈을 자랑하던 선진국들이 지금 애타게 한국에 러브콜을 보내고 있다. 이러한 현상은 일찍이 없었던 일이었다. '쌀독에서 인심이 난다'는 말이 있듯이, 한국은 최고로 질 좋은 마스크를 생산하고 있고, 이제는 여유가 생겨 과거 우리를 도와 주었던 6·25 때 우방의 참전국 16개국과 병원선을 보내주었던 나라 등 총 22개의 나라에 진단 키트와 마스크와 코로나19와 관련된 용품들을 우선적으로 보내고 있다. 또한 외교부는 해외에 거주하는 한인 교포들에게도 마스크를 보내 재외 한국인들의 눈시울을 붉히게 하고 있다고 하니 참으로 고마운 일이 아닐 수 없다. 특히 현지 대사관을 통해 해외에 입양된 한국 고아 출신들에게도 마스크가 배당된다고 하니 나로서는 마음이 울컥했다. 유럽과 미국의 고아 출신의 입양자들은 한국어를 못하지만 그래도 자신의 뿌리가 한국이란 의식이 있었는데, 자기가 태어난 나라에서 마스크까지 보내주었다니 그들의 마음이 어떠했을까?

나는 성경에 있는 데로 "환난은 인내를, 인내는 연단을, 연단은 소망을 이룬다."는 말씀처럼, 코로나19로 패닉 상태에 있는 나라에서 사역하고 있는 우리 선교사들을 생각해 보았다. 우리나라는 미국 다음으로 선교사들을 많이 보낸 나라이다. 말하자면 우리나라는 기독교 선교 대국이다. 약 25,000명의 한국인 선교사들이 전 세계에 흩어져서 복음을 전하고 있는데, 혹시 이들에게 마스크를 넉넉하게 보낼 수는 없을까? 하는 생각을 해 보았다. 한국 선교사는 아시아, 아프리카, 남미 등을 포함해서 전 세계 모든 나라에 선교사들이 사역을 하고 있다. 사실 이제는 미국도, 유럽도 우리의 선교 대상이다. 그러니 우리 선교사들에게 마스크를 보내어 고난 받고 있는 현지인들에게 나누어 줄 수만 있다면, 놀라운 복음 전도의 접촉점(Point of Contact)이 될 수 있다고 본다.

그래서 나는 며칠 전 무역업을 하고 있는 지인에게 지금 어려움을 겪고 있는 일본 선교사들에게 좋은 마스크를 몇 상자 개인적으로 보낼 수 있는가를 물어보았다. 하지만 아쉽게도 그분의 대답은 KF94 이상의 마스크는 외교 통로나 가족에게만 보낼 수 있다는 것이다. 마스크 대란이 있는 오늘의 현실을 볼 때 그것은 당연한 통제라고 본다. 하지만 한국은 질병 퇴치의 모범 국가이기도 하지만, 우리는 전 세계 선교 대국이다. 혹시 개 교회나 개인이 못한다면 한기총, 또는 교단 본부, GMS 같은 데서 아이디어를 내어, 전 세계에 흩어져 있는 우리 선교사들에게 필요한 만큼의 마스크를 보낸다면, 선교사들은 그 나라에 놀라운 평화의 사자로 자리매김할 수 있고, 생명의 복음을 증거하고 교육하는데 엄청난 시너지 효과를 낼 수 있을 것이라 생각한다. 그러므로 각 기독교 단체들은 '선교사들에게 마스크 보내기 운동'을 연구 검토했으면 한다. 비용은 선교사를 파송한 교회에서 지원하면 된다.

금번에 코로나19 사태로 한국 교회들은 "예배를 드리라 마라! 300만원의 벌금을 내라 마라!"는 정부의 감독과 엄포에 상처를 많이 받았다. 정부는 교회의 예배를 결코 간섭해서도 안 되고, 교회를 이용하여 덕을 보려고 해서도 안 된다.

아직도 세계적 유행병(Pandemic)이 끝나지 않은 어려운 시점에 서 있다. 금번 코로나19로 온 세계가 인간의 유한성과 물질 문명의 한계성을 깨닫고, 다시 하나님께로 돌아가는 운동, 신앙 회복 운동에 한국 교회와 한국의 선교사들이 앞장섰으면 하는 뜻에서 '선교사들에게 마스크를 보내자'라고 제안하는 바이다.

31

고뇌하는 선지자

선지자는 그 시대의 문제를 고뇌하며 하나님의 말씀을 선포하는 자를 말한다. 그 중에서도 하박국 선지자는 참으로 독특하다. 그는 B.C 640-609년까지 사역을 했지만, 당시 국제적 환경은 격동기였다.

그가 사역하기 전에 유다를 에워싼 강대국의 힘겨루기는 흡사 오늘의 한국과 닮았다. 즉 앗수르 제국은 완전히 분해되어 다시 회복이 어려웠고, 애굽의 군대는 B.C 609년에 유다 왕 요시아를 참살한 이후 자체적으로 완전히 폐퇴하기에 이르렀다(B.C 605년). 느부갓네살에 의해 통치되고 바벨론에 그 중심을 둔 갈대아는, 그 세력이 점차 이방 민족에게 정복의 야욕을 들어냈다. 그로부터 20여 년 동안 갈대아인들은 유다를 공략하고, 그 땅을 괴멸시키며 그 땅 거민들은 포로로 잡혀갔다.

이런 국제 정세 중에 유대 나라는 내부적으로 엄청난 갈등이 있었고, 사회 전반에 걸쳐서 사회 정의는 온데간데 없고, 불의하고, 비양심적인 사람들만이 승리하고, 불법이 법이라고 우기는 세상이 되고 말았다. 그래서 젊은 선지자 하박국의 가슴은 까맣게 타들어 가고 있었다. 하박국은 선지자 이사야와 예레미야의 성정을 절반씩 가진 자였다. 그의 성품은 민족의 아픔을 눈물로 호소하는 예레미야 선지자의 성품과 이사야 선지자의 대담성과 꿈을 함께 가졌다.

하지만 당시 세상은 어두움 그 자체였다. 그래서 하박국 선지자는 그 시대를 읽으면서 깊은 고뇌에 빠지게 된다. '하나님이 살아 계시다면 세상이 정말 이럴 수가 있을까?' 하고 의문을 제기한다. 하나님이 살아 계시다면 어째서 불의와 불법을 행하는 지도자들은 명예도 얻고, 제물도 독식하고, 소외된 사람들을 멸시하고 깔보는데, 어째서 하나님은 역사에 심판자로 개입하지 않는지 고뇌하게 된다. 지도자들은 불법을 눈감아 주고, 부끄러움을 영광으로 생각하는 세상이 된 것이다. 그 당시 하나님의 공의는 어디서든 찾을 수 없었다.

그래서 하박국은 생각하기를 '눈을 지으신 하나님은 어찌하여 오늘의 상황을 왜 보지 못하는 걸까? 귀를 지으신 하나님은 민초들과 서민들의 부르짖음을 왜 듣지 못하시는 걸까? 입을 지으신 하나님께서는 어찌하여 아무런 말씀이 없으신 걸까?' 하고, 칠흑같이 어두운 세상에 대해 크게 실망하고 고뇌한다. 그래서 하박국의 마음 가운데, 언제 기회가 주어진다면 하나님께 맞장을 뜨면서 하나님께 울며 통곡하며 부조리한 세상에 대해서 따져 보리라고 굳게 마음먹었다. 그래서 하루는 높은 망대에 올라가 결사적으로 하나님께 매달려 기도하게 된다.

드디어 하나님은 하박국의 기도에 응답을 주신다. 하나님은 지금도 고뇌하고 부르짖는 자에게 대안을 주시고, 말씀을 주신다. 하나님은 하박국의 절박한 기도의 호소에 세 가지의 대답을 주셨다.

그 첫째 대답은, 세상이 완전히 뒤죽박죽 되고, 앞이 보이지 않고 깜깜할지라도 '하나님의 말씀이 답이다'라는 것이다. 하나님은 "이 묵시를 기록하여 판에 명백히 새기되, 달려가면서 읽을 수 있게 하라"는 것이 대안이다. 어두운 세상을 이기는 방법은 인간의 지혜나 술수로 문제 해결이 되는 것이 아니고, 하나님의 말씀을 듣는 것이 우선 되어야 한다는 것이다. 왜냐하면 주의 말씀이 우리의 삶에 등불이요 길이기 때문이다.

그리고 하나님은 하박국에게 두 번째로 "때가 있나니 그 종말이 속히 이르겠고…더딜지라도 기다리라 지체되지 않고 반드시 응하리라"고 하셨다. 역사의 배후에 하나님이 살아계시니, 하나님의 구원을 바라보고 하나님의 때를 기다리라는 것이다. 이 세상은 그냥 썩어질 장망성이 아니고 복음으로 정복하고 변화시키고 새롭게 하여 하나님의 나라를 실현하는 장소이다.

그리고 하나님은 세 번째 이런 암울한 시대에도 "의인은 그의 믿음으로 말미암아 살리라"고 대답해 주셨다. 이 말씀은 후일 바울에게, 그리고 마틴 루터에게 나타나 교회를 교회되게 했다.

사실 선지자가 없는 시대가 바로 암울한 시대이다. 고뇌하는 선지자가 없으면 이 땅에는 희망이 없다. 지금부터 2,600년 전의 유다의 상황과 그것을 고뇌하고 하나님께 부르짖고 행동에 옮겼던 하박국의 모습에서 오늘의 대한민국과 한국 교회를 생각한다.

지도자가 캄캄한 어두움의 시대를 모르는 것은 죄악이다. 불의와 부정과 불법을 보고 그냥 눈을 감고, 입을 다물고 귀를 막는 것은 큰 죄악이다. 파숫군이 없으면 잠자는 병사들을 누가 깨울 것인가? '아침이 오나니 밤도 오리라!' 그러나 '밤이 오나니 아침도 오리라!'

누가 오늘의 하박국이 될 것인가?
누가 오늘의 파숫군이 될 것인가?

32

혹시 방이 있습니까?

"혹시 방이 있습니까?"라는 다급한 목소리로 요셉은 여기저기 알아보았다. 그런데 전국 일체 인구 조사로 사람들이 한 곳으로 몰려들어 방 구하기가 하늘의 별 따기였다. 당시 이스라엘은 나라가 없었다. 로마 황제는 왕권 강화를 위해서 인구 조사를 일제히 실시하라는 명령을 하달했다.

설상가상으로 약혼녀 마리아는 만삭이었고, 선조의 고향 땅 베들레헴에 도착하기는 했지만 때마침 마리아의 해산 일이 다가왔으나 방이 없었다. 그래서 겨우 구한 것이 마굿간을 얻게 되었고, 마리아는 거기서 출산을 했다. 예수 그리스도가 탄생해서 말구유에 누이게 되었다. 예수에게는 말구유가 어린이 침대 비슷했지만, 그때 가난했던 사람들의 상황을 볼 수 있다.

예수 탄생 기사는 공관복음에 모두 나와 있다. 기자들은 각기 자기 시각에서 예수 탄생 사건(Fact) 보도를 하고 있다. 그리고 요한복음에도 성탄 기사가 있다. 공관복음이 일간지라면 요한복음은 주간지나 월간지와 비슷하다. 요한복음은 예수 그리스도의 탄생 사건을 한참 후에 예수 탄생의 의미와 예수 그리스도의 성육신(成肉身)의 참된 의미를 잘 설명하고 있다.

"태초에 말씀이 계시니라 이 말씀은 하나님과 함께 계셨고, 이 말씀이 곧 하나님이시라."
"말씀이 육신이 되어 우리 가운데 거하시매 우리가 그의 영광을 보니 아버지의 독생자의 영광이요 은혜와 진리가 충만하더라."
"영접하는 자 곧 그 이름을 믿는 자들에게는 하나님의 자녀가 되는 권세를 주셨으니." 등 예수 성탄의 의미를 정확히 해석하고 있다.

당시 유대인 역사가인 요세푸스(Josephus)의 기록을 보면, 유대나라 당시 예수란 이름을 가진 사람은 13명 정도였다. 그런데 요세푸스는 특별히 예수는 '나사렛 예수'라고 분명히 기록하였고, 그가 바로 이스라엘의 구주라고 명백히 밝혔다.

즉 예수 그리스도는 2000년 전에 선지자의 예언대로 유대 땅 베들레헴 탄생했음을 역사적으로 다루었다. 복음서 기자는 예수 그리스도는 자기 땅에 오매 아무도 영접하지 않았고, 머물 수 있는

방 한 칸이 없었다고 한다.

 '혹시 방이 있습니까?'라는 이 질문은 오늘 이 땅의 수많은 젊은이들이 매일 하는 질문이고, 가난하고 어려운 이웃들의 질문이기도 하다. 들리는 말로는 지금 한국에는 약 6천 개의 아파트가 공실로 남아 돌아간다고 들었다. 하지만 가난한 자, 병든 자, 젊은이들에게는 방이 없다. 주택 정책이 올바로 실행되지 못하다 보니 건축 업자들과 관리들이 짜고 이 짓을 한듯하다. 내가 잘 아는 건축업자가 말하기를 "모든 공무원들은 우리와 동업자입니다."라고 했다.

 필자는 6·25 사변 때를 생각해 보았다. 공산당의 불법 남침으로 온 나라가 피난 대열에 밀려 남으로 가고 있을 때, 나는 그때 포항에서 울산 방어진까지 피난을 갔다. 그때 부모님은 가는 곳곳마다 '혹시 방이 있습니까?'라고 물어 보았다. 그러나 피난민에게 방은 없었다. 그래서 지금도 기억하는 것은 남의 집 헛간이나 처마 밑을 겨우 얻어 유숙하면서 고단한 생활을 장장 3개월 동안 피난살이를 했다. 돈이 없으니 미군이 쓰던 성냥 알갱이를 면도칼로 쪼개어 피난민에게 팔아 입에 풀칠을 했었다. 특히 나는 그 난리 통에 이질과 장티푸스로 죽을 고비를 몇 번 넘기고 오늘까지 살아온 것은 하나님의 크신 은혜이다.

 예수는 당시 머물 방이 없었고, 출가(出家) 후에는 제자들과 함께 동가숙 서가식 했고, 심지어 죽으신 후에도 아리마데 요셉의 무덤을 빌려서 안장되었고, 그리고 3일 만에 부활하셨다.

성탄의 계절이지만 정부는 코로나19를 핑계로 '고요한 밤', '차분한 밤'이라고 방송 질을 해대고 있다. 그리고 성탄 축하를 비대면으로 하라고 명령했다. 암만해도 금년 성탄은 한 번도 경험하지 못한 슬프고 우울한 성탄절이 되겠다.

그런데 지금 예수님은 영(靈)으로 계시기 때문에 방은 필요 없다. 영으로 계신 하나님이신 예수 그리스도를 교회당 울타리나, 벽돌 교회당 건물에 머무시도록 할 수 없다. 예수 그리스도는 반드시 대형 교회에만 계시는 것도 아니고, 작은 개척 교회에도 계신다. 나는 54년 전에 농촌 개척 교회를 하면서, 가마니때기를 깔고 열 명 안팎의 성도들과 성탄 축하 예배를 드렸는데도 은혜가 넘쳤다.

아프리카에 가보니 큰 나무 그늘 아래 모여 주일 예배를 드리는 것도 많이 보았다. 우리는 높은 산 위, 거친 들, 초막이나 궁궐이나 내 주 예수 모신 곳이 천국이라고 찬송을 부른다. 맞다.

코로나19로 슬프고, 우울한 성탄절이 되겠지만, 예수 그리스도를 내 마음의 방에 모시면 그것이 성탄의 참 의미이다. 그런데 카이퍼 박사의 말대로 "예수는 주께서 직접 세우신 교회에 계시지만, 또한 우리의 삶의 모든 영역에 예수 그리스도는 '왕이 되게, Pro

Rege'해야 하겠다. 정치에도, 예수가 왕이 되게, 경제에도 그리스도가 왕이 되게, 문화에도 그리스도가 왕이 되게, 예술에도 그리스도가 왕이 되게, 학문에도 그리스도가 왕이 되게 해야" 할 것이다.

동방 박사의 예루살렘에 도착 성명은 옳다.
"왕으로 나신 이가 어디 계시뇨?"

Sad Christmas

슬픈 크리스마스이다!

우울한 크리스마스이다. 아무래도 메리 크리스마스는 어렵겠다. 금년 한 해 동안 코로나19로 말미암아 모든 삶은 정지되고, 경제는 망가져서 소상공인은 문을 닫고, 젊은이들은 일자리가 없고, 사람 만나기가 겁나고, 집콕, 방콕은 생활이 되었다. 비대면 예배, 비대면 강의, 비대면 상담 등 전반적으로 사회적 시스템 자체가 뒤죽박죽이 되었다. 그래도 크리스마스는 다가왔다.

정부는 성탄절을 석가 탄신일과 엇비슷하게 기독탄신일로 개명을 한단다. 이번 정부는 참 복 받았다. 코로나19가 그들에게는 참으로 멋진 것이었다. 정부는 코로나19를 적절히 완급을 조절하면서 여론을 무마하고, 반대 세력의 목을 조르고, 입을 틀어 막는데 코로나19는 더없이 좋은 것이었다. 정부의 실책을 코로나로 덮고,

코로나로 여론 몰이를 하고, 코로나로 목사들의 입을 틀어 막아왔다. 마음 여린 목사들은 코로나19 방역 지침에 순한 양처럼 되었다.

이번 크리스마스는 함께 모여 축하 예배도 드릴 수 없다. 크리스마스 트리의 영롱한 불빛도 없다. 사람들의 마음이 움츠려 들고, 여유가 없고, 통제되니 아무것도 눈에 들어오지 않는다.

하기는 본래 Christmas는 말 그대로 그리스도 탄생의 축제란 뜻이다. Mas는 앵글로 섹슨어로 축제(Festival)이란 뜻이다. 그동안 모든 인생들은 Christ보다는 축제에만 관심이 있었다. 붕어빵에는 붕어가 없듯이, Christmas에는 예수 그리스도는 실종되고, 축제만 요란했었다. 그날에는 공연히 호텔과 모텔이 대목이었고, 술집과 온갖 유흥업소만 흥행해왔다.

특히 백화점에는 산타크로스 영감이 붉은 모자, 붉은 코트를 입고, 썰매 타고 오는 장면을 그려놓고 호객 행위를 하는 것이 크리스마스였다. 하기는 성 니콜라스는 예수 그리스도의 성탄과는 아무런 관계가 없다. 성 니콜라스 생일은 12월 5일이었다. 유럽에는 12월 5일 니콜라스 생일은 한국으로 치면 어린이 날이다. 니콜라스가 어린이를 사랑했던지, 검둥이 종을 시켜서 어린이들 모이는 데에 가서 사탕을 뿌려주는 것을 재현하고 있다. 그런데 12월 5일부터 연말 바겐세일에 들어가니 성탄절과 연말까지 그 행사가 계속된다. 그러니 크리스마스는 산타 크로스가 선물 주는 것으로 둔갑했다.

또 크리스마스 트리를 생각해 보자. 크리스마스 트리는 미국과 한국의 교회, 성당 할 것 없이 모든 병원, 모든 기관에 설치했었다. 하지만 정작 화란 같은 개혁주의 신앙을 지키는 교회들은 크리스마스 트리를 하지 않는다. 왜냐하면 우리가 알고 있는 크리스마스 트리는 본래 게르만 민족의 토속 종교에서 유대한 것이기 때문이다. 그러니 크리스마스 트리와 예수 그리스도의 탄생과는 사실상 아무런 관계가 없다.

어디 그뿐인가! 루돌프 사슴코도 징글벨의 케롤도 사실은 예수 그리스도의 탄생과는 아무 상관이 없다. 다만 서양 문화에 묻어 있는 축제와 관습과 전통이 세상에 퍼져 있을 뿐이다. 그래도 60년 대까지 한국 교회는 새벽송이라 해서 동방 박사의 별의 이미지를 크게 하여, 대나무 틀에 참 종이를 입히고, 한 가운데 촛불을 넣고, 왕 별을 만들어 1대, 2대, 3대 나누어서 찬양대가 한 밤 중에 뽀얗게 싸인 눈길을 밟으면서, 성도들의 각 집집마다 대문 앞에 서서 크리스마스 케롤을 부르면서 구주 탄생의 소식을 알리던 그 아름다운 전통이 아련히 되살아난다. 그러나 도시화와 산업화로 그 아름다운 전통이 사라졌다. 나는 그때의 추억을 못 잊는다.

이제 한국 교회와 대한민국은 Christmas의 mas는 그만두고, 우리의 중보자로 오신 예수 그리스도, 만 왕의 왕으로 오신 예수 그리스도를 성경대로 믿고, 성경대로 증거 하는 교회가 되었으면 한다. 예수 그리스도만이 우리의 희망이자 세계의 소망이다. 예수 그리스도만이 길이요, 진리요, 생명이니 그는 한국 교회의 유일한 희망이다.

코로나19 펜데믹 시대를 맞아, 우리는 본질을 외면하고, 겉껍데기에 취해서 흥청망청 살았던 우리를 되돌아 보아야 할 것이다.
예수 우리 왕이여 우리 한국 교회에 오시고,
슬픔에 찬 자영업자, 소상공인에게 오소서!
낭패와 실망 당한 자, 가난한 자, 병든 자들에게 오시고,
그리고 희망을 잃은 젊은이들에게 오시어 위로와 평강의 복을 주소서! 메리 크리스마스.

34

80세에 음반을 내다

　지난 주에 나는 참으로 부끄러운 짓을 했다. 내 나이 80세에 찬송가 음반을 냈다. 이름 하여 '정성구 목사 찬송 모음집'이라 했다. 누가 들으면 웃을 일이다. 그렇다고 내 찬송을 듣고 반음이 올랐네, 또는 한 박자가 빠르네…등등 음악적으로 평가는 받지 않으련다. 왜냐하면 나는 음악가도 아닐 뿐 아니라, 더구나 성악가도 아니다. 그냥 나는 유년주일학교, 중·고등부 시절부터 익히 부르던 찬송 열여섯 곡을 택해서 연습하지도 않고, 누구의 지도를 받지도 않고, 그저 평소에 목사로서 부르던 찬송을 취입한 것뿐이다. 물론 판매를 하기 위한 것도 아니고, 홍보를 위한 것도 결코 아니다. 웃음거리가 될 수도 있겠지만 내 나름대로는 생각이 있었다.

　첫째로, 나는 반세기 이상 목사로서 교수로서 약 600여 종의 설교 테이프가 있지만 찬송은 없었다. 그래서 나는 자녀들과 후학들에게 나의 찬송가 부르는 것을 기록으로 남기고 싶었다.

둘째로, 오늘의 한국 교회는 찬송을 잃어버렸다. 말씀도 잃어버리고, 찬송도 잃어버린 상태다. 예배 시간에 온통 CCM이 점령해 버렸고, 즉 가스펠이 예배에 도입되면서, 모든 교회들은 신디사이저와 타악기를 갖추고 있고, 통기타와 이른바 교회마다 전문 찬양 사역자가 일하는 정도이다.

수십 년 동안 가스펠 송에 익숙해진 성도들은 지금 찬송을 다 잊어 버렸다. 아이러니한 것은 요즘 기독 대학교에는 클래식은 점점 사라지고, CCM만 살아 있는 형편이다. 그리고 모든 교회들이 커다란 스크린을 띄우고 가스펠 송으로 흥을 돋우고, 감성적인 것을 자극해서 마음의 안정과 평화를 주고자 한다. 따지고 보면 그것도 뉴에이지의 영향이다. 그러니 이제는 예배의 환경도 바뀌어 버리고, 예배 모범이고 뭐고가 없어져 가고 있다.

이제 한국 교회는 찬송을 잊어 가고 있다. 찬송을 부르지 않으니 어색하고 서툴 수밖에 없다. 그러니 지금 우리 한국 교회는 말씀의 회복도 중요하지만, 찬송의 회복도 중요하다고 본다. 나 같은 사람이 이런 말을 하면 영락없이 '꼰대' 소리를 듣겠지만, 그래도 '광대' 교회로 기울어진 한국 교회를 보고만 있을 수 없다.

지금부터 58년 전이었다. 나는 박윤선 박사를 받들면서 개척 교회인 동산교회를 돕고 있을 때이다. 하루는 박 목사님이 나를 불러 "정 조사, 어린 아이들에게 어린이 찬송을 가르치기보다 장년 찬송을 많이 가르치라요"라고 했다. 그 이유는 어린이에게 어린이 찬송만 가르치면 2-3년 후에는 훌쩍 커버려 어린이 찬송도 모두 잊어버리고 부르지 않게 된다는 것이다. 그러나 찬송가 중에 약 100곡 정도를 부르고 암기하게 된다면, 일생 동안 신앙생활의 '연속성'이 생기고, 신앙생활에 넘어지고 쓰러질 때, 찬송의 힘이 성도를 다시 일으킨다고 말씀했다. 나의 스승 박윤선 박사는 참으로 열린 분이요, 미래 통찰력이 강한 분이었다. 나는 전도사 시절에 박윤선 목사님으로부터 받은 교훈을 지금도 잊지 않고 있다.

나는 모든 복음 송 곧 CCM을 반대하지는 않는다. 하지만 그것은 예배 음악이 아니다. 작사자가 누군지, 작곡가가 누군지도 모르고, 그분들이 성경을 알고 중생의 체험이 있는지, 구원의 진리를 아는지, 복음을 아는지도 전혀 검증이 된 바가 없다. 무조건 새로운 가사, 새로운 곡이면 온 교회들이 유행가처럼 부르다가 몇 년 후면 모두 잊어버린다. 이렇게 한국 교회가 정체성이 없어지니, 이번 코로나19 사태에 정부가 우리 교회를 우습게 보는 것이 아닐까?

어느 도지사는 "교회에서 찬송을 부르지 말라!" 했고, 총리는 "찬양대 하지 말라! 소모임 하지 말라!"라고 지시했다. 그리고 대통령은 각 교단 대표를 모아 놓고, '종교란, 마음의 평안을 얻기 위한 것이 아니겠느냐'라고 설교를 했다. 거기서 왜 대표 기독교 목사님들이 분명하게 대통령의 말을 수정하지 못했을까? 한 분이라도 일어나서 소신껏 "대통령 각하, 교회는 마음의 평안을 얻기 위한 장소가 아닙니다. 기독교회는 예수 그리스도께서 세우신 것입니다. 교회는 진리의 기둥의 터입니다. 그리고 구원의 방주입니다. 예배는 하나님의 명령으로 그리스도인에게는 '생명'과도 같은 것입니다. 예배를 지키기 위해서, 2000년 기독교 역사에 수십만 명의 성도들이 순교의 잔을 마셨습니다. 우리 교회는 방역 수칙을 잘 지킬 터이니, 안심하시고 만에 하나 확진 자가 생기면 철저히 격리하고, 철저히 소독을 하고 폐쇄할 정도면 그 교회만 폐쇄하면 됩니다. 어느 스타벅스 커피숍에 감염자가 나왔다고 해도 모든 스타벅스 커피숍이 문을 닫지는 않습니다. 전철과 버스, 식당에서 감염된 사람을 교회의 책임으로만 돌리지 않기를 소원합니다. 한국 교회는 정부의 성공적 코로나19 방역을 위해 최선의 노력을 하고 있고, 모두 기도하고 있습니다."라고 말 잘하는 목사님들은 이 정도는 설파해야 되지 않았을까?

사실 확인은 못했지만 들리는 말로는 문 대통령이 '프리메이슨'이란 말도 있고, 가톨릭의 '제수잇'이란 말도 있다. 제수잇은 기독교를 박멸하기 위한 가톨릭의 전위 부대 조직이다.

아무튼 교회가 교회 되려면 교회의 본질, '예배의 본질'을 회복해야 한다. 예배의 본질이 무엇인가? 예배의 본질은 '말씀'과 '찬송'을 통해 하나님께 드리는 것이다. 그런 의미에서 나는 '찬송 모음집'을 냈고 도전했던 것이다.

35

영역주권(領域主權)

11월 8일은 대칼빈주의자요 대정치가로서 화란의 수상을 지낸 아브라함 카이퍼(A. Kuyper 1837-1920) 박사의 서거 100주년이었다. 그 전날인 7일 새벽에 오정현 목사가 시무하는 사랑의교회에서 카이퍼 서거 100주년 기념 대회가 있었다. 약 2,000여 명의 성도들이 모인 가운데, 그날 필자는 기념 설교를 했고, 특히 '카이퍼의 영역주권 사상'에 대한 메시지를 전하였다.

지금의 한국 정치는 부끄럽게도 자유 민주주의를 포기하는 듯한 행보가 계속되고, 국가의 정체성마저 흔들리고 있다. 또한 한국 교회가 코로나19로 위축되고 가장 힘든 상황에서, 100년 전의 화란의 아브라함 카이퍼의 사상이 한국 정치와 한국 교회에 무슨 의미가 있는 걸까? 생각할 수 있다.

이날 한동대학교 최용준 교수는 카이퍼의 마지막 대작 『반혁명 국가학』(Antirevolution Staatkunde)이 곧 한국어로 번역 출판 될 것이라고 예고 하기도 했다.

나는 지금부터 32년 전인 1988년에 종로 5가 100주년 기념관에서 '아브라함 카이퍼 자료 전시회'와 특별 강연을 가졌다. 팜플렛에는 화란 수상의 축하 메시지와 주한 화란 대사의 축하도 있었고, 미국 칼빈신학교의 더용 총장을 비롯해서 세계 유수한 개혁주의 대학 총장들의 축하 메시지도 있었다. 이것은 화란이나 미국에도 없었던 행사로서 그들의 부러움을 샀다. 미국 개혁파교회(CRC)의 대표적 학자인 피터 더용 박사는 내게 편지를 보내 "우리는 개혁주의 신앙의 전통을 가지고 있다고 자부하고 있지만, 실제로 칼빈과 카이퍼에 대해 우리는 아무것도 못하고 있는데, 한국칼빈주의연구원이 주최하는 행사들을 보고 부끄럽기 그지없습니다."라고 했다.

그러나 이번 카이퍼 서거 100주년을 맞아 사랑의교회에서 주관하여, 카이퍼의 칼빈주의 사상을 다시 대뇌일 수 있게 된 것은 참으로 감사한 일이 아닐 수 없다.

아브라함 카이퍼 박사(1837-1920)는 참으로 특이하고 위대하고 천재적인 하나님의 사람이다. 그는 목사의 아들로 태어나서 25세에 신학 박사가 되었고, 26세에 결혼과 동시에 시골 개혁교회를 시무 중에 철저한 칼빈주의자로 거듭나서 한 평생 자유주의 신학과 인본주의, 합리주의 사상에 대결하는 칼빈주의의 화신이 되었다. 그는 대설교가, 대연설가, 대교육자, 대신학자, 교회의 개혁자, 저널리스트, 대저술가, 실천적 대정치가로 수상을 지냈고(1901-1905), 종신 상원 의원을 지냈다. 그는 167cm의 단구에다 불을 토하는 메시지, 사람의 마음을 끌어들이는 명문장의 글로 223권의 저서를 남겼다.

그래서 어떤 이는 그를 가르쳐서 '열 개의 머리와 100개의 손을 가진 분이다'라고 했다. 그는 바빙크(H. Bavink)와 월필드(B.B Warfield)와 함께 세계 3대 칼빈주의자였다. 나는 48년 전에 카이퍼가 세운 화란 자유 대학교(Vrije Universiteit)에 유학 가서 카이퍼 연구에 심취했다. 카이퍼의 후계자였던 헬만 도예베르트(Herman Dooyeweerd)와 요한네스 벨까일(J. Verkuyl) 박사에게 직접 사사했었다. 그리고 나는 2010년에 『아브라함 카이퍼의 사상과 삶』을 출판했다. 그 책은 영어로 번역되었고, 금번에 다시 독일어로 번역되어 출판을 기다리고 있다. 내가 카이퍼에 심취한 것은 그가 교회 개혁자 요한 칼빈(J. Calvin)의 사상을 그대로 이어 받고, 성경의 영감과 완전성을 확실히 믿을 뿐 아니라, 하나님의 영광과 주권을 최우선으로 하면서 삶의 모든 영역에 적용하려는 그의 칼빈주의 사상 때문이다.

그 중에서도 1880년에 그가 화란 자유 대학교 총장 취임식에 발표한 위대한 영역주권(Souvereiniteit Van Eegen Kring) 사상 때문이다. 그의 사상의 핵심은 하나님의 주권이 교회 안에서만 있는 것이 아니고, 정치, 경제, 사회, 문화, 예술, 종교 등등 모든 영역에 하나님의 주권이 있다는 것이다. 본래 영역이란 말은 화란 말로는 원(Kring)의 뜻이 있는데, 원이 하나면 반드시 하나의 중심이 있고, 원이 10개이면 중심이 열 개가 있는 것이다. 그 중심은 바로 주 예수 그리스도이시다. 그리스도의 왕권(Pro Rege)을 정치에서도 실현해야 한다는 것이다. 어떤 영역에서든 '그리스도가 왕이 되게 해야 한다'는 것이다. 하나님은 천지와 그 가운데 있는 만물을 창조하셨고, 창조하신 모든 만물을 다스리시는 분은 오직 하나님이시라는 사상이다.

영역주권 사상은 하나님께서는 각 영역에 고유한 주권을 주셨다. 그러므로 정부는 정부로서 주권을 갖고 있고, 교회는 교회로서의 주권이 있고, 학교에는 학교의 주권이 있다. 그러기에 서로 다른 영역이 침범해서는 안 된다는 것이다. 그런데 지금 한국은 국가가 모든 것을 간섭하고 통치하려 한다. 국가가 교회도 간섭하고 교육도 간섭하고 있다. 심지어 동성애도 조장해서 가정 파괴를 방치하고 있다.

1628년 2월 28일 국왕 찰스(Charles)가 '짐은 국가에도 머리이고, 교회에서도 머리이다'라고 하자, 스코틀랜드의 언약도(Covenanters)들은 분연이 일어나 국왕에게 항거하고, 신앙 고백을 하면서 서명하였다. 결국 언약도 1,200명은 지붕 없는 감옥에 갇혀 모두가 순교했다. 왜냐하면 '예수 그리스도만이 교회의 머리이고 우리는 그의 말씀에 순종할 뿐이다'라고 고백했기 때문이다. "그는(예수 그리스도) 모든 정사와 권세의 머리이시다"(골 2:10).

오늘날 정부가 교회의 예배를 '하라, 하지 마라!' 하는 것은, 이는 엄연한 교회의 고유한 영역을 침해한 것이다. '교회의 머리는 대통령이 아니고, 예수 그리스도이시다!'

36

권위와 권위주의

　노태우 대통령이 후보 시절에 들고 나온 것은 권위주의 철폐였다. 그래서 그는 선거 유세 중에 '보통사람'인 것을 강조하고, '보통사람'의 시대를 열겠다고 했다. 그리고 대통령에게 '각하'라는 말을 쓰지 않겠다고 했다. 그 말이 먹혔는지 그는 대통령이 되었지만 민주화를 앞세운 참으로 무기력한 대통령이었다.

　그때 나는 1988년 2월 26일 동아일보에 '권위와 권위주의'란 칼럼을 썼고, 권위주의는 버려야 하지만 참된 권위는 살려야 한다는 요지로 글을 썼다. 즉 권위주의는 버려야 하지만, 하나님의 권위, 성경의 권위, 부모의 권위, 스승의 권위, 상사의 권위는 존중 되어야 한다고 역설했다. 하기는 그 당시에는 전 정권의 권위주의에 식상한 터이라 모든 국민이 그의 말에 솔깃했다. 그런데 이는 마치 아기를 목욕시키고 난 후, 목욕물을 버린다는 것이 아기까지 버린

꼴이었다. 권위주의를 철폐한다고 모든 권위까지 부정해 버린 셈이다. 그 시절부터 서양에서 일어난 뉴에이지 운동과 맞물려, 우리 사회는 모든 권위가 부정되고 이른바 인권 운동이 일어나 세상이 뒤죽박죽 되었다.

그래서 지금의 학생들은 자기 선생 알기를 우습게 알고, 선생을 두들겨 패는가 하면 경찰에 고발하기도 한다. 요즘 선생님들은 학생들에게 벌을 줄 수도 없다. 학생들에게 체벌을 주는 것은 아예 퇴출을 각오해야 한다. 그래서 우리 사회에 가장 존경받던 교사직이 이제는 위협을 받게 되었고, 전교조들이 학교를 장악해서 교사들이 학생들에게 전혀 도덕적, 윤리적 지도는 할 수 없다. 교육자로서 사명을 잃어버렸다.

그뿐 아니라 지금 대한민국 군대도 엉망이다. 이제는 군대의 군율과 기강이 없어졌다. 지휘관도 자기가 보직자로 있는 동안 제발 아무 일이 없기를 바랄 뿐이다. 하기야 요즘은 병사가 장교에게 욕하고 항명하는 판이다. 그리고 그 병사는 핸드폰으로 부모에게 고주알 메주알 보고 한다고 하니, 이런 군인들로 어찌 주적인 북한 공산주의 인민군과 전쟁이 가능할는지 알 수 없다.

권위주의는 한마디로 콤플렉스에서 나온 것이다. 그래서 결국 권위주의는 자기 과시가 된다. 자기 과시를 하다 보니 정직성이 문제가 된다. 권위주의는 대화가 아니고 정복이며 일방 통행이다.

권위주의자는 자기 스스로를 하나님처럼 되려는 철저한 교만에서부터 나온다. 오늘의 정치권은 참된 권위는 하나도 없으면서, 권위주의에 맛을 들인 사람들이 독재 정치를 하는 것을 목도한다. 정치권은 억지로 프레임을 만들어서 국민들에게 겁박을 하고 있다. 그러니 따지고 보면, 오늘날은 이승만, 박정희, 전두환 대통령 시절보다 더욱 발전된 권위주의 정부가 되었다.

권위주의는 권위가 없는 콤플렉스 때문에 나온 것이다. 흔히 군사 정권 시절에 유행하던 말 중에 '안 되면 되게 하라!'였다. 이는 군사 용어로서 지휘관이 무에서 유를 창조해내는 강인한 정신력을 교훈할 때 쓰는 말이다.

그런데 오늘날은 숫자로 밀어 붙이고, 공권력으로 밀어 붙이고, 희한한 공작 프레임을 만들어 상대를 무너뜨리고 당연히 법적 처벌을 받아야 할 사람을 영웅으로 만든다. 반면에 참으로 정직하고 진실한 사람은 살 수 없도록 '안 되면 되게 할 뿐' 아니라, '되는 것도 안 되게' 하는 세상이 되었다.

얼마 전에 화란의 수상이 청사에 출근 하면서, 커피를 손에 들고 가다가 청사 출입구에서 쏟아 버렸다. 그래서 수상은 옆에 있는 청소원의 걸레를 빌려서 쏟아진 커피를 자신이 말끔히 처리하는 장면이 나왔다. 그는 자기가 실수 한 것에 책임을 지고 미소를 지으면서 바닥을 닦고 잘 정리했다. 그 옆에 있던 청소원들이 총리의 모습을 보고 박수치는 모습이 참으로 멋졌보였다. 권위는 인위적으로 나오는 것이 아니다. 총리가 자기의 실수를 말끔히 청소한다고 해서, 그의 권위가 떨어지는 것은 아니다. 이런 것은 화란 같은 민주주의 국가에서는 보편적으로 있는 일이다.

옛날 내가 화란에 다니던 대학교의 총장은 아침 출·퇴근을 자전거로 했다. 물론 학교의 관용차가 있긴 해도 사택과 학교와의 거리가 가깝기에 굳이 승용차를 탈 필요가 없었다. 그런데 그 대학의 총장 여비서는 아주 좋은 승용차로 출·퇴근했다. 왜냐하면 그는 집이 멀기 때문에 그리한 것 뿐이다. 화란에서 이런 모습은 아주 보편적이다.

그런데 오늘 한국의 각 분야는 전혀 권위가 없으면서, 권위주의로 권위 있는 체 하는 시스템이다. 그런데 이런 것이 어디 정치권만 그러겠는가? 이런 현상은 입법부, 사법부, 종교계, 산업계, 예술계, 체육계, 교육계 등에 널리 퍼져있고, 모든 분야에 위선과 거짓이 판을 치고 있다.

권위와 권위주의는 확실히 구분되어야 한다. 권위주의는 청산되어야 하지만, 마땅히 존경 받아야 할 사람들은 존경을 받는 사회가 되어야 한다. 권위와 권위주의는 반대 개념이다. 권위주의는 권위가 없으면서도 불구하고 권위를 가진 체 하는 위선에서 나온 발상이다.

그러므로 권위주의는 없어져야 하지만, 각계 각 분야의 지도자들은 그들의 삶을 통해서 진정한 권위를 가져야 한다. 왜냐하면 사실 모든 삶의 분야에는 하나님이 주권을 갖고 있기 때문이다. 이를 우리는 영역주권(領域主權, Souvereiniteit van Eegen Kring)이라 한다. 영역주권을 인정할 때에 비로소 참된 권위가 세워질 것이다.

37

백 원짜리 동전

앞으로 지금 쓰고 있는 100원짜리 동전이 없어질 듯하다. 그 이유는 100원짜리 동전에 새겨진 이순신 장군상이 친일 화가인 장우성 화백이 그린 것이기 때문에 폐기한다는 것이다.

보도에 의하면 현충사의 이순신 장군의 영정이 친일 화가인 장우성 화백이 그렸다는 이유로 그것도 뜯어내서 폐기했다고 한다.

정부가 의논해서 결정한 것을 뭐라고 토를 달지는 않겠지만, 일반인으로서는 그가 한국 화단의 훌륭한 화가였던 것도 맞고, 또 일제 시대 때 조선 민전에 출품하여 입선작 상을 받은 대표적 화가로 알고 있다.

그 화가가 구체적으로 무슨 친일 행각을 했는지는 일반인들에게 자세히 알려진 바도 없다. 혹시 그냥 모 단체에서 만든 친일 인사 명단에 장우성 화백이 있으니 친일 청산의 차원에서, 그의 작품인 이순신 장군상을 공식 영정으로 사용할 수 없고, 새로운 영정을 만든다고 들었다. 그것은 친일 청산이라기보다 일종의 문화 혁명이다. 들리는 말로는 그분 말고도 우리가 잘 알고 있는 화가들이 그린 그림이 화폐에서 사라질 것 같다. 혹시 이러다가 화폐 개혁을 하려는 음모가 있을지도 모른다. 일제의 잔재를 없앤다면 지금의 시청 본관도, 서울역 청사도, 한국은행 본사도 헐어야 되지 않겠는가?

사실 누가 이순신 장군을 친히 본 사람이 있는가? 현재는 그의 사진도, 그림도 없고, 그의 생김새를 글로 나온 것도 없는데, 당시 작가가 이순신 장군상을 그릴 때는 많은 글들을 참고 했을 것이고, 작가의 영감으로 그렸을 것이다.

그런데 필자는 1750년대 곧 18세기 중엽의 '충무공 이순신 장군상' 그림을 하나 가지고 있다. 한국에는 동아대학교가 사본을 하나 가지고 있다고 들었지만, 내가 입수한 작품은 미국의 동부 볼티모어(Baltimore) 시립미술관에 전시되어 있는 것을 사본으로 가지고 있다.

'忠武公 李舜臣'이라는 영정에는 당시에 굵은 삼배 같은 천에다, 노랑 배경에 흡사 징기스칸을 닮은 무인형으로 그려져 채색되어 있다. 아마도 이순신의 모습이 흡사 세계 제패를 꿈꾸던 몽고의 징기스칸을 닮았을 것이라고 작가는 생각한 모양이다.

당시 그 화가가 누군지는 몰라도 나름대로 그 시대에 이순신 장군에 대해 최선을 다해 그렸을 것이다. 그는 친일파가 아니었고, 친미나 친중도 아니었고, 연대도 이조 중기에 그렸으니 이순신 영정으로 할 수 있다고 본다.

예술을 이데올로기의 잣대로 비판하는 것은 모두 사회주의, 공산주의 숫법이다. 나의 스승이요, 20세기 칼빈주의적 미술사의 최고봉이었던 화란 자유 대학교 교수였던 한스 로끄마꺼(Hans Rookmaaker) 박사의 말이 생각난다. "예술에는 중립이 없다!"고… 예술 작품에는 반드시 그 작가가 가진 사상과 세계관이 들어 있다.

그런데 장우성 화백의 작품에서 일제를 고무, 찬양하는 것이 나타났는지? 아니면 글을 통해서 어떻게 친일을 했는지 우리는 잘 모르겠다. 그렇다면 이제 와서 친일 척결을 하는 것도 혹시 무슨 정치적, 또 무슨 사상적 의도가 배후에 깔려 있는지도 알 길이 없다. 솔직히 말해서 일제 식민지 시절에 친일을 안한 사람은 몇 사람이나 될까?

심지어 독립유공자 가운데도 친일파가 있다고 들었다. 일제의 신사 참배를 반대하고 끝까지 절개를 지키다가 순교하신 주기철 목사와 박관준 장로를 비롯한 한상동, 이인재, 손명복 목사 등 산 순교자들과 해외에 나가서 일하던 독립운동가들과 신사 참배를 피해서 해외에 망명한 인사들만이 지조를 지켰고, 나머지 조선 사람은 전부 친일파였다고 볼 수 있다.

우리나라 국민 영웅이자, 자부심인 마라톤의 영원한 영웅인 손기정 선수를 한 번 생각해 보자. 나는 1936년에 독일 베를린 올림픽 경기에서 마라톤 금메달리스트인 손기정 선수의 사진을 가지고 있다. 당시 독일에서 인쇄된 칼라 사진을 가지고 있는데, 그가 시상대에 올라가 붉은 일장기를 가슴에 달고 시상대에 올라섰다. 나는 그 사진을 고이 간직하고 있다. 하지만 우리는 손기정 선수를 민족의 자존심을 지킨 우리의 영웅으로 언제나 가슴에 남아 있다. 그 옛날 동아일보 기자가 흑백 사진에 나온 일장기를 지워버리려고 밤에 몰래 조판실에 침입한 사건도 있었다. 그런데 84년이 지난 지금 붉은 일장기를 단 그의 모습을 보고 그를 친일파로 몰아갈 수는 없다.

나라를 잃은 그 시대에 그는 가슴에 붉은 일장기를 달았지만, 생명을 걸고 조선의 건아로서 뛰고 또 뛰어 월계관을 썼다. 그러나 그는 일본 국적이었다.

앞으로 두고 볼 것이다. 새로운 이순신 장군 영정을 그리는 화가가 혹시 종북 화가가 아닐는지, 또는 중국을 지독히 좋아하는 친중

화가가 아닐는지, 아니면 사회주의 공산주의 이념을 가진 화가가 아닐는지, 대한민국의 국민 모두가 두 눈을 부릅뜨고 지켜봐야겠다. 왜냐하면 이데올로기는 정치, 경제뿐만 아니라 예술에도 나타나기 때문이다.

100원짜리 동전이 다시 보인다.